자유학년제
중2 첫 시험
중학 학부모 생활

자유학년제 중2 첫 시험
중학 학부모 생활

동기부여
방향
계획

김수희 지음

사람in

차례

3부 | 중학생 학부모를 위한 알파와 오메가

|1장| 현직 중등 교사가 명쾌하게 대답합니다

생애 첫 공교육 공식 시험을 치르는
중학교 생활에 부쳐

"따라따라 따라라라란 따라란~"
"자, 이제 머리에 손 올리고 맨 뒤에서 답안지 걷어 오세요."

중학교 2학년 첫 지필 평가를 마친 교실 분위기는 축제와 비탄의 혼돈이 공존합니다. 우는 아이, 멍하게 앉아 있는 아이, 여기저기 기웃거리며 돌아다니는 아이까지 저마다의 얼굴엔 그동안 마음 고생한 표정이 역력합니다. 일주일 후 성적표가 나오면 아이들 표정은 모두 제각각입니다. 예상한 대로 만족스러운 성적이 나온 학생도 있지만, 열심히 준비했는데도 기대에 못 미치는, 턱없이 낮은 성적을 받는 학생들도 많습니다.

"선생님, 저 매일 전 과목 복습하고 문제집도 과목당 세 권씩 풀었어요. 시험 기간에 네 시간씩밖에 안 자고 공부했는데 실수를 너무 많이 했어요. 공부했던 부분에서는 시험 문제도 별로 안 나왔고요. 중간고사 망치고 나니까 기말고사 준비하기가 너무 무서워요. 그런데 어떻게 공부해야 하는지 알려 주는 사람이 아무도 없어요. 전 어떻게 해야 할까요?"

제대로 된 공부법을 몰라서 노력에 배신을 당한 성실한 학생의 눈물 때문에 이 글을 시작하게 됐습니다.

"선생님. 저희 아이요, 초등학교 때는 잘한다는 얘기 듣던 아이였어요. 하루에 학원도 2개나 다닐 정도로 열심히 했는데 이번 시험 공부는 도대체 안 하더라고요. 학원만 믿고 있었던 건지, 시험 준비하는 방법을 모르는 건지 저도 너무 답답해요. 무슨 말만 하면 신경질이라 물어보기도 조심스러워요. 우리 아이 어떻게 해야 할까요?"

중학생이 된 아이가 스스로 공부하게 하는 방법을 몰라서 속이 까맣게 타들어 가는 부모님의 절절한 심정 때문에 이 글을 쓰게 됐습니다.

우리 아이들이 태어나고 자라서 어느덧 중학교에 입학하고 생애 첫 공교육 공식 시험을 치르는 때가 다가옵니다. 아이들에게 첫 시험이 걱정되는 것처럼 부모님에게도 처음은 늘 두렵습니다.

아이를 키우는 부모로서, 이십여 년 동안 학생들을 가르쳐 온 중등학교 교사로서 부모님의 불안을 조금은 덜어드리고 싶습니다. 아이들이 고학년이 되면서 막연하게 밀려드는 중학교에 대한 두려움을 걷어드리고 싶습니다.

오랫동안 중학교에서 아이들을 관찰하고 상담하면서 저는 중학교 2학년 때 우리 아이들이 치르는 첫 시험 성적이 단순히 시험 기간에만 국한된 게 아니라는 걸 알게 되었습니다. 만족스러운 성적표를 받는 학생들과 많은 대화를 나누면서 눈에 드러나는 5% 성적 이면에는 드러나지 않는 95%의 비밀이 숨어 있었다는 것을 알 수 있었습니다. 이 책은 그 95%를 명쾌하게 알려 드리는 책입니다.

사랑하는 제 딸이 초등학교 5학년이 됩니다. 대부분의 부모님은 아이들이 5학년쯤 되면 이제는 학교에서 잘하고 있으리라 믿고 교육에서 서서히 손을 놓기 시작합니다. 그러나 저는 이제부터 본격적인 교육을 시작합니다. 물론 학원을 늘려서 수학 선행을 시작한다거나 지금까지 즐겁게 해 온 예체능을 줄이는 방법은 아닙니다. 어떻게 하면 딸이 중학교 2학년 첫 시험에서 성공할 수 있는지를 그 누구보다 정확하게 알고 있기에 4학년 때와는 다른 모습과 방법으로 딸을 돕습니다. 그 상세한 전략들을 많은 부모님들과 나누고 싶습니다. 중학교 교실에 앉아 있는 많은 학생들도 제게는 자식 같은 존재들이기 때문입니다.

부모님들께 도움이 되도록 이 책은 크게 3부로 이루어져 있습니다. 1부에서는 성공적인 중학교 생활을 위해 초등 고학년 부모님이 준비해야 하는 구체적인 내용들을 다루었습니다. 특히 6학년 겨울방학에 챙길 부분들을 자세히 설명해서 우리 아이가 자신감을 가지고 첫 중학교 생활을 시작할 수 있습니다.

2부에서는 입학식 첫날부터 일 년 동안의 학사 일정까지 중학교 생활의 모든 것을 보여 드립니다. 전반적인 중학교 생활을 알면 마음이 편안하고, 마음이 편안한 것이 공부의 가장 중요한 요소이기 때문입니다. 또 중학교에서 배우는 각 과목의 교육과정과 공부법도 알려 드립니다. 똑똑하게 공부하는 것이 노력에 배신당하지 않는 지름길이기 때문입니다. 자유학년제를 제대로 활용할 수 있는 효과적인 방법과 중학 생활의 하이라이트인 2학년 첫 시험을 잘 치르기 위한 방법부터 고등 생활 준비까지 현직 교사의 생생한 조언들이 함께합니다.

3부에서는 부모님들이 걱정하고 불안해하는 중학교 생활의 모든 궁금증들을 속 시원하게 대답해 드립니다. 알아두면 유용한 정보들도 덤으로 실었습니다.

우리는 지금까지 아이들을 참 잘 키워 왔습니다. 이 책이 어떻게 하면 우리 아이들이 후회 없는 중학교 생활을 할 수 있을지 고민하시는 많은 부모님께 큰 위안과 혜안을 줄 수 있기를 간절히 소망합니다.

1부

전략적 중학 생활의 첫발,
초등 고학년

학습 동기에
불 지피기

늘 어리게만 보이던 아이가 벌써 어엿한 초등 고학년이 되어 버렸습니다. 주변에서는 이제 본격적으로 수학 선행을 해야 한다, 영어 문법을 정리해야 한다며 다들 마음이 바빠지는 모양입니다. 더 이상 놀이터에서 초등 고학년은 찾아보기 힘듭니다. 사춘기가 시작되는지 아이와의 대화 시간도 갖기 어렵습니다. 시간이 흘러 중학교 2학년 첫 시험. 생각지도 못한 결과에 아이와 부모님 모두 충격을 받게 됩니다. 하지만 몇몇 부모님들은 초등 고학년 시기에 아이를 위해 준비해 주는 것이 하나 있습니다. 이 부모님의 아이들은 중학교 교실에서 살아 있는 눈빛으로 저를 바라봅니다. 첫 시험을 치른 후 마음껏 휴식을 취하며 만족스러운 성적표를 받습니다. 이분들이 준비해 주는 것은 무엇이었을까요?

답을 찾아가기 위해 먼저 질문을 하나 드릴게요. 아이가 초등에서 중등으로 넘어갈 때 부모님이 반드시 달라져야 하는 것이 있습니다. 그게 뭘까요? 바로 '아이들과의 공부 거리'입니다. 초등 저학년 때는 2인용 책상에 같이 앉아서 아이가 공부하는 걸 지켜볼 수 있는 거리에 계셔야 합니다. 하지만 고학년 때는 아이가 공부하는 것을 가끔씩 바라볼 수 있는 거리에 계시면 됩니다. 중학생이 되면 아이가 공부하는 모습이 보이지 않는 곳으로 가셔야 합니다. 단, 부모님이 보지 않아도 아이가 스스로 공부할 수 있도록 가슴 속에 씨앗은 심어 주고 가셔야 합니다. 이 소수의 부모님이 준비해 주었던 것은 바로 '학습 동기'였습니다. 왜 공부를 해야 하는지, 공부의 재미가 무엇인지, 공부를 다 하고 났을 때의 성취감과 희열을 아이가 느낄 수 있도록 환경을 조성해 주셨습니다.

중학교 공부의 핵심은 '학생 스스로 하고자 하는 마음이 없으면 망한다'입니다. 아무리 부모님이 어르고 달래고 화내도 절대 듣지 않는 것이 중학생입니다. 성공적인 중학교 생활을 위해서 초등 고학년 때 반드시 스스로 하고자 하는 마음밭을 만들어 주세요. 학습 동기는 공부를 잘하는 학생들만 가질 수 있는 것이 아닌지 의문을 가지는 분도 계실 것입니다. 전혀 아닙니다. 우리 아이들은 누구나 자신만의 고유한 학습 동기를 찾을 수 있습니다. 물론 부모님께서 조금은 도와주셔야 가능합니다. 그렇다면 과연 학습 동기를 우리 아이들에게 어떻게 심어 줄 수 있을까요? 지금부터 그 구체적인 방법들을 하나씩 자세히 살펴보겠습니다.

진로 탐색

아이들에게 학습 동기를 심어 줄 수 있는 가장 중요하고도 필요한 활동은 자신의 진로를 탐색해 보는 경험입니다. 자신이 좋아하는 분야가 무엇이고, 어떤 영역에서 탁월한 능력이 있는지 스스로 생각해 볼 수 있는 기회가 필요합니다. 자신의 기량을 맘껏 펼칠 수 있는 직업과 대학, 학과에 대한 정보를 제공받을 수 있어야 합니다. 자신의 미래 모습을 설레는 마음으로 그려 보고 그곳으로 갈 수 있는 다리를 놓을 수 있도록 부모님이 도와주셔야 합니다. 방법을 모르시겠죠? 다음 세 가지 단계를 하나씩 차근차근 준비해 주시면 됩니다.

<u>첫 번째 단계는 아이들이 좋아하는 일을 찾을 수 있도록 다양한 경험의 장을 펼쳐 주시는 것입니다.</u> 아이들이 잘할 수 있는 분야를 찾기 위해서 여기저기 문을 두드리셔야 하는 거죠. 그 후 좋아

하는 일에 몰입할 수 있는 여건과 시간을 확보해 주시면 됩니다.

이를 위해 저는 한 달에 하루는 반드시 시간을 내어 각종 체험전이나 박물관에 대한 정보를 수집합니다. 과학관 행사, 미술 전시회, 음악회, 수학 체험전, 요리 체험, 봉사활동, 한방 체험 등 아이들을 위한 무수히 많은 기회들이 있습니다. 그중에서 시간과 거리가 허락하는 것들을 아이에게 소개해 주고 관심을 보이면 2주에 한 번 정도 주말 체험을 다닙니다. 때로 저는 꼭 가 보고 싶은데 아이가 싫어하는 경우, 딱 한 번만 같이 가 달라고 설득하는 때도 있습니다. 막상 가서 체험해 보면 재미있는 경우들도 있거든요. 물론 다녀와서 반응이 시원찮으면 그 분야는 아이의 관심사가 아님을 알게 됩니다. 수학 진도 나가기도 바쁜데 시간 낭비처럼 느껴질 수도 있을 겁니다. 체험 활동은 저학년 때까지만 하고 고학년 때는 학습 활동을 해야 한다고 생각하실 수도 있습니다. 그러나 저학년 때 보는 것과 고학년 때 느끼는 것은 많이 다릅니다. 초등학생 때 자신이 좋아하는 것을 발견하는 것보다 더 중요한 공부는 없습니다. '아자스쿨' 또는 '애플도도'라는 스마트폰 앱을 설치하시거나 '체험학습 모든학교'라는 카카오톡 채널을 친구추가하시면 다양한 체험 정보를 얻으실 수 있습니다.

다양한 체험을 통해 자신이 좋아하는 활동을 경험한 아이들은 관심 분야를 더 깊이 배우고 싶어 합니다. 저는 요리하는 것을 좋아하는 딸을 먼 거리에 있는 요리 학원에 데려다 줍니다. 코딩 프로그램 만드는 걸 좋아하는 아이를 위해 컴퓨터를 전공한 현장 경험이 있는 선생님을 찾으려고 여러 분에게 메일도 보내 봅니다. 이런 과정 속에서 자신이 좋아하는 것들에 깊숙이 몰입해 본 아이들은 배움에 즐거움을 느낍니다. 집중력을 키웁니다. 이 두 요소가 중학교 공부의 핵심 역량이 됩니다.

아이가 좋아하는 분야가 어느 정도 보이면 두 번째 단계는 그와 관련되는 직업들과 향후 전망을 조사하시는 겁니다. 워크넷(work. go.kr) 사이트의 직업 사전이나 직업 전망을 참고하시는 것도 좋고 진로정보망 커리어넷(career.go.kr) 사이트에서 직업 정보를 보시는 것도 많은 도움이 될 것입니다. 초등학생들을 위한 주니어 커리어넷(career.go.kr/jr/) 사이트도 있으니 아이와 함께 접속해 보시는 것도 추천합니다. 하루에도 몇 개씩 새로운 직업이 생겨나고 사라지는 시대를 살다 보니 처음에는 내용들이 많이 낯설고 어려울 수도 있습니다. 서너 번 접속해서 조금씩 읽다 보면 실상 부모님들이 알고 있던 직업이 별로 없었다는 사실을 깨달을 것입니다. 부모님이 알고 있는 직업이 많아질수록 우리 아이가 살아갈 세상이 넓어질 수 있습니다. 물론 중학생이 되면 학교에서도 많은 진로 탐색 활동이 이루어집니다. 그러나 부모님만큼 우리 아이를 아는 전문가는 없습니다. 바쁘시겠지만 아이의 미래를 위해 직업 세계를 탐험해 보셨으면 하는 바람입니다. 직업에 대한 조사가 어느 정도 완결되면 워크넷과 커리어넷에 있는 학과 정보도 살펴보세요. 아이가 꿈꾸는 직업을 갖기 위해 어떤 학과에서 무슨 공부를 해야 하는지 대략적인 그림을 그릴 수 있을 것입니다.

아이가 좋아할 만한 직업이나 학과에 대한 조사가 마무리되면 마지막 세 번째 단계는 관련 공부를 전문적으로 할 수 있는 교육 기관에 대해 알아보는 것입니다. 국내, 해외에 있는 대학교나 실습 기관 등 각종 전문 교육 기관을 찾아보시면 됩니다. 대학알리미(academyinfo.go.kr) 사이트나 각 대학의 홈페이지에 접속하셔서 대학 생활 전반에 대한 정보를 수집하시고 입학 전형도 살펴보시기 바랍니다. 알려 드린 두 번째와 세 번째 단계는 아이들이 중학생이 되면 스스로 할 수 있어야 합니다. 이를 안내해 주기 위해서는 부모님이 먼저 알고 있어야 합니다. 아이들은 입학 전형을 꼼꼼하게 살펴보고 원하는 대학에 입학하기 위해서 자신들이 키워야 할 역량을 준비할 수 있습니다. 이곳까지 아이들을 연결해 주기 위해 복잡하고 귀찮은 과정들을 미리 부모님이 준비하는 것입니다.

이제 본격적으로 아이들 마음에 불을 붙일 차례입니다. 아이가 좋아하는 일을 하고 있을 때 부모님이 조사한 관련 직업들을 가볍게 한 번씩 소개해 주시는 것입니다. 지나가듯이 슬며시 던져 주는 것이지요. 저녁 식사를 할 때 아이가 좋아하는 일을 마음껏 배울 수 있는 교육 기관에 대해 가볍게 언급해 주시는 것도 좋습니다. 10년 후 아이의 미래를 스스로 그려 볼 수 있도록 이렇게 가끔씩 자극을 주는 것입니다. 아이가 아직 관심을 보이지 않아도 괜찮습니다. 아이가 성장하면서 자신의 진로에 대한 탐색을 필요로 하는 순간은 반드시 옵니다. 그럴 때 부모님께서 아이들에게 든든한 안내자가 되어 주시면 됩니다.

자신이 좋아하는 일을 하기 위한 방향과 방법을 아는 아이들은 현재를 어떻게 보내야 하는지 알게 됩니다. 가끔씩 공부가 힘든 순간이 올지라도 미래의 자신을 위해 현재의 자신을 달랠 수 있습니다. 아이가 좋아하는 분야에서 일하는 분께 정중히 메일을 보내서 만남을 주선해 주시는 것도 좋은 방법입니다. 아이에게 공부하라는 말을 할 필요가 없는 순간이 올 것입니다. 아이의 마음에 불씨가 커져 가기 시작했으니까요. 물론 아이가 좋아하는 분야가 시간이 지나면서 계속 달라질 수도 있습니다. 그때도 동일한 과정을 통해 아이에게 미래로 가는 다리를 놓아 주시면 됩니다. 학습 동기가 충만한 빛나는 중학생 자녀를 만나실 수 있을 것입니다.

각종 검사

　진로 탐색이 아이의 흥미에 따른 외부 직업과 교육 기관을 조사하는 과정이었다면 각종 검사를 통해 아이의 내부를 들여다볼 수 있습니다. 아무리 아이가 좋아하는 영역이라 해도 기본적인 성향과 능력이 뒷받침되어야 하기 때문입니다. 고학년쯤 되면 아이의 흥미와 성격, 강점이 조금씩 보이기 시작합니다. 성장하면서 조금씩 달라지겠지만 아이의 현재 모습을 객관적으로 정확하게 파악하는 것도 중요합니다. 그래서 검사를 받아보게 하는 건 부모님이 아이를 이해할 수 있는 좋은 기회가 되고 아이 스스로도 자신을 알 수 있는 통로가 될 수 있습니다. 간혹 학교에서 검사를 실시하는 곳도 있지만 그렇지 않은 곳도 많습니다. 검사 종류가 워낙 다양하기 때문에 전체적인 내용들을 숙지하고 계셨다가 아이에게 필요한 부분을 보완해 주시면 됩니다.

제가 초등 고학년 아이들에게 추천하고 싶은 검사는 크게 진로 흥미, 성격, 지능 영역의 세 가지 부분입니다. 한국가이던스(www. guidance.co.kr) 사이트에 회원 가입하시면 아이에 대해 궁금한 다양한 영역들을 온오프라인 상에서 무료 또는 유료로 아이에게 맞춰 검사를 실시할 수 있습니다.

각종 체험을 통해 아이가 좋아하는 것을 부모님께서 대략적으로나마 파악하셨을 것입니다. 이를 보다 신뢰할 수 있는 측정 도구로 확인하기 위해 진로 흥미 검사를 받아보세요. 우리나라에서 대표적으로 많이 사용되는 것은 홀랜드Holland 검사입니다. 미국의 심리학자였던 홀랜드는 다양한 사람들을 만나 상담한 결과를 바탕으로 흥미 영역에 따라 개인을 실제형(R), 탐구형(I), 예술형(A), 사회형(S), 진취형(E), 관습형(C)이라는 여섯 유형으로 나누었습니다. 보통 한두 가지 유형에서 높은 점수를 받게 되고 이를 토대로 해당되는 직업도 탐색해 볼 수 있습니다. 원래 홀랜드 검사가 청소년 이상을 대상으로 개발된 검사이다 보니 초등학생 수준에 맞추어 변형된 검사로 측정하시는 것이 더 낫습니다. 주니어커리어넷에 접속하셔서 '고학년 진로흥미탐색'으로 검사하시거나 진로닷컴(jinknow.com) 사이트에서 '진로심리검사'를 무료로 받으실 수 있습니다. 우리 아이가 어떤 유형에 속하는지 함께 살펴보시고 해당되는 직업들에 대해 이야기 나누는 동안 아이의 마음속에 꿈을 동경하는 마음이 새록새록 돋아날 것입니다.

아이들의 성격을 가볍고 쉽게 파악할 수 있는 방법 중 하나로

MBTI 무료 성격 유형 검사가 있습니다. 마이어스-브릭스 유형 지표(Myers-Briggs Type Indicator)를 줄여서 보통 MBTI라고 부릅니다. 작가였던 캐서린 쿡 브릭스와 그의 딸 이사벨 브릭스 마이어스가 칼 융의 성격 유형 이론을 근거로 개발했지만 과학적 방법론보다는 직관적 추론에서 출발한 관계로 과신하는 건 좋지 않습니다. 다음 표에 보이는 것처럼 MBTI에서는 두 개의 태도 지표(내향-외향, 판단-인식)과 두 개의 기능 지표(감각-직관, 사고-감정)에 대한 개인의 선호를 따져서 4개의 문자로 개인의 성격 유형을 알려 줍니다. 무료 성격유형검사 16Personalities 사이트(www.16personalities.com/ko)에 접속하셔서 아이의 성격 유형을 함께 살펴보며 아이가 자신과 동일한 성격 유형에 속하는 유명인보다 더 유명해지는 행복한 기대의 시간을 가지시면 좋겠습니다.

16가지 성격 유형				
구분		T		F	
		J	P	J	P
I	S	ISTJ	ISTP	ISFJ	ISFP
	N	INTJ	INTP	INFJ	INFP
E	S	ESTJ	ESTP	ESFJ	ESFP
	N	ENTJ	ENTP	ENFJ	ENFP

I (내향) | E (외향) S (감각) | N (직관) T (사고) | F (감정) J (판단) | P (인식)

MBTI 검사와 함께 자주 사용되는 또 하나의 성격 유형 검사로 에니어그램이 있습니다. 원 위에 그린 9개의 꼭지점을 가지는 도형이라는 뜻의 에니어그램은 사람은 누구나 9가지 성격 중 어느 하나에 속해 있다고 봅니다. 성격 유형은 개혁가, 조력가, 성취가, 예술가, 사색가, 충성가, 낙천가, 지도자, 중재자로 이루어져 있습니다. 한국에니어그램교육연구소(kenneagram.com) 사이트에서 아동용 검사지를 유료로 구하실 수 있습니다. 물론 각 개인의 고유한 성격이 특정 유형에 정확하게 들어맞을 수는 없겠지만 아이의 성향을 알고 행동의 이유를 이해할 수 있는 좋은 통로가 될 수 있습니다. 자신에 대한 이해는 자신의 삶을 주체적으로 살아갈 수 있는 디딤돌이 되어 줄 것입니다.

마지막으로 아이의 지능을 알 수 있는 검사로는 웩슬러 지능검사, 레이븐 지능검사, 강점 지능검사 등이 있습니다. 저 어렸을 때는 학교에서 지능검사를 단체로 실시했습니다. 일명 아이큐 검사라고 불렀지요. 시골 국민학교였다고 해도 나름 공부 좀 한다고 유명했던 저였기에 아이큐 검사 결과가 나오는 날 많이 기대가 되었습니다. 30년도 훨씬 전의 일인데도 불구하고 그날 담임 선생님께서 제게 결과표를 주시며 하셨던 그 말씀이 지금도 어제일처럼 생생히 기억납니다.

"수희는 아이큐가 그리 높지는 않으니 더 열심히 해야겠다."

제 아이큐는 108이었습니다. 그 세 자리 수는 그 후 제가 공부를 하는 모든 순간의 원동력이 되었습니다. 난 머리가 별로 좋지 않으니까 노력밖에 믿을 것이 없다는 생각으로 공부에 매진했습니다. 그리고 고등학교 때 132라는 아이큐를 확인하며 지능은 발달하는 것이라는 것을 몸소 체험했습니다.

웩슬러 지능검사는 가장 널리 알려진 지능검사로 언어 이해, 지각 추론, 작업 기억, 처리 속도의 4가지 영역을 측정합니다. 동일 연령의 사람들과 수행을 비교함으로써 영재나 지적장애 아동을 판별하는 수단이 될 수 있습니다. 병원이나 심리상담센터에서 주로 검사를 받습니다. 레이븐 지능검사는 시공간적 지각력과 추론 능력을 평가합니다. 뒤의 문항으로 갈수록 난이도가 올라가며 아이의 잠재적 사고 능력을 알아볼 수 있습니다. 주로 학교나 상담센터에서 가이던스에 의뢰 후 실시합니다. 한국진로적성검사 연구원에서 개인도 구매할 수 있는 강점 지능검사는 초등학교 4학년 이상을 대상으로 합니다. 강점 역량 및 다중지능을 파악할 수 있도록 음악, 신체운동, 논리수학, 공간, 언어, 인간친화, 자기성찰, 자연친화, 창의융합이라는 9개의 능력을 측정합니다. 가드너의 다중지능이론을 바탕으로 초등학생들이 이해할 수 있도록 쉬운 단어와 문장으로 구성되어 있습니다.

객관적인 검사를 받는 목적은 아이를 자랑하거나 평가하기 위해서가 아닙니다. 아이에 대해 자세한 정보를 얻기 위해서입니다. 부모님들이 많은 교육 정보들은 알고 계시지만 실상 아이에 대한 정보는 부족한 경우가 많습니다. 교육의 방향을 잡기 위한 가장 중요한 정보는 아이의 현재 상황을 아는 것입니다. 그 후에 아이에게 맞는 방법들을 찾아나설 수 있습니다. 지피지기면 백전백승이라 했습니다. 자신을 아는 것만큼 큰 삶의 동기는 없습니다. 스스로의 강점과 흥미를 알고 자신의 꿈을 위해 노력하는 과정 속에서 우리 아이의 학습 동기는 뜨거워질 것입니다.

각종 대회

　제가 국민학교를 다닐 때만 해도 학교에서 매달 시험을 치렀고 각종 대회들이 많이 열렸습니다. 미술 대회, 글짓기 대회, 웅변 대회, 합창 대회 등 이것저것 도전해 볼 만한 기회들이 많았습니다. 하지만 요즘에는 생활기록부에 수상 기록과 관련하여 여러 제약들이 많다 보니 대내외적인 대회들이 많이 축소된 실정입니다. 학교에서 각종 교외 대회들에 대한 정보를 얻기 힘들고 필요성도 크게 느끼지 못하다 보니 부모님들께서 여러 대회에 참여하는 것에 관심을 갖기가 쉽지 않습니다.

　우리 아이가 각종 대회에 도전한다는 것은 어떤 의미가 있을까요? 저는 '진로 정보 창체마을'이라는 인터넷 카페나 미술을 좋아하는 딸을 위해 '알림콘'이라는 앱에 자주 접속해서 각종 대회들을 검색합니다. 실전에서 아이가 강점을 발견할 수 있는 좋은 기회라고 생각하기 때문입니다. 아이가 관심을 가질 만한 대회들 중에서 아이가 해 보겠다고 하는 대회의 일정과 자세한 내용을 알려 줍니다. 물론 약간 과장된 몸짓으로 이 대회에 참여하는 것이 얼마나 대단하고 멋진 일인지, 아이를 향한 감탄도 잊지 말아야 합니다. 아이는 스스로 선택한 대회인 만큼 최선을 다해 자신의 능력을 뽐냅니다.

수상을 하는 경우에 아이의 기쁨은 하늘을 찌릅니다. 간혹 상금이 있는 대회인 경우에는 성취감이 배가 됩니다. 대회 결과를 기다리며 작은 기대 속에서 큰 설렘을 갖는 재미도 쏠쏠합니다. 아이는 작은 성공 경험을 통해서 자신에 대한 믿음과 성장 동기를 키우게 됩니다. 수상을 하지 못했을 경우, 자신의 강점 영역이 아니라는 것을 깨닫는 것 역시 중요한 과정입니다. 또, 하나의 결과물을 만들어 내는 과정 속에서 강점 영역이 아닌 분야의 능력도 조금씩 성장하게 됩니다. 지속적인 도전에도 불구하고 눈에 보이는 성과가 없다면 차츰 강점 영역으로 범위를 좁혀서 대회에 참여하는 것을 추천합니다. 아이의 전문성을 키울 수 있는 좋은 기회가 됩니다.

고학년 때 각종 대회에 참여함으로써 아이의 강점을 발견하는 것도 큰 의미가 있지만 더 중요한 것은 아이의 적극성을 키워 줄 수 있다는 점입니다. 중학생들 대부분은 굳이 자신이 하지 않아도 되는 일은 거의 참여하지 않습니다. 교내 대회에 참여만 하면 수상 기회가 있음에도 불구하고 전교생 대상이 아닌 이상 참가하는 학생이 거의 없는 형편입니다. 초등학생 때 적극적으로 이런저런 대회에 참여해 본 아이들은 누가 시키지 않아도 중학생이 되면 여러 활동에 스스로 도전합니다. 영어 말하기, 독후감 쓰기, 코딩, 수학 경시, 과학 토론, 미술 그리기, 합창 대회 등 다양한 대회들이 우리 아이들의 적극적인 참여를 기다리고 있습니다. 자신의 객관적인 강점을 아는 적극적인 학생들은 그 누구보다 빛나는 열정으로 중학교에서 공부를 합니다. 그 학생들의 빛나는 눈빛이 교실을 가득 채우는 희망찬 날들을 꿈꿔 봅니다.

중학교 탐색

　아이들이 고학년이 되면 부모님들은 슬슬 아이의 미래가 걱정되기 시작합니다. 아이들 역시 알 수 없는 감정의 소용돌이 속에서 중학교 생활에 대한 막연한 불안이 밀려옵니다. 불안은 아이들에게 사춘기라는 이름으로 표출됩니다. 아이의 불안을 조금이나마 해소하기 위해서는 부모님이 막연함을 선명함으로 바꿔 나갈 수 있도록 도와주는 과정이 필요합니다. 중학교에 대해 함께 조사해 보고 이야기 나누는 과정 속에서 아이는 가장 큰 학습 동기를 얻게 됩니다. 당장 눈앞에 닥친 현실이기 때문입니다. 중학교는 집 근처 학교에 자동으로 배정 받아 다니는 것이 아닌지 의문을 가지실 수도 있습니다. 물론 대부분의 학생들에게 중학교는 자신의 선택이 아닌 경우가 많지만 몇몇 선택지를 놓고 아이와 함께 고민해 보는 시간은 큰 의미가 있습니다. 자신의 삶을 스스로 결정하고 책임질 수 있는 기회가 되기 때문입니다. 그 힘이 바로 학업 동기의 씨앗입니다.

중학교는 크게 일반중과 특성화중으로 나눌 수 있습니다. 일반중은 다시 공립중과 사립중으로 나뉘고, 특성화중은 예술중, 체육중, 국제중으로 구분해 볼 수 있습니다. 공립중학교는 지방 단체가 설립하여 운영하고 사립중학교는 개인이나 재단이 설립하고 관리합니다. 공립중 교사는 국가에서 주관하는 교사 임용고시에 합격한 후 일정 기간마다 학교를 이동하지만, 사립중은 교사 채용을 재단에서 운영하는 경우가 많기 때문에 공립중과 다르게 교사 이동이 거의 없는 편입니다. 학생들의 납부금으로 운영되는 사립초등학교와 달리 사립중학교는 공립중과 교육비나 교육 과정에 차이가 거의 없습니다. 또 대부분 공립중과 동일하게 주소지에 따라 추첨 배정됩니다. 그러나 특수하게 학생 선발권을 가지는 서울삼육중, 울산서생중, 전주화산중 같은 자율중학교도 있습니다.

특성화중학교 중에서 예술중은 예능 과목들에 중점을 두고 교육을 합니다. 미술, 무용, 음악 분야에 재능이 있고 예고 진학을 목표로 하는 학생들에게 유리합니다. 면접고사와 전공별 실기고사를 치르는 곳이 대부분이지만 학교마다 입학 전형이 약간씩 다르기 때문에 학교 홈페이지에서 정확한 입학 요강을 확인하셔야 합니다. 선화예술중, 예원학교, 국립전통예술중, 계원예술중, 부산예술중 등이 있습니다.

체육중은 수영, 육상, 사격 등 체육 종목에 특기가 있는 학생들을 교육하는 중학교입니다. 달리기, 윗몸 일으키기 등을 포함하는 실기고사를 치르고 기숙사 생활을 하는 곳이 많습니다. 서울체육중학교, 부산체육중학교 등이 있습니다.

국제중은 국제화 시대에 발맞추어 외국어 영역에 특기가 있는 학생들을 지도할 목적으로 설립되었습니다. 영어 원서 및 일본어, 중국어, 스페인어 등 다양한 외국어를 배웁니다. 그러나 운영 과정 속에서 설립 취지와는 다르게 과도한 사교육 조장을 한다는 비판과 더불어 입시 비리 사건들이 일어났습니다. 이 때문에 서울에 위치한 영훈국제중과 대원국제중은 전산 추첨으로 입학생을 선발해 왔으나 곧 일반중으로 전환 위기에 놓여 있습니다. 현재 경기도 가평 청심국제중학교, 경상남도 선인국제중학교, 부산국제중학교 세 곳만이 남아 있습니다.

이처럼 특성화 중학교가 있기는 하지만 대부분 고학년 부모님이 고민하는 것은 경제적 부담이 되더라도 좋은 학군으로 이사를 갈 것인지에 대한 선택일 것입니다. 보통 학군이 좋다는 곳은 학원가가 잘 형성되어 있고 입시 성적이 좋은 학교가 많은 지역을 일컫습니다. 오랫동안 교사 생활을 하면서 소위 말하는 명문 학교에서도 근무했었고, 학교 화장실에서 담배 피우다 잡혀 오는 학생들이 하루에 서너 명이 되는 학교에서 근무한 적도 있습니다. 어느 학교든지 일등부터 꼴찌가 있고, 모범생과 각종 문제를 일으키는 학생이 있지만 저는 되도록 공부하려는 친구들이 많이 모여 있는 곳으로 가셨으면 하는 마음입니다. 학생의 본분은 공부입니다.

본분을 다하려는 마음을 가진 친구들은 서로에게 큰 자극이 됩니다. 고등학교는 대학 입시를 위한 내신을 고려해야 하기 때문에 전략적인 학교 선택이 필요하지만, 중학교는 고등학교에 비해 상대평가 비중이 덜하고 친구들의 분위기에 가장 크게 영향을 받는 때이기 때문입니다. 지금 있는 지역의 중학교 분위기가 좋고 아이가 편안해한다면 굳이 다른 곳으로 이사 가실 필요는 없습니다.

물론 중학교 때 학군지로 이사를 간다는 게 우리 아이가 가고자 하는 고등학교나 대학교 입학을 보장해 주지는 못합니다. 그러나 꿈을 향해 나가는 힘든 사춘기 시절에 같은 고민을 서로 공유할 수 있는 친구가 있다는 것만으로도 아이는 많이 성장합니다. 하지만 이때 반드시 기억하셔야 할 것이 있습니다. 가장 중요한 것은 부모님에게 아이를 향한 흔들리지 않는 교육관이 정립되어 있어야 한다는 겁니다. 아이 역시 주변 친구와의 경쟁이 아닌 스스로의 발전을 향한 목표를 세우고 실천할 줄 알아야 합니다. 세상 사람들이 말하는 좋은 학군을 바라보기 전에 아이와 부모님을 먼저 바라볼 수 있으면 좋겠습니다. 그 후 아이의 성향에 맞는 분위기의 지역과 학교를 조사해 보시기 바랍니다. 학교알리미(초·중등 교육정보 공시서비스) (schoolinfo.go.kr) 사이트도 접속해 보시고 각종 인터넷 커뮤니티에 가입하셔서 입소문도 들어보시기 바랍니다.

소중한 우리 아이가 청소년으로 성장하는 데 중요한 3년을 다닐 곳입니다. 적어도 세 달은 그곳을 알아보는 데 투자해야 하지 않을까요? 물론 이 모든 과정은 아이와 함께 고민하고 의논하셔야 합니다. 아이가 다닐 학교이기 때문입니다. 여건이 허락하신다면 최종 결정은 아이의 의견을 존중해 주시면 더욱 좋습니다. 아이는 자신이 선택한 3년을 최선을 다해 영위할 것입니다. 때론 중학교 생활을 하면서 힘든 상황에 직면할 때도 있겠지만, 스스로 헤쳐 나갈 수 있는 힘을 가진 아이를 믿고 지지해 주시기 바랍니다.

2장

학습 역량
길러 주기

초등학교 때부터 엄마표로 꾸준히 공부해 온 학생이 중학교 첫 시험을 치르고 나면 부모님들이 여기저기 괜찮은 학원이 어딘가 알아보는 경우가 있습니다. 예상치 못한 낮은 점수가 학원을 안 다녀서라는 판단으로 귀결된 거죠. 그러나 점수가 낮은 진짜 이유는 제대로 공부하는 법을 몰랐기 때문입니다. 특히 초등 고학년 때 지식을 아는 것보다 그 지식을 습득하는 방법을 아는 게 더 중요했는데 그걸 놓친 겁니다.

20년 가까이 교단에 있으면서 많은 아이들을 봐 온 제가 아이들에게 바라는 한 가지는 공부를 할 수 있는 힘을 초등 시절에 키우는 것입니다. 그걸 못해서 중고등학교에 와서 힘들어하는 학생들을 보며 많이 안타까웠습니다. 그래서 저는 제 아이에게 초등 시절만큼은 공부를 할 수 있는 역량을 길러 주기 위해 노력하고 있습니다. 학습 습관 정립을 도와주고 다양한 공부법을 소개해 주며 아이는 다양한 시도와 시행착오 속에서 자신에게 맞는 편안한 공부법을 찾아갑니다.

사실 공부에 재미와 성취감을 느끼는 것만큼 큰 학습 동기는 없습니다. 이를 위해 부모님은 아이들 수준에 맞춰 성공을 경험할 수 있는 환경과 루틴을 만들어 주셔야 합니다. 아이가 공부에 집중할 수 있는 밑바탕인 정서적 안정도 제공해 주셔야 하고요. 지금부터 제가 그것으로 향하는 정확한 길을 상세히 안내해 드리겠습니다. 똑똑하게 최선을 다해야 노력한 결과를 얻습니다. 많은 학생들이 노력한 만큼 좋은 성적을 얻고, 많은 부모님들이 애쓴 만큼 아이들이 행복하게 성장하는 데 보탬이 되면 좋겠습니다.

학습 습관 정립

성공적인 중학교 생활을 위해 초등학교 시절에 딱 한 가지만을 얻을 수 있다면 부모님께서는 무엇을 소원하시겠습니까? 전 한치의 망설임도 없이 '학습 습관'이라고 말할 것입니다.

우리는 매일 삼시 세 끼를 힘들이지 않고 당연하게 먹습니다. 작년에 매일 먹었으니 올해는 질려서 못 먹는 사람은 없지요. 습관이라는 것은 이렇게 몸과 마음이 이미 준비를 하고 있기에 그곳에 에너지를 쏟을 필요가 별로 없습니다. 밥을 먹는 습관처럼 학교에 다녀와서 복습과 그날 하기로 계획된 학습을 실천하는 것이 습관이 된 아이들은 공부를 밥 먹는 것처럼 힘들이지 않고 당연하게 수행합니다. 물론 이런 결실을 얻기 위해서는 부모님의 전략적이고 지혜로운 물밑 작업이 필요합니다. 또 아이가 스스로 학습 습관을 들이는 데 동의할 수 있도록 설득 과정도 필요합니다. 아침에 눈 뜨고 잠드는 순간까지 늘 교육에 대해 연구하는 저도 어려운데 부모님들께서는 도대체 어디서부터 어떻게 시작해야 할지 많이 막막하시죠? 구체적으로 몇 가지 단계를 알려 드릴 테니 꼭 실천해 보시기 바랍니다.

양육 목표 정립

첫 번째 단계는 아이 양육의 목표를 정립하는 것입니다. 아이가 스무 살이 되었을 때 부모님이 바라는 아이의 모습을 그려 보세요. 이것이 있어야 아이의 습관을 잡아 주시겠다는 부모님의 확고한 믿음과 의지가 생길 수 있습니다.

부모님마다 다 다르겠지만 저에게는 아이가 스무 살이 되었을 때 가졌으면 하는 세 가지 목표가 있습니다. 첫째가 체력, 둘째가 자존감, 셋째가 사회성입니다. 이 세 가지가 있는 성인은 홀로 설 수 있다고 판단했기 때문입니다. 이 목표는 제가 아이를 기르는 순간순간 늘 저에게 방향을 알려 줍니다.

교육과정별 목표 정립

두 번째 단계는 부모님의 양육 목표 달성을 위해 초등, 중등, 고등 생활의 목표를 설정하시는 것입니다. 이건 아이가 각 상급학교에 입학하기 1년 전쯤에 고민해 보시는 게 좋습니다. 이 단계를 거치지 않으면 스무 살의 교육 목표는 부모님의 헛된 바람으로 끝날 가능성이 높습니다.

저는 아이가 일곱 살 때 초등 교육의 목표를 탄탄한 자존감 형성으로 잡고 자존감을 키울 수 있는 방법들을 연구했습니다. 초등학교도 자존감을 키울 수 있는 학교를 선택했고, 일상에서도 되도록 자존감이 자랄 수 있게 언행을 하고자 노력합니다. 아이의 선택을 존중하고 다양한 실패 경험 속에서 배울 수 있는 기회를 마련합니다. 자존감은 작은 성공 경험 가운데서 자신에 대한 믿음을 키워 가는 과정이라는 확신 하에 초등생활에서 아이가 학생으로서 얻을 수 있는 성공의 경험이 무엇이 있을지 고민했습니다. 저는 아이가 초등학생으로서 자존감을 키울 수 있는 가장 쉽고도 기본이 되는 것은 학습 완수 경험이라고 판단했습니다. 그리하여 매주 학습 계획을 세우고, 매일 실천하며, 완료한 학습 내용에 동그라미를 치며 성취감을 만끽하는 '오늘의 할 일'(줄여서 오할) 계획표가 탄생하였습니다.

초등 학년별 로드맵 작성

세 번째 단계는 초등 학년별 로드맵을 작성하는 것입니다. 선뜻 감이 잘 안 오죠? 다양한 교육 강의를 듣고 초등 교육 관련 서적을 읽으며 제가 딸에게 맞춰 작성한 학습 로드맵을 공유합니다.

[고학년 학습 로드맵]

학년	초등 5학년	초등 6학년
목표	• 오할 스스로 작성하기 • 과목별 심화 공부하기	• 과목별 공부법 정립 • 진로 탐색
국어	• 인문고전, 대학별 추천도서 읽기 • 탈무드 하브루타 • 글쓰기 대회 참가 • 주 5회 글쓰기 • 주 3회 독해 문제집	• 한국고전, 노벨문학상 수상작 독서 • 성경 토론 • 토론, 글쓰기 대회 참가 • 주 4회 글쓰기 • 주 3회 독해 문제집
영어	• 영자 신문 읽기 • 문법 정리 • 주 3회 독해, 2회 라이팅 • TED, CNN 노출 • 단어 어원 책 독서 • 원어민 대화	• 영자 신문 요약 • 뉴베리상 수상작 읽기 • 주 4회 독해, 3회 라이팅 • CNN, MOOC 공부 • 중학 단어 정리 • 원어민 대화
수학	• 요리수학 캠프 • 수학영재원 • 경시대회 참가 • 심화 문제 풀이 노트 작성 • 초6 예습	• EBS math • 수학 소프트웨어 다루기 • 중1 수학 예습 • 오답노트 작성
사회	• 고도원 링컨 참여 • 금융 교육 • 여행 일정 짜기 • 역사 토론, 월드플레이 • 연계 도서, 체험 • 한국사 시험	• 직업 체험(100개 직업 속 고르기 체험) • 기업가 교육(한국과학기술원) • 연계 도서, 체험
과학	• 메이커 출품 • 한생연 캠프 • 발명대회 참가 • 연계 도서, 체험	• 경진대회 참가 • 빅히스토리 교육 • 중등 과학 독서 • 복습 문제 출제 • 연계 도서, 체험
한자	• 4급	• 3급

컴퓨터	• 디지털 리터러시 교육 • 엑셀	• 사진 • 웹디자인
체육	• 검도 • 자전거 일주	• 스키 • 펜싱
음악	• 피아노 • 기타	• 플루트
취미	미술, 인터넷 카페 운영, 유튜브 채널 개설, 햄스터 사업 모의 체험, 요리하기	

이것은 아이가 하면 좋을 것 같은 내용들을 아이 수준에 맞게 학년별로 분류해 둔 것에 지나지 않습니다. 지속적으로 수정, 보완해 가면서 끊임없는 업데이트 과정을 거쳐야 할 로드맵입니다. 이 표를 가지고 적당한 때를 지켜보다가 아이가 수긍할 만한 내용을 제안해 보고 아이의 동의를 얻은 내용들만 오할에 적고 실천합니다. 제가 꼭 필요하다고 생각하는 내용들은 협의의 과정을 거칠 때도 있지만, 아이가 끝까지 거부하는 경우에는 과감하게 삭제합니다. 바로 이 지점이 학습 습관의 핵심입니다. 아이에게 학습 습관을 잡아 주기 위해서는 반드시 아이 스스로 선택한 활동들만으로 학습 계획표를 작성해야 합니다.

일주일 학습 계획표 작성

네 번째 단계는 아이의 동의를 얻은 내용들을 바탕으로 일주일 동안 실천할 오할을 작성하는 것입니다. 저는 매주 금요일 오후가 되면 다음 주의 오할을 짜고 아이는 이를 검토합니다. 빠르면 5학년부터, 늦어도 중1부터는 아이가 스스로 오할을 짤 수 있도록 작성 방법을 아이에게 자주 설명해 줍니다. 사실 대부분의 부모님들이 공부 습관이라고 하면 여기서부터 시작하실 것입니다. 그러나 이전의 세 단계가 없으면 오할에 들어가야 할 내용과 빼도 되는 내용의 기준을 잡을 수가 없습니다.

처음 오할을 시작할 때는 아이가 부담 없이 완수할 수 있는 아주 적은 양부터 시작하는 것이 좋습니다. 차츰 학년이 올라갈수록 조금씩 가짓수와 양을 늘려 가시면 됩니다. 또 오할을 작성하기 위해서는 아이와 많이 대화를 해서 필요성을 이해시키는 과정이 필요합니다. 학습 동기에 불이 지펴진 아이들은 자신에게 필요하다고 생각하는 것들은 힘들어도 이겨 낼 수 있는 의지를 발휘할 수 있습니다. 부모님께서는 요일별로 아이의 하교 시간이나 학습 여건을 고려하셔서 적당한 학습 분배 과정을 거치시면 됩니다. 이해를 돕기 위해 다음 페이지에 초4인 제 딸의 현재 오할을 소개합니다.

총 2장으로 이루어진 오할에는 월요일부터 금요일까지 완수할 학습 내용들을 기재합니다. 매일 풀어야 하는 양의 변동이 있는 문제집들은 옆에 쪽수도 적습니다. 학교에서 단원 평가를 보는 기간에는 단원 평가 준비를 할 수 있는 공부를 추가합니다. 집중력을 높이기 위해 엄마가 생각하는 그날의 자율성과 동기 점수를 기재하고, 날짜 옆에는 오할 시작 시간과 끝나는 시간을 적어서 아

	날짜	공부	필수	심화
(2시~3시30분) 1시간30분	월 5/24	(최상위)공부	81~85 (⊙)	(글쓰기)공부 34~36 (⊙) (도.연)공부 (⊙)
		한자	反 아 4 (⊙)	영어단어 (⊙)
		동화책	History -그리스 1 (50)분.(⊙)	국단 6. 16~20 (⊙)
		영어공부	투데이미션 (⊙)	
			R.G 독후활동 (9.1)포인트	영어동화책 More about Drums (⊙)
		중점인성 실천	친절(⊙) 고운 말( ) 친구 돕기( )	작은 것에 양보(⊙) 착한 일(⊙)
(4시~6시) 2시간	화 5/25	(최상위)공부	86~87 (⊙)	(신문)공부 (⊙) (도.연)공부 (⊙)
		한자	白衣 馬車 (⊙)	영어단어 (⊙)
		동화책	날개 잃간 문벼 3 (50)분.(⊙)	국단 21~23 (⊙)
		영어공부	투데이미션 (⊙)	
			R.G 독후활동 (8.9)포인트	영어동화책 All is safe (⊙)
		중점인성 실천	친절(⊙) 고운 말(⊙) 친구 돕기(⊙)	작은 것에 양보(⊙) 착한 일(⊙)
(2시30분 ~4시) 1시간30분	수 5/26	(최상위)공부	88 (⊙)	(도.연)공부 (⊙) 영어단어 (⊙)
		한자	朝門地下 (⊙)	
		동화책	선생님도 중학생이 있었다?(50)분.(⊙)	
		영어공부	투데이미션 (⊙)	
			R.G 독후활동 (9.0)포인트	영어동화책 More about language(⊙)
		중점인성 실천	친절(⊙) 고운 말( ) 친구 돕기(⊙)	작은 것에 양보(⊙) 착한 일(⊙)
(3시~5시) 2시간	목 5/27	(최상위)공부	89 (⊙)	(독해)공부 134~137 (⊙) (도.연)공부 (⊙)
		한자	白衣 馬車 (⊙)	영어단어 (⊙)
		동화책	명탐정 설록 홈즈 (40)분.(⊙)	국단 29.30.34 (⊙) 수 20 (⊙)
		영어공부	투데이미션 (⊙)	
			R.G 독후활동 ✓ (9.1)포인트	영어동화책 What the Doctors (⊙)
		중점인성 실천	친절(⊙) 고운 말(⊙) 친구 돕기(⊙)	작은 것에 양보(⊙) 착한 일(⊙)
(3시~6시) 3시간	금 5/28	(최상위)공부	90 (⊙)	(한국사)공부 (⊙) (도.연)공부 (⊙)
		한자	正門地下 (⊙)	영어단어 (⊙)
		동화책	鬼神! (60)분.(⊙)	국단 36. 37 (⊙) 수 21 (⊙)
		영어공부	투데이미션 (⊙)	
			R.G 독후활동 (9.1)포인트	영어동화책 the highest climb (⊙)
		중점인성 실천	친절(⊙) 고운 말(⊙) 친구 돕기(⊙)	작은 것에 양보(⊙) 착한 일(⊙)

이에게 자신의 태도를 되돌아볼 수 있는 기회를 제공합니다. 오할에서 가장 핵심적인 것은 그날 배운 과목을 그날 바로 복습할 수 있도록 체크리스트에 넣어서 복습이 습관이 될 수 있게 도와주는 것입니다. 복습 습관이 있는 아이들은 그 누구보다 강력한 학습 습관을 가지게 됩니다. 아이는 오할에 동그라미가 하나씩 표시될

날짜	매일공부	확인	매주공부	확인	복습(과학되)	확인

(　5 월 24일 ~ 5 월 28 일)

날짜	매일공부	확인	매주공부	확인	복습	확인
월요일 (5/24)	역사지니, ted	◎	문해길 36	◎	영어	◎
	줄넘기	◎				
	영어책 낭독	◎	동시낭송	◎	국어	◎
	단어, 한 줄 쓰기	◎	홀리우프	◎		
	4000 단어	◎			✕	
	애리H.W.	◎				
	리코더	◎				
	기타	◎				
			자율성, 동기, 점수	9		
화요일 (5/25)	역사지니, ted·	◎	사고력 11	◎	국어	◎
	줄넘기,	◎	꿈나무	◎	영어	◎
	영어책 낭독	◎				
	단어, 한 줄 쓰기	◎	윗몸일으키기	◎	과학	◎
	4000 단어	◎			사회	◎
	애리H.W.	◎				
	리코더·	◎				
	기타.	◎	사, 과 연계도서	◎	✕	
			자율성, 동기, 점수	5		
수요일 (5/26)	역사지니, ted ✓	◎	문해길 36	◎	사회	◎
	줄넘기	◎			중국어	◎
	영어책, 낭독	◎				
	단어, 한 줄 쓰기	◎			수학	◎
	애리H.W.	◎			✕	
	기타 ✓	◎				
			자율성, 동기, 점수	10+		
목요일 (5/27)	역사지니, ted	◎	사고력 14	◎	영어	◎
	줄넘기	◎	꿈나무	◎		
	영어책 낭독	◎				
	단어, 한 줄 쓰기	◎	스카이프H.W.	◎		
	4000 단어	◎	윗몸일으키기	◎	✕	
	애리H.W.	◎				
	리코더	◎				
	기타	◎	사, 과 연계도서	◎		
			자율성, 동기, 점수	10+		
금요일 (5/28)	역사지니, ted	◎	문해길 37	◎	수학	◎
	줄넘기	◎	꿈나무	◎	영어	◎
	영어책 낭독	◎	영어link 6	◎		
	단어, 한 줄 쓰기	◎			과학	◎
	4000 단어	◎	윗몸일으키기	◎	사회	◎
	애리H.W.	◎				
	리코더	◎				
	기타	◎	사, 과 연계도서	◎	✕	
			자율성, 동기, 점수	10+		

때마다 작은 성공의 경험을 만끽합니다. 오할이 모두 끝나고 자유롭게 쉬는 시간이 되면 짜릿한 휴식과 함께 자신에 대한 뿌듯함과 자랑스러움을 향유합니다. 바로 이 지점이 학습 습관을 유지시켜 주는 매일의 작은 보상이 됩니다. 아이가 이 기쁨의 맛을 알기 때문에 오할이 하기 싫은 날도 자신을 달래어 한 걸음 내디딜 수 있는 것입니다.

하루 루틴 만들기

아이에게 학습 습관을 만들어 주는 마지막 단계는 매일 오할을 실천할 수 있는 하루의 루틴을 만드는 것입니다. 학습 계획표가 아무리 멋져도 현실적으로 그 계획을 지킬 수 있는 환경과 시간 확보가 안 되면 무용지물입니다. 단, 루틴을 만드는 데 가장 중요한 것은 아이와 부모님이 부담 없이 편안하게 할 수 있어야 한다는 것입니다. 엄청난 에너지를 집중해서 루틴을 수행해야 한다면 일 년이 지나도 습관이 되기 어렵습니다. 아이의 현재 학습 집중 수준을 잘 관찰하셔서 이 정도면 아이가 편안하게 수행할 수 있겠다 싶을 정도로만 하루 시스템을 구축해 주시기 바랍니다.

저희 딸은 스스로 7시에 일어나는 규칙을 정했습니다. 아침에 눈 뜨면 지니스쿨 역사와 TEd ed 영상을 보면서 정신을 차립니다. 세수하고 리딩게이트를 한 후 아침 식사를 합니다. 식사 전에 식탁 위에 있는 신문을 잠깐 보고 식사하면서 신문에 나온 이런저런 이야기들을 나눕니다. 양치 후 영어책을 읽고 모르는 단어가 있으면 한두 개 단어장에 간단히 정리하고서 등교합니다.

2시 40분쯤 하교하면 간식을 먹으며 책을 봅니다. 3시쯤부터 오할을 시작해서 그날 집중도나 학습량에 따라 두 시간에서 두 시간 반 정도 혼자 공부를 합니다. 5시쯤 끝나면 스크래치, 요리 같은 취미 활동을 하거나 자유롭게 놉니다. 6시쯤 저녁을 먹고 7시쯤 미술이나 기타 수업처럼 아이가 배우고 싶어 하는 것을 배웁니다. 수업이 없는 날은 배드민턴을 치거나 편안하게 멍 때리며 쉽니다. 8시쯤 홈트레이닝을 하고 9시에 목욕을 합니다. 목욕 후에는 그림을 그리거나 책을 보다가 10시 30분쯤 잠자리에 듭니다. 토요일에는 각종 교육을 받거나 체험 활동을 하고 일요일에는 하루 종일 푹 쉬면서 가족, 친구들과 어울려서 놉니다.

이렇게 제 아이의 일상을 쭉 나열할 수 있는 것은 몇 년 동안 거의 같은 루틴이 반복되어 왔기 때문입니다. 아이는 눈을 뜨면서 자신의 하루를 예상할 수 있고, 저 역시 아이가 자신의 루틴을 잘 알기에 공부하라는 말을 할 필요가 없습니다. 물론, 휴일이나 방학 때는 하루 종일 게임을 하거나 여행을 가는 등 맘껏 재충전의 시간도 갖습니다.

제가 저희 딸의 개인적인 일상을 공개하는 이유는 이대로 하셨으면 하는 마음이 있어서가 절대 아닙니다. 한 가지 사례를 제시하면서 루틴의 힘을 보여드리고 싶었습니다. 초등학교 때 이렇게 형성된 습관은 중학생이 되어서도 자연스럽게 연결됩니다. 밥을 안 먹으면 배가 고픈 것처럼 하교 후에 책을 펴지 않으면 머리가 고파집니다. 이것이 바로 학습 습관이고 아이를 중학생으로 올려 보내야 하는 초등 고학년 부모님께서 만들어 주셔야 할 가장 중요한 준비임을 기억하세요.

공부법 탐색 1
매일 복습

　우리는 아이들에게 좋은 성적을 받기 위해 열심히 공부하라고만 하지 이 공부하는 방법을 배울 기회는 주지 않습니다. 학교에서는 교과목 지식을 알려 주느라 그 지식들을 어떻게 자기 것으로 만들어야 하는지 가르쳐 줄 시간이 없습니다.

　몇몇 영특한 아이들을 제외하고 대부분의 아이들은 공부하는 데 방법이 있다는 것도 모릅니다. 늦어도 초등 고학년 때에는 자신에게 맞는 공부 방법이 무엇인지 찾아갈 기회가 주어져야 합니다. 그런데 대부분의 부모님들도 배운 적이 없어서 공부하는 방법을 잘 모릅니다. 그래서 여기서는 평상시 공부에 필요한 전체적인 공부법을 알려 드리고, 2부에서 중학교 과목별 세부적인 공부 방법과 시험 기간 준비 방법들을 자세히 설명하겠습니다.

매일 복습을 통해 자신만의 언어로 정리하기

성공적인 중학교 생활을 위한 공부법의 첫 번째는 학교에서 배운 내용을 매일 복습하여 자신만의 언어로 정리하는 것입니다. 국어, 영어, 수학, 사회, 과학 다섯 과목을 하면 되고요, 교과서로 복습하기 때문에 그날 수업한 과목은 책을 가지고 다녀야 한다는 것을 미리 아이와 이야기 나누시기 바랍니다.

저는 학습 성과가 뛰어난 학생들과 이야기를 나눌 기회가 많았는데요, 그 아이들과 대화하면서 확인하게 된 것이 한 가지 있습니다. 바로 그 아이들은 공통적으로 인지주의 학습 이론 중 하나인 정보처리모형을 적용하고 있다는 것이었습니다. 이 모형은 새로운 정보를 의미 있게 전환하여 장기기억 속으로 보내는 부호화의 과정을 강조합니다. 저는 이것을 새로운 정보를 자신만의 언어로 정리하는 시간이라고 부릅니다. 수업 시간에 새롭게 접한 교과서 개념 복습은 부호화의 과정을 거치는 다음 세 단계로 하는 것임을 아이들에게 알려 주시기 바랍니다.

1단계: 교과서 이해하기

복습의 첫 시작은 그날 배운 교과서 내용을 낭독하고 천천히 정독하면서 중요하다고 생각하는 개념과 내용에 밑줄을 그으며 교과서를 이해하는 것입니다. 그 후 아이에게 오늘 배운 내용이 무엇인지 설명을 부탁합니다. 부모님은 교과서에 필기된 내용을 보면서 아이의 수업 태도를 추측해 볼 수 있고, 간단한 질문을 통해 아이가 학습 내용을 이해했는지 확인합니다.

2단계: 조직화하기

복습의 두 번째 단계는 교과서 속 내용을 조직화하는 것입니다. 조직화는 지식을 체계적으로 결합하여 구조화하는 것으로 사람으로 비유하면 뼈대에 해당합니다.

조직화를 위한 방법 중 가장 중요한 것은 복습하는 내용의 목차와 제목을 확인하는 것입니다. 예를 들어, 5학년 1학기 국어 총 10개 단원 중 3단원 '글을 요약해요' 속의 '구조를 생각하며 글 요약하기'를 오늘 배웠음을 아이가 인지할 수 있게 도와주시기 바랍니다.

다음으로 학습한 내용을 노트에 요약해서 정리합니다. 보통 코넬식 노트 정리법을 사용하지만 학습 내용과 아이들 성향에 따라 다양한 방법으로 접근하는 게 좋습니다. 과목별 정리 방법과 관련된 내용은 2부에서 다시 상세히 설명하겠지만, 씽킹맵이라는 노트 정리 틀과 마인드맵을 이용하면 조직화하는 데 좀 더 효과적입니다. 씽킹맵은 다양한 사고 과정을 지도처럼 구조화해서 노트에 정리하는 방법으로 다음과 같이 크게 8가지 정도로 살펴볼 수 있습니다.

❶ 서클맵 Circle map

정의나 대상에 대한 생각을 떠올리고 정리할 때 사용

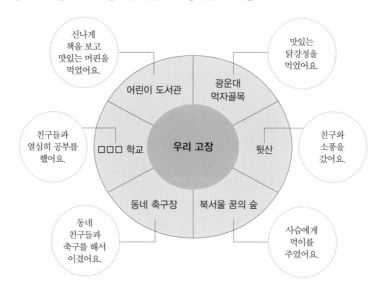

❷ 버블맵 Bubble map

대상의 속성을 열거하여 특징을 묘사할 때 사용

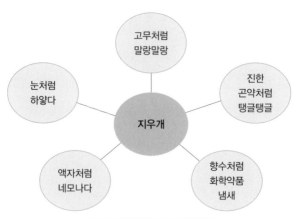

대상을 감각적으로 표현하기

❸ 더블버블맵 Double bubble map

서로 다른 두 대상을 비교하여 공통점과 차이점을 기술할 때 사용

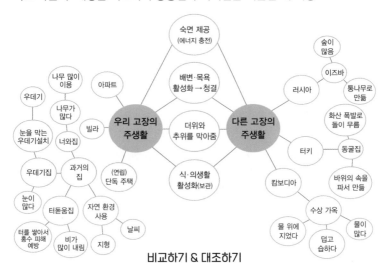

비교하기 & 대조하기

❹ 트리맵 Tree map

일정한 기준에 따라 분류할 때 사용

❺ 플로우맵 Flow map
일의 과정이나 시간의 흐름에 따른 순서를 정렬할 때 사용

1. 땅을 가는 도구의 발달

돌괭이 → 철괭이 → 쟁기 → 트랙터

사람의 힘을
적게 사용하게 됨.
시간이 단축됨.
수확량이 많아짐.

2. 곡식을 수확하는 도구의 발달

반달 돌칼 → 철로 만든 낫 → 탈곡기 → 콤바인　　편리해짐.

❻ 멀티플로우맵 Multi-flow map
원인과 결과를 분석할 때 편리

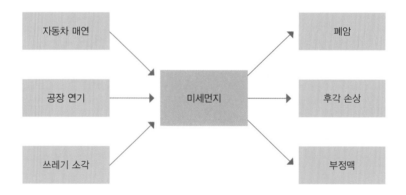

❼ 브레이스맵 Brace map

전체와 부분 관계를 정리할 때 사용

❽ 브릿지맵 Bridge map

브릿지의 위쪽과 아랫쪽에 연관된 것들을 유추할 때 사용

학습 내용을 조직화하는 또 다른 방법인 마인드맵은 마음속에 지도를 그리듯이 이해한 내용을 정리하는 방법입니다. 방사형 그림으로 나열한 목차라고 생각하시면 쉽습니다. 보통 한 단원이 끝났을 때 마인드맵을 이용해 학습한 전체 내용을 조직화하면 매우 효과적입니다. 중심에 설명하고자 하는 내용을 적고 사방으로 줄기를 뻗어 나가며 그 내용에 대한 설명들을 그려 나가면 됩니다.

중학교 수학 시간에도 한 단원이 끝나면 마인드맵으로 정리를 하는 수행 평가를 실시할 때가 있습니다. 다른 단원들에 비해 마인드맵 정리를 했던 단원의 성취도가 더 높다는 것을 확인했던 저는 딸이 단원 평가를 보기 전날이면 마인드맵으로 단원 총정리를 하게 합니다. 우리 아이들에게도 사고의 흐름에 따른 조직화된 지식의 구조를 직관적으로 파악할 수 있는 마인드맵을 알려 주시면 좋겠습니다.

3단계: 정교화하기

학습 내용 조직화 후에는 새로운 정보를 아이의 기존 지식과 연결하는 정교화 과정이 필요합니다. 조직화가 교과서를 요약해서 지식의 뼈대를 세우는 작업이었다면 정교화는 사고를 확장시켜서 그 뼈에 살을 붙이는 과정입니다. 대부분의 상위권 학생들이 2단계까지는 수행하지만 3단계는 최상위권 학생들만이 실천하는 공부법입니다. 그렇다면 복습할 때 아이들에게 어떻게 지식의 정교화를 도와줄 수 있을까요?

우선, 노트를 정리할 때 새로운 개념이 나오면 예시를 적을 수 있게 도와주세요. 사회 시간에 '생산'이라는 단어를 배웠다면 아이가 스스로 생각해서 농산물 생산이나 음식을 만들어 파는 것과 같은 생산의 예시를 두세 개 정도 노트에 적을 수 있도록 알려 주시면 됩니다.

다음으로, 오늘 배운 학습 내용이 기존에 배웠던 학습 내용들과 어떻게 연결되는지 찾아볼 수 있도록 이전 학년 교과서들을 늘 책꽂이에 비치해 주시기 바랍니다. 예를 들어, 5학년 1학기 국어 3단원 '글을 요약해요'를 복습하면서 아이가 4학년 1학기 국어 2단원 '내용을 간추려요'와 비교해 볼 수 있게 제안해 주세요. 4학년 때 이미 배운 내용은 무엇이고 5학년 때 새로 배우는 내용이 무엇인지 찾아보면서 둘 사이의 관계를 연결하는 과정을 통해 아이는 새로운 지식을 정교화할 수 있습니다. 이전 학년과의 연결 학습은 매일 복습할 때마다 할 필요는 없고 각 단원 도입 부분에서만 해 주시면 됩니다.

또 아이의 경험이나 실생활 속에서 새로운 개념과 연결되는 그 개념이 적용되는 예를 찾아볼 수 있는 기회를 만들어 주시기 바랍니다. 수학 시간에 비율이라는 개념을 새롭게 접했다면 아이가 요리를 하면서 레시피를 통해 이미 비율의 개념을 접했다는 것을 발견할 수 있도록 생각의 고리를 연결해 주시면 됩니다. 마트의 물건 할인율이나 지도의 축척, 인구 밀도 등 실생활 속에서 찾을 수 있는 많은 비율들을 아이가 생각해 볼 수 있도록 비율과 연계되는 책이나 영상을 함께 찾아보시는 것도 추천합니다.

마지막으로 다른 과목들끼리 연결해서 생각할 수 있도록 융합의 고리를 던져 주시면 좋습니다. 수학 시간에 선대칭도형에 대해 배웠다면 과학 시간에 배운 '그림자와 거울' 단원과 연결해서 생각해 볼 수 있습니다. 국어 교과서 지문에 나온 '정약용'을 복습하면서 사회 시간에 배운 역사적 인물에 대해 아이와 함께 이야기를 나누는 것도 좋습니다. 하지만 부모님들께서 초등 전 과목 내용들을 모두 알고 있기 힘들기 때문에 아이에게 연관되는 다른 과목의 내용을 물어보거나, 한국과학창의재단에서 운영하는 STEAM 교육 사이트(kofac.re.kr)에 접속하셔서 다양한 교과 연계 자료들을 살펴보시는 것도 좋습니다.

공부법 탐색 2
질문하기, 인출하기, 메타인지 활용하기

"왜?"라는 질문하기

매일 복습을 통해 그날 배운 학습 내용들을 자신만의 언어로 정리하는 학생들에게 추천하는 두 번째 공부법은 늘 "왜?"라는 질문을 가지고 학습에 임하는 것입니다. 학습 내용을 궁금해하는 아이들은 상급 학교에 진학할수록 탁월한 학업 성취를 이뤄냅니다. 질문을 해결해 가는 과정을 통해 배경지식이 넓혀지면서 사고력이 향상되기 때문입니다.

하지만 처음부터 수업 내용에 질문할 수 있는 초등학생들은 별로 없습니다. 질문이라는 것은 자신의 생각과 새로운 정보가 부합되지 않을 때 그 차이를 적극적으로 줄여 나가려는 고도의 인지 능력의 결과이기 때문에 초등학생들에게는 어려울 수 있습니다.

그래서 처음에는 부모님께서 늘 "왜?"라는 질문을 아이에게 던져 주실 필요가 있습니다. 그러다 보면 점점 아이가 묻고 아이가 답하는 질문하는 공부법에 도달할 수 있습니다. 그럼 부모님은 어떤 질문을 해야 할까요?

먼저 새로운 내용의 공부를 시작할 때는 이 단원은 왜 배우는지, 이 단원에서 왜 갑자기 이 내용이 나오는지 아이들이 흐름을 파악할 수 있게 질문을 해 주시면 좋습니다. 예를 들어, 5학년 2학기 과학 3단원 '날씨와 우리 생활'을 배우는 것이 왜 필요한지, '고기압과 저기압'이라는 내용이 날씨와 어떻게 관련되는지 물어봐 주시면 좋습니다.

문제집을 풀 때는 "이 문제는 너에게 무엇을 아는지 묻기 위해서 출제된 것 같아?"처럼 출제자의 의도를 물어보거나, "이 문제를 틀린 이유가 무엇일까?"처럼 아이의 생각 과정을 돌아볼 수 있는 질문이 좋습니다. "이 문제는 어떻게 푼 거야?"처럼 풀이 과정을 설명할 수 있도록 유도해 주는 질문도 좋습니다. 부모님도 답을 모르기에 함께 고민하고 찾아볼 수 있는 질문이면 더욱 좋습니다. "고령화 시대에 노인 무임승차에 대한 네 생각은 뭐야?"와 같은 아이의 생각을 꺼낼 수 있는 질문은 아이의 성적도 함께 꺼내 줍니다.

저는 딸에게 학교에서 수업을 들을 때 반드시 질문을 하나씩 만들며 수업에 참여하라고 말합니다. 질문할 내용을 찾으면서 듣는 수업과 무조건적으로 받아들이기만 하는 수업은 그 공부의 질이 다릅니다. "왜?"라는 질문을 할 때 학습 내용을 더 정확하고 예리하게 이해하게 됩니다. 질문하는 것도 습관이기에 좋은 학습 습관을 아이에게 길러 주기 위해서 부모님들께서 먼저 아이에게 질문하는 습관을 가져 주세요.

공부한 내용을 주기적으로 인출하기

학업 성적이 우수한 학생들이 주로 사용하는 공부법은 이전에 공부한 내용을 주기적으로 인출하는 것입니다. 인출할 수 없는 지식은 아는 것이 아니고, 사람의 뇌는 인출되지 않는 지식은 쓸모없는 것으로 판단합니다. 따라서 아이들이 학습한 내용을 주기적으로 되돌아볼 수 있도록 부모님께서 다음과 같은 방법을 안내해 주셨으면 합니다.

첫째, 매일 교과서를 통해 복습했던 내용을 주말에 아이가 부모님께 간단하게 설명하는 시간을 가지도록 도와주세요. 설명을 들으면서 질문도 하시면 훨씬 더 효과적입니다. 물론 되도록 아이의 기를 살려 주는 질문을 해 주실 거죠? 학습 내용 중에 서로 다른 의견이 생길 수 있는 부분은 토론의 시간을 가져 보는 것도 추천합니다. 부모님이 바쁘다면 아이 혼자서라도 지난주에 학습했던 내용을 인형을 앞에 두고 가르쳐 보는 것도 괜찮습니다. 중요한 것은 아이가 학습한 내용을 꺼내어 설명해 보는 시간을 갖는다는 것입니다.

둘째, 매달 말일쯤에는 한 달 동안 배운 중요한 학습 내용들을 아이에게 직접 문제로 출제해 보라고 제안해 주세요. 초등학생들이 어떻게 벌써 문제를 출제할 수 있겠냐며 놀라실 수도 있지만, 초등 3학년생들도 생각보다 문제를 잘 출제한다는 것을 경험한 적이 있습니다. 물론 아이가 출제하는 문제의 대부분은 부모님이 보기에 어설프고 많이 부족할 것이지만, 아이가 출제한 문제들을 풀어 보면서 어렵다며 쩔쩔매는 모습을 한 번만 보여 주세요. 아이는 신나서 다음 달에도 즐겁게 문제를 출제할 것입니다. 이 과정에서 아이는 문제 출제자의 의도를 파악하게 되며 핵심 내용을 자연스럽게 인출하고 점점 더 수준 높은 문제를 만들어 낼 수 있게 됩니다.

셋째, 학기말에는 아이가 그동안 학습한 내용을 총정리할 수 있는 문제집을 풀 수 있게 준비해 주시기 바랍니다. 많은 문제집을 풀 필요는 없고 시중에 나와 있는 얇은 단원 평가 모음집 한 권 정도면 충분합니다. 국어, 사회, 과학 세 과목이 함께 묶여 있는『디딤돌 초등 국사과 통합본』(디딤돌교육)이나『올백 전과목 단원평가』(천재교육) 같은 문제집들을 추천합니다. 하루에 한 과목 단원평가 한 개씩을 풀면서 아이가 잘 모르는 부분은 교과서를 찾아 다시 보충할 수 있도록 안내해 주시면 됩니다.

많은 부모님들이 문제집을 푸는 게 '공부하는 것'이라고 오해를 합니다. 문제집은 공부하는 것이 아니라 '부족한 공부를 찾는 수단'으로 사용하셔야 한다는 점을 꼭 명심해 주세요.

메타인지 활용하기

메타인지란 자신이 아는 것과 모르는 것을 자각하고 더 나아가 문제 해결을 위한 학습 과정을 조절할 줄 아는 능력입니다. 최상위권이 되기 위해서 반드시 키워 줘야 할 능력이지만, 메타인지는 인간의 성장 과정에서 가장 늦게 발현되는 고차원의 생각하기 기술입니다. 그런 만큼 조급하게 생각하지 마시고 천천히 아이에게 다음과 같이 시도해 주시기 바랍니다.

우선, 일주일 학습 계획표 작성을 아이가 스스로 할 수 있도록 점진적으로 주도권을 넘겨주셔야 합니다. 늦어도 중학교 1학년 때부터는 어떤 공부를 얼마만큼의 양으로 몇 시간 동안 할 것인지 아이가 스스로 계획하고 실천한 후 계획표를 평가하고 점검할 수 있어야 합니다. 부모님께서는 아이의 계획표를 검토하신 후 빼거나 보충할 내용들을 조언해 주시고 아이가 실천한 결과를 보면서 부족했던 점이나 잘한 점을 함께 이야기 나눠 주시면 좋습니다. 이렇게 아이가 학습 계획표를 작성하는 처음 한 달 정도는 부모님께서 함께 학습 계획을 검토해 주시는 시간이 필요합니다. 그 과정에서 아이의 메타인지 능력은 서서히 향상되고 차츰 혼자서 할 수 있는 단계로 접어듭니다.

다음으로 문제집을 풀 때입니다. 아이에게 오늘 완수해야 할 문제집 양을 알려 주시고 시간이 얼마나 걸릴지 물어보세요. 처음에는 문제 난이도도 잘 모르고 자신의 집중력도 알 수 없기 때문에 실제 시간과 아이의 예측이 많이 다를 것입니다. 그래도 지속적으로 아이에게 자신의 학습 시간을 체크해 보고 예상과 많이 빗나간 이유를 생각해 보도록 기회를 주시기 바랍니다. 아이는 점점 자신을 관찰할 수 있는 힘을 기르게 됩니다. 아이가 오늘 완수할 문제집을 모두 푼 다음에는 바로 채점하지 마시고 대략 몇 개 정도 틀렸을 것 같은지 정확도를 물어봐 주시면 좋습니다. 아이는 확실하게 맞았다고 생각하는 문제가 있을 것이고 약간 헷갈리는 문제도 있을 것입니다. 그 두 종류의 문제를 변별해 내는 경험이 필요합니다. 문제를 다 맞았을 때보다 틀릴 문제를 잘 예상했을 때 아이의 메타인지는 향상되고 있습니다. 문제집을 채점한 후에는 틀린 문제를 다시 풀어 보고 틀린 이유를 생각해 볼 수 있게 부모님께서 물어봐 주시거나 오답노트 작성을 도와주시기 바랍니다. 오답노트 작성을 힘들어하는 아이들은 처음에는 문제집에 틀린 이유만 간략하게 적고 넘어가는 방법도 괜찮습니다. 문제를 대강 읽어서 그랬는지 아니면 단순한 계산 실수인지 과정의 오류를 찾아보는 활동을 통해서 아이들은 문제집을 풀고 있는 자신을 위에서 내려다볼 수 있게 됩니다.

끝으로 메타인지 능력을 높일 수 있는 가장 좋은 방법은 자신과 대화할 수 있는 일기를 쓰는 것입니다. 학교에 제출하는 검사용 일기가 아니라 마음껏 자기 자랑도 하고 욕설도 쓸 수 있는 개인 일기장을 아이들에게 꼭 선물해 주시기 바랍니다. 이 시대의 우리 아이들은 온전히 자신과 만날 수 있는 시간도 부족하고 공간도 없습니다. 부모님께서 잔잔한 음악과 함께 인위적으로라도 일기를 쓸 수 있는 분위기를 조성해 주시고 아이가 하고 싶은 말을 마음 껏 쓸 수 있도록 독려해 주시기 바랍니다. 처음에는 한 줄로 끄적 거리며 시작하는 일기장이 차츰 자신에게 많은 말을 건넬 수 있는 다리가 되어 줄 것입니다. 자신과 대화할 수 있는 능력이 바로 메·타인지의 최고봉인 자아성찰 지능입니다. 사회 각 분야에서 성공한 사람들은 공통적으로 자아성찰 지능이 높다고 합니다. 일기 쓰기를 통해 우리 아이들이 성공적인 중학교 생활을 준비할 수 있었으면 하는 바람입니다. 자신을 제대로 아는 아이만이 제대로 된 방법으로 공부할 수 있다는 것을 부모님들 마음속에 오래 간직하시면 좋겠습니다.

지금까지 많은 공부법을 알려 드렸지만 아이들이 이 모든 것들을 전부 실천할 수는 없습니다. 저도 겨우 두세 개 정도 사용합니다. 다만 여러 가지 공부법을 부모님께서 아이에게 소개해 주시고 아이에게 맞는 방법을 같이 찾아가는 다양한 시도는 초등 고학년 때 반드시 필요한 과정입니다. 부디 좋은 짝을 찾는 기분으로 아이들이 자신에게 꼭 맞는 가장 효율적인 공부법을 찾을 수 있기를 소망합니다.

과목별 중점 사항

같은 종류의 씨를 심어도 화분 크기에 따라 자라는 정도가 많이 다르기에 초등 고학년 부모님이 해 주셔야 할 것은 중학교에서 쑥쑥 자라도록 아이가 자랄 화분의 크기를 키워 주는 것입니다. 이건 중학교, 고등학교 학습 내용을 스스로 공부할 수 있는 힘을 초등 고학년이라는 한정된 시간 내에 키워 주는 것입니다. 지금부터 그 방법을 과목별로 상세히 알려 드리겠습니다.

국어

우리나라 초·중등 국어 교육과정의 핵심은 글을 읽고 분석적으로 이해하는 능력을 바탕으로 다양한 종류의 글을 쓸 수 있고, 자신의 생각을 논리적으로 말할 수 있는 능력을 키우는 것입니다.

읽기 능력은 주로 지필 평가를 통해서 확인되고, 말하고 쓰는 능력은 수행 평가를 통해서 발휘됩니다.

국어 실력 향상을 위해 '독서'는 중요합니다. 제가 고3 담임을 할 때 본 수능 국어 1등급을 받던 학생들은 공통적으로 독서 경험이 넘쳤습니다. 그러나 독서를 많이 했다고 다 수능 1등급을 받을 수 있었던 건 아닙니다. 독서와 국어 능력은 엄연히 다르죠. 독서에 덧붙여 초등 고학년 때 중점을 두셔야 할 세 가지가 있습니다.

첫째, 다양한 장르의 책을 접할 수 있게 도와주셔야 합니다. 아이가 좋아하는 책은 아이 눈에 잘 띄는 곳에 비치해 주시고, 아이가 절대 꺼내 읽지 않을 책이라도 매일 조금씩이라도 읽을 수 있게 일주일 학습 계획표에 넣어 습관을 만들어 주셔야 합니다. 시, 한국창작, 전기문, 세계문학, 인문고전, 한국고전, 노벨문학상 수상작, 뉴베리상 수상작 등 다양한 장르의 책들이 있습니다. 도서관이나 서점에 들르기 힘들다면 다양한 지문이 제시된 국어 독해 문제집이라도 괜찮습니다. 독서보다 그 효과는 덜할지라도 다양한 글들과 친해지는 기회를 아이들에게 줄 수 있습니다.

둘째, 아이들이 낯선 지문을 만났을 때 분석하는 힘을 키우도록 신문 읽기를 추천합니다. 신문에는 정제된 비문학 글들이 많아서 읽기 소재들로 활용하기 좋습니다. 3학년쯤 어린이 신문으로 시작해 5학년 때 일반 신문으로 자연스럽게 옮겨 가면 됩니다. 식탁 옆에 올려 놓고 아이들이 오다가다 읽게도 하고 식사하면서 신문 내용에 대해 이야기도 나눠 보세요. 아이가 관심을 보이는 내용이나 부모님이 함께 이야기 나누고 싶은 부분은 스크랩해서 함께 토론하는 시간을 가져 보는 것도 좋습니다. 정보를 제공해 주는 내용의 글은 아이가 간단히 요약해 보거나 부모님께 발표해 보는 것도 매우 효과적인 방법입니다.

<u>셋째, 매주 일정한 루틴으로 아이가 글쓰기 연습을 할 수 있게 도와주시기 바랍니다.</u> 저희 딸은 주 4회 글쓰기 루틴을 실천하고 있습니다. 꿈나무라고 하는 일기 쓰기 2회, 책나무라고 하는 독후감 1회, 신문 요약이나 토론 후 간단히 정리하는 글쓰기 1회로 이뤄집니다. 일기 쓰기 2회 중 1회는 자유 주제로 글을 쓰고, 1회는 국어 교과서에서 배운 내용을 실습하는 글쓰기로 이루어집니다. 예를 들어, 시 단원을 공부할 때는 일기를 시로 써 보는 것이죠. 분량은 되도록 노트 한 페이지는 채우도록 약속돼 있습니다. 독후감은 책 내용에 대한 질문들, 독서 삼행시, 떠오르는 장면 그리기, 뒷이야기 꾸미기, 주인공에게 편지 쓰기 등 아이가 재미있는 독후 활동을 할 수 있도록 도와줍니다. 일기나 독후감은 따로 교정해 주지 않지만, 신문 요약은 분석적인 글 읽기를 할 수 있게 아이가 여러 번 수정 작업을 거치는 경우도 있습니다.

초등 때 많은 영역의 수행 평가가 그리기로 표현되었다면 중등 때는 글쓰기로 평가됩니다. 글쓰기는 읽기라는 투입과 쓰기라는 정리 과정을 거쳐서 인출됩니다. 막연하게 독서만으로 국어 능력 향상을 기대하기 전에 국어 공부에 필요한 큰 그릇을 만들어 주시기 바랍니다.

영어

25명 남짓한 반 학생들 중에는 초등 고학년인데 아직까지 알파벳도 헷갈려하는 아이가 있는가 하면, 학원 커리큘럼을 그럭저럭 따라가서 아주 못하지도 아주 잘하지도 않은 아이들도 있고, 해외 체류 경험이나 부모님의 독창적인 지도로 웬만한 원어민 못지않게 잘하는 아이들까지 다양합니다. 사실, 이렇게 잘하는 아이들은 평소에 해 왔던 대로 하면 됩니다. 관심사에 따라 회화 능력을 강화시킬 수도 있고, 쓰기 능력을 키울 수도 있고, 리딩 능력을 수능 지문을 읽고 편하게 이해하는 것까지 아이와 부모님의 목표에 따라 진행하시면 됩니다. 단, 이런 아이를 둔 부모님의 고민은 문법을 언제 어떻게 시켜야 할까인데요, 전문가들은 너무 빨리 문법 공부 시키는 걸 지양해야 한다고 합니다. 빨리 시작한다면 4학년 말이나 5학년쯤 됐을 때 원서로 된 문법책을 시작해 1-2권 정도 하고 초등 6학년 후반부터 내신 대비 영문법책을 해도 괜찮다입니다. 참고로 영어 전문가들이 추천하는 원서 문법서는 『Basic Grammar in Use』, 『Grammar in Use Intermediate』, Azar 시리즈의 『Basic English Grammar』, 『Fundamentals of English Grammar』 각 두 권씩입니다. 그 위의 단계인 『Advanced Grammar in Use』나 『Understanding and Using English Grammar』는 해도 좋지만 굳이 강권하지는 않습니다.

문제는 정규 수업 시간에 배우는 영어 수업을 쫓아가지 못하는 아이들입니다. 현실적으로 이런 아이들에게 언어의 4대 영역을 골고루 잘할 수 있게 한다는 건 이상에 불과하다고 봅니다. 3학년이라면 또 이야기가 달라지지만 5, 6학년이라면 말하기를 유창하게 하면 좋겠다, 글쓰기를 잘했으면 좋겠다가 아니라 대학 입시에 필요한 독해력(리딩)과 청해력(리스닝)을 놓치지 않게 공부시키겠다는 현실적인 목표가 필요하다는 것입니다.

이런 아이들에게는 EBS 강의 시청을 추천합니다. ebs초등사이트에 들어가서서 3학년부터 6학년 과정까지 다 훑는 겁니다. 아이가 파닉스가 안 되어 있다면 파닉스부터 봐야죠. 3학년 4학년 영어 교과의 〈파닉스〉와 〈리딩〉 부분을 듣고, 이게 끝난 후 5학년 6학년 과정의 기초 영문법과 영독해를 꾸준히 듣는다면 아이가 중학교에 가서 최소한 선생님 말씀을 듣고 이해할 수는 있게 될 것입니다. 일단 여기까지는 해 놓아야 이것을 바탕으로 더 어려운 것을 받아들일 수 있고, 어마어마한 어휘력으로라도 수능 지문 이해가 커버될 수 있는 것입니다. 중요한 건 하루도 빠지지 않고 강의를 듣고, 듣고 나서는 반드시 전날 배운 것을 복습하는 것입니다. 이렇게 복습이 이뤄져야 배운 것이 장기기억으로 넘어가게 되는 것이죠. 참고로, 청해력을 위해 〈English Fairy Tales〉 유튜브를 추천합니다. 2-3일에 한 번씩 업데이트되는 애니메이션으로, 아이들 귀를 여는 데 도움이 됩니다. 아이들이 이미 아는 동화를 소재로 애니메이션을 만들어서 영어를 잘 몰라도 충분히 이해할 수 있고 재미있게 볼 수 있습니다.

우리 아이가 학원 커리큘럼을 무난하게 잘 따라가고 웬만한 문장은 해석하고 말하고 쓰는 데 문제가 없다면 현재대로 하셔도 됩니다. 대신 매일 영어 원서를 읽고, 영어 청취 자료를 듣는 걸 습관화해 주는 건 필요합니다. 영어 원서는 아이의 성향과 실력에 따라 다르겠지만, 평균적인 실력으로 했을 때 해당 학년보다 1-2학년 낮은 책을 꾸준히 읽히는 걸 추천합니다. 부모님 욕심에 동갑내기 미국 아이들이 읽는 책을 읽으면 좋겠지만, 미국에 가 본 적도 없는 우리 아이가 이렇게 아래 학년 아이가 읽는 책이지만 술술 읽어 내는 게 대견하지 않습니까? 이렇게 영어책이 술술 읽힌다는 작은 성취감이 충분히 쌓인 후 해당 학년 책을 읽으면 무리 없이 원서 읽기를 진행할 수 있습니다. 미국 아마존에 가시면 북 카테고리에 Children's Book이 있습니다. 거기에 보면 Ages 6-8, 9-12처럼 나이별로, 또 카테고리별로 찾아볼 수가 있습니다. 미리 보기(Look Inside)를 통해 아이가 관심을 보이는 책을 구매 혹은 대여해 읽히시면 좋습니다. 영어 청취는 영어권 아이들이 많이 보는 넷플릭스 자료를 보는 것도 추천합니다. 이때는 자막 없이 영어만 들을 수 있도록 설정해 주세요. 추천할 만한 프로로 과학을 좋아하는 아이라면 Our planet, You vs wild가 좋고요, 원어민 선생님들이 추천하는 Avatar: the last airbender가 있습니다. 유튜브로는 kurzgesagt, TED ed, CNN 10도 좋습니다.

영어는 아이의 실력과 부모님께서 어떻게 해 주시느냐에 따라 달라지기 때문에 특히 영어가 약한 아이의 경우, 매일 학습량을 체크하셔서 아직 시작도 하지 않은 영어 공부를 미리 포기하지 않도록 도와주시기 바랍니다.

수학

수학은 다른 과목과 달리 초등학교 때 학습한 내용을 정확하게 알고 있다는 전제 하에서 중학교 교육과정이 진행됩니다. 많은 초등 부모님들이 중학교 수학 선행을 언제, 얼마나 나가야 하는지 관심이 많은데요, 아이들에게 수학을 가르치면서 제가 내린 결론은 선행이 아닌 현행 심화가 훨씬 더 중요하다입니다. 방과후에 중학교 수학 진도를 나갈 것이 아니라 그날 배운 초등 수학 내용을 깊이 있게 복습하는 것이 수학 성적을 높이는 가장 빠른 길이라는 것입니다. 수학만큼은 반드시 매일 복습할 수 있도록 챙겨주세요. 물론 다음 학기에 배울 수학 내용을 예습하는 시간은 필요합니다. 하지만 1년 이상의 상위 학년 진도를 미리 배우는 것은 대부분의 학생들이 수학을 포기하게 만드는 지름길입니다.

다음으로 수학에서 관심을 쏟으셔야 하는 부분은 아이가 수학을 좋아할 수 있게 다양한 기회를 제공해 주는 것입니다. 단순히 문제집 푸는 것을 넘어서서 보드게임이나 수학 교구, 수학 도서, 다큐멘터리 등 수학에 대한 긍정적인 정서를 심어 줄 수 있는 활동들을 함께해 주시면 좋겠습니다. 일상 생활 속에서 수학의 필요성과 아름다움을 느낄 수 있도록 수학체험전이나 박물관 방문도 추천합니다. 수학을 좋아하고 관심이 있는 학생들은 각종 수학 경시대회나 영재교육원 도전도 좋습니다. 앉아 있는 수학이 아닌 살아 움직이는 수학을 초등 때 보아야 앉아서 하는 수학도 제대로 볼 수 있습니다.

마지막으로, 고학년 때부터는 수학 문제들을 노트에 정리하며 푸는 습관을 길러 주시기 바랍니다. 중등 수학 문제는 대부분 여러 단계의 과정을 정확하게 거쳐야 원하는 답에 도달할 수 있습니다. 그 속에서 실수를 줄이고 논리력을 키워 주기 위해서는 수학 문제를 정리하면서 풀어야 합니다. 논리적인 전개 과정 속에서 더이상 나아가지 못하고 막힌 부분을 뚫어 주기 위해서도 정리된 풀이 과정은 필요합니다. 또 중학교 수학 평가에 풀이 과정을 서술하라는 유형의 문제들이 많습니다. 머릿속에 답은 알고 있으나 그과정을 차근차근 서술하지 못하면 중학교에서 원하는 수학 성적을 받을 수 없습니다. 구체적인 수학 문제 풀이 노트 작성법은 저의 책 『초등생의 수학 학부모의 계획』을 참고하시기 바랍니다.

이처럼 고학년 아이들에게 복습과 수학에 대한 흥미, 문제 풀이 노트 정리 습관을 길러 주는 가장 중요한 이유는 수학 공부에 자신감을 심어 주기 위해서입니다. 성공적인 중등 수학 공부를 하기위해 가장 필요한 것은 "나는 수학을 잘한다"라는 아이의 자기 평가이기 때문입니다. 따라서 너무 많은 문제, 너무 어려운 문제는 초등 수학 공부의 해악입니다. 초등 때는 아이가 풀 수 있을 만한 문제와 적당한 양으로 자신감을 심어 주시기 바랍니다.

사회

초등 때 사회 공부를 열심히 못했다고 중학교에서 사회 공부가 힘든 것은 아닙니다. 다만 사회 과목의 필요성과 재미, 공부를 하는 방법은 고학년 때 기틀을 잡아 주는 것이 좋습니다. 초등 사회는 암기식 접근이 아닌 일상 생활에서 필요한 삶의 지식들을 얻는다는 마음으로 시작해야 합니다. 이를 위해 세 가지 중점 사항을 알려 드리겠습니다.

첫째, 아이가 현재 배우는 내용과 연계되는 다양한 현장 체험을 할 수 있도록 도와주시기 바랍니다. 예를 들어, 학교에서 공공기관을 배울 때는 근처 주민센터나 도서관 등을 방문해서 공공기관의 역할과 중요성에 대해 아이와 간단하게 이야기 나누는 것만으로도 사회를 교과서가 아닌 생활 속에서 배우게 됩니다. 법원 견학, 금융 교육, 경주 여행 등 관심을 가지는 분야가 있으면 주말이나 방학을 이용해서 아이가 직접 몸으로 느끼고 배울 수 있게 부모님의 수고가 필요합니다.

둘째, 여건상 직접 체험이 어려운 부분은 간접 체험을 할 수 있도록 각 단원마다 연계되는 도서를 준비해 주시면 좋겠습니다. 사회 교과의 특성상 교과서만으로는 아이에게 알려 줄 수 없는 내용들이 많이 있습니다. 관련되는 도서를 읽음으로써 아이가 현재 배우고 있는 내용들을 보다 깊이 이해할 수 있을 뿐더러 수업 시간에 더 적극적으로 참여할 수 있는 동기를 심어 줄 수 있습니다. 각

학년별 사회 교과 연계 도서를 다 읽을 필요는 없고 아이가 좋아할 만한 한두 권이면 충분합니다. 책 읽기를 힘들어하는 아이들은 관련 영상이나 다큐멘터리도 괜찮습니다. 특히 5학년 때부터 본격적으로 시작되는 역사, 정치, 경제 관련 내용들은 아이들이 많이 힘들어하는 부분이므로 4학년 때부터 미리 관련되는 책들을 접할 수 있도록 준비해 주시면 좋습니다.

셋째, 한자어 공부를 추천합니다. 사회를 어려워하는 아이들과 쉽게 공부하는 아이들의 가장 큰 차이점은 사회 교과에 나오는 용어의 이해 정도입니다. 사회 용어의 대부분이 한자어로 이루어졌기 때문에 한자를 아는 아이들은 개념을 쉽게 받아들입니다. 예를 들어, '영해'는 '다스리는 바다'라는 의미로 쉽게 넘어가는 것입니다. 따라서 매일 사회 복습을 할 때 처음 나오는 용어를 한자어로 쉽게 풀어서 정리할 수 있게 도와주면 좋습니다. 또는 방학 때 다음 학기에 배울 사회 교과서 뒷부분 '찾아보기'에 나오는 용어를 사전에서 찾아보는 방법도 추천합니다. 수업 시간에 선생님의 설명이 이해되지 않아서 아이가 사회 시간을 싫어하게 되는 상황을 미연에 방지할 수 있습니다.

과학

초등학생들은 과학 시간을 좋아합니다. 아이들이 좋아하는 동물, 식물에 대해 배우고 실험도 많이 할 수 있기 때문이죠. '실험관찰'이라는 잘 만들어진 과학 노트도 있고 내용도 물리, 화학, 생물, 지구과학 등 신기한 내용들을 골고루 배우기 때문에 아이들이 지겨울 틈이 없습니다. 따라서 초등 과학 공부를 제대로 하는 가장 좋은 방법은 수업 시간에 열심히 참여하고 그날 배운 내용을 복습하는 것으로, 이걸로도 충분합니다. 물론 사회처럼 각 단원의 연계 도서나 관련 체험을 할 수 있다면 더욱 좋습니다. 과학 배경지식을 넓힐 수 있는 잡지나 영상도 아이들의 과학 실력을 성장시키는 데 중요한 역할을 합니다.

하지만 저는 초등 과학에서는 앞으로 우리 아이들이 살아갈 세상을 준비하기 위한 창의융합적인 사고력을 키워 주는 활동들을 더 추천하고 싶습니다. 교과서 밖에서 열리는 많은 과학 행사와 체험전에 참여하는 경험을 통해서 아이들은 새로운 시대를 엿볼 수 있습니다. 국립과천과학관(sciencecenter.go.kr)이나 국립중앙과학관(science.go.kr) 사이트에 접속하셔서 다양한 프로그램들을 아이들에게 알려 주시거나 메이크페어에 아이와 함께 참여해 보는 것도 좋습니다. 학생과학발명품경진대회 수상 작품들을 아이에게 소개해 주거나 한국과학창의력대회에 보고서 제출을 제안해 보는 것도 좋은 방법입니다. 그 속에서 우리 아이들은 학교에서 배우는 과학이 전부가 아님을 깨닫고 빠르게 변하는 세계 속의 과학도 배울 수 있을 것입니다.

한자

사회 과목에서 잠깐 설명드렸지만, 한자는 모든 교과의 용어를 이해하는 기본이 됩니다. 우리가 사용하는 국어가 대부분 한자어로 이루어져 있기 때문에 한자를 아는 것은 아이들의 어휘력을 높이는 데 많은 도움을 줍니다. 초등학교에서 따로 '한자' 과목을 배우지는 않지만 부모님께서 아이들이 한자를 조금씩 익힐 수 있도록 도와주시면 좋겠습니다. 초등학교 1학년 때부터 매일 두 개씩 한자를 써 온 저희 딸은 웬만한 어휘는 한자어로 유추가 가능합니다. 저도 어렸을 때 집에서 신문을 구독했는데 거기에 있던 한자들 덕분에 처음 접하는 어휘들도 쉽게 뜻을 이해할 수 있었습니다.

한자 급수 시험에 합격해야 한다거나 한자를 획순에 맞게 잘 쓸 필요까지는 없습니다. 매일 조금씩 정성껏 써 보는 과정에서 한자의 뜻과 음을 알 수 있는 정도라면 충분합니다. 따로 한자 공부를 할 수 있는 여유가 생기지 않는다면 각 교과에서 새로운 용어가 나올 때만이라도 한자를 찾아볼 수 있게 아이에게 안내해 주시기 바랍니다. 수학 시간에 배우는 '약수約數'가 한자 뜻을 통해 '묶을 수 있는 수'라는 것을 아는 것만으로도 약수의 개념을 쉽게 받아들일 수 있습니다. 한자 공부를 통해 무수히 많은 학습 용어들을 쉽게 이해할 수 있는 그릇을 키워 주실 수 있습니다.

컴퓨터

고학년 아이들에게 양날의 검인 컴퓨터는 잘 다루는 능력을 키워 주면 중학교에서 여러 가지로 유용합니다. 수행 평가를 컴퓨터를 이용해서 작성하면 보다 많은 정보를 찾아서 짧은 시간 안에 편리하게 완수할 수 있기 때문입니다.

기본적으로 한글과 영어 타자는 능숙하게 칠 수 있게 조금씩 연습 기회를 마련해 주시기 바랍니다. 파워포인트나 간단한 영상도 가끔씩 만들어서 부모님 앞에서 발표하는 연습을 하는 것도 매우 의미 있는 활동입니다. 사진을 찍고 컴퓨터로 불러와서 그림판으로 수정하는 방법도 알려 주시면 좋습니다. 이러한 컴퓨터 활용 능력을 조금이나마 갖춘 후에 중학교에 입학하는 학생들은 쏟아지는 과제 속에서도 지치지 않습니다.

컴퓨터에 관심이 많고 습득력이 빠른 아이들은 엑셀 프로그램이나 이지통계 - 초등학교용(ebsmath.co.kr) 사이트에 접속해서 통계 관련 프로그램들을 접하게 도와주시는 것도 추천합니다. 이외에 스크래치나 엔트리 같은 코딩 프로그램들도 아이들의 수학적 사고력과 더불어 창의성을 키워 주는 데 큰 몫을 할 수 있으니 독려해 주시면 좋습니다.

체육

저는 초등학교에서 가장 중요한 과목을 뽑으라면 단연 체육이라고 말할 것입니다. 아이들에게 가장 중요한 건 체력이기 때문입니다. 큰 병 안 걸리고 잘 크면 되지 꼭 체력이 필요한가에 대해 의아해하실 수도 있습니다. 그러나 전 시험 기간에 체력이 약한 친구들이 공부를 얼마나 힘들어하는지 직접 목격했습니다.

보통 4일 정도 되는 시험을 치르려면 장시간의 집중력이 필요한데, 이를 위해서는 반드시 체력이 뒷받침되어야 합니다. 시험 기간이 되면 웬만한 중학생들은 공부를 하고 싶어 하고, 해야 한다는 것을 잘 알고 있습니다. 그런데 공부를 하고 싶어도 몸이 집중할 수 있는 양이 정해져 있기 때문에 일정량 이상은 할 수 없는 친구들이 있습니다. 어떤 친구는 세 시간을 공부해도 멀쩡한데, 어떤 친구는 한 시간 공부하고 나면 피곤해집니다. 물론 심리적인 요인도 있겠지만, 체력은 성적에 많은 영향을 미칩니다.

그래서 저는 초등 시절에 아이에게 기초 체력을 키워 주는 것이 무척 중요하다고 생각합니다. 제 지인은 초등 6학년 딸에게 수학 선행은 안 시키고 체력 선행을 위해 주말마다 서울 둘레길을 등반하는데, 그 말을 듣고 감탄의 박수가 절로 나왔습니다. 줄넘기, 축구, 수영, 배드민턴 등 그 어떤 운동이라도 좋습니다. 부디 우리 아이들이 공부하고 싶을 때 마음껏 공부할 수 있도록 강한 체력을 길러 주시는 고학년 부모님이 되기를 소망합니다.

음악, 미술, 취미 활동

공부법을 설명하는 대부분의 책에서 국어, 영어, 수학 외에 사회, 과학을 덧붙이는 건 있어도 예체능을 다루는 경우는 거의 없습니다. 하지만 전 중고등학교에서 최상위권 아이들을 관찰하면서 국, 영, 수 못지않게 예체능의 중요성도 실감했습니다. 단순히 높은 시험 성적을 받기 위한 목적이 아니라 힘든 순간에 스트레스를 풀 수 있는 좋은 수단이 된다는 걸 발견한 것입니다.

사실, 공부를 잘하기 위해서는 마음이 편안해야 합니다. 인지적 능력은 정서적 안정 속에서만 꽃 피울 수 있습니다. 어렸을 적 어머니가 부뚜막에서 큰솥으로 국물을 끓이던 장면이 떠오릅니다. 땔감을 계속 넣어 주는 것이 아이들의 동기에 불을 지피는 것이라면 주걱으로 국물을 저어 주는 것은 아이들의 지친 심신을 풀어 주는 지혜입니다. 로봇이 아닌 이상 공부하는 것이 지루하고 힘들 수밖에 없습니다. 그때 자신만의 방법으로 그 힘듦을 이기고 다시 끓어오를 수 있게 해 주는 취미를 고학년 때 선물해 주셔야 합니다. 노래를 듣거나, 그림을 그리거나, 적당한 게임도 괜찮습니다. 제 학생들 중에는 글을 쓰며 스트레스를 푸는 아이도 있었고, 복싱을 하며 자신을 달래는 아이도 있었습니다. 중학교 공부의 핵심은 멘탈 관리입니다. 그 멘탈을 잡을 수 있도록 고학년 때도 예체능을 잡아 주시는 현명한 부모님들의 깊은 배려가 우리 아이들을 행복하게 성장시킬 것입니다.

3장

중학교 입학 준비

6학년 겨울방학

아이와 초등학교 입학식 기념 사진을 찍은 기억이 아직도 생생한데 벌써 6학년 마지막 겨울방학 앞에 섰습니다. 조금은 긴장되고 걱정되시죠? 그 마음 누구보다 잘 알고 있는 부모로서 이곳까지 잘 오셨다는 말씀 먼저 드리고 싶습니다. 이제 초등 문을 닫고 새롭게 중등 문을 여는 우리 아이들을 위해 12월, 1월, 2월 겨울방학 3개월 동안 무엇을 해야 하는지 알려 드리려고 합니다. 초등 딸을 키우는 중학교 교사로서 6학년 겨울방학의 의미를 그 누구보다 잘 알고 있기에 성공적인 중학교 생활을 위한 다리를 놓아 드리고 싶습니다.

교사로서 아이들은 교육에 의해 변화할 수 있다는 강한 신념이 있지만 동시에 사람은 잘 변하지 않는다는 경험적 결론도 갖고 있는 전, 이 3개월이 아이들이 변화할 수 있는 몇 안 되는 생애 전환기라는 것을 알고 있습니다. 비록 초등 시절에 만족스럽지 못한 부분이 있었다 해도 이 기간을 어떻게 보내느냐에 따라 만족스러운 중학교 생활을 시작할 수 있습니다. 물론 그 반대의 경우도 있을 수 있겠지요.

떨리는 마음으로 중학교 입학식 첫날 저를 바라볼 그 똘망똘망한 눈빛의 주인공들이 부디 겨울방학을 제대로 보내고 행복한 중학교 생활을 시작할 수 있기를 바라봅니다.

하루 3시간 온전히 혼자 공부하기

우리나라 초등학교 6학년들은 겨울방학을 어떻게 보낼까요? 대부분 공부를 해야 한다는 부담감에 여기저기 배우러 다니느라 아이들은 지치고 데려다주는 부모님들은 힘듭니다. 열심히 다녀서 진도는 나간 것 같은데 막상 무엇을 배웠는지 딱히 떠오르지는 않습니다. 중학교 1학년 교실에서 제가 만난 많은 학생들의 모습입니다. 책보다는 스마트폰을 더 많이 보고 수업을 흘려듣기하며 잠을 아낄 정도로 바쁘지만 성적은 좋지 않습니다.

오래 전, 중학교에서 담임을 맡은지 얼마 안 되던 제게 어떤 분이 이렇게 물었습니다.

"공부를 잘하는 아이들은 어떤 공통점이 있나요?"

늘 학생들과 함께 생활하면서도 막상 대답을 하려니 그때는 선뜻 할 말이 떠오르지 않았는데, 20여 년을 지나오며 이제는 즉시 대답할 수 있는 가장 중요한 특징을 하나 알게 되었습니다. 상위권 학생들 중에는 과외를 받는 아이도 있었고, 학원을 다니는 학생도 있었으며, 집에서 인터넷 강의를 들으며 혼자 힘으로 공부를 하는 학생들도 있었습니다. 그런데 그 아이들은 무엇을 하든 공통적으로 자신만의 공부 시간을 확보하고 있었다는 겁니다. 평일이든 주말이든 스스로 복습하면서 지식을 조직화하고 정교화할 수 있는 시간을 허락 받은 아이들이었습니다.

아이러니하게도 많은 아이들이 공부하러 다니느라 공부할 시간을 허락받지 못합니다. 초등학교 6학년 겨울방학 때는 아이들이 제대로 한번 공부해 볼 수 있는 시간을 부모님께서 반드시 확보해 주셔야 합니다. 그 후 학원을 가든 게임을 하든 친구들을 만나든 자유입니다.

공부의 주체가 사라진 시대입니다. 아이가 먼저 혼자서 고민해 보고 생각해 보고 궁금한 것을 배워야 하는 주체임에도 불구하고 공부 속에 아이는 없습니다. 불안한 부모님과 그 불안을 덮어 주는 지식 전달자가 있을 뿐입니다. 이 풍요로운 시대를 사는 아이들이 부모님 세대보다 학력 저하가 더 우려되는 것은 어쩌면 넘쳐 나는 과잉 배움 때문인지도 모르겠습니다. 성공적인 중학교 생활을 위해 겨울방학 동안 우리 아이가 공부의 주체로 새롭게 거듭날 수 있는 변화의 환경을 만들어 주시면 좋겠습니다. 이것이 부모님이 아이들에게 줄 수 있는 최고의 졸업 선물이자 입학 선물이 될 것입니다.

그렇다면 대체 어떤 환경을 어떻게 만들어 주어야 할까요? 앞서 말씀드린 학습 동기와 역량을 고학년 때 충분히 키운 아이들에게 하루 3시간과 진도표, 스마트폰 없는 공간을 준비해 주시면 됩니다. 학기 중에 다양한 과목을 균형 있게 공부했다면 이번 방학은 수학, 영어, 국어, 단 세 과목에만 집중하면 됩니다.

아이가 중학교를 다니다 보면 알게 될 것입니다. 이토록 풍요롭게 넘쳐나는 시간이 다시 오지 않는다는 것을요. 그러나 어영부영하다 보면 황금 같은 시간이 금세 사라져 버리기 때문에 철저한 계획과 준비가 필요합니다.

지금부터는 온전히 혼자 공부하는 하루 3시간 동안 과목별로 반드시 챙겨야 하는 내용과 공부 방법, 진도표 작성법을 상세히 설명해 드리겠습니다. 사실 누구나 아는 뻔한 내용일 수도 있습니다. 그러나 실천하는 사람은 드물기 때문에 상위권이 드문 것이죠. 그 영광의 주인공이 바로 이 책을 읽는 부모님의 아이들이면 정말 좋겠습니다.

과목별 체크 사항 및
중학 준비 사항

수학

중학교에서 우등생이 되기 위해 6학년 겨울방학 때 반드시 해야 하는 가장 중요한 것은 초등 수학 총정리 및 중학교 1학년 수학 예습입니다. 초등 수학이 구체적 조작물을 통한 직관적 이해를 주로 다루었다면 중학 수학은 논리적이고 추상적인 사고 과정이 필요합니다. 형식화된 수학적 개념을 빠르게 습득하는 학생들도 있지만 1학년 때 처음 접하게 되면 대부분의 학생들은 자기만의 언어로 바꾸는 과정에 많은 시간이 필요합니다. 따라서 방학 동안 중학교 1학년 전체 수학 교과 내용의 예습을 추천합니다. 그러나 예습 전에 초등 수학 전체 내용들을 복습하면서 부족한 부분이 있으면 채우는 것이 먼저입니다. 초등 수학이 제대로 정리되지 않은 상태에서 중학 과정 예습을 하는 건 걷지도 못하는 아가에게 달리기를 가르치는 것과 같습니다.

부모님께서는 아이와 함께 서점에 가셔서 아이가 풀고 싶어 하는 초등 수학 총정리 문제집과 중학교 1학년 수학 개념서를 구매해 주시기 바랍니다. 아이가 고르기 힘들어한다면 이 책 부록에 실린 문제집과 개념서를 아이에게 추천해 주셔도 좋습니다. 대략 공부할 수 있는 기간을 12주로 본다면 2주는 초등 복습을 하고, 9주는 중학교 예습을 하고 1주 정도는 쉬면 됩니다.

진도표를 만들 때는 문제집의 전체 페이지를 공부할 수 있는 날 수로 나누면 하루에 공부해야 하는 양이 나옵니다. 예를 들어, 복습 문제집이 120쪽이고 예습 개념서가 880쪽이라고 가정하면 총 학습 페이지는 1000페이지가 됩니다. 11주 동안 공부할 수 있는 여건이 된다면 77일이 되기 때문에 1000을 77로 나누면 하루에 13쪽 정도를 공부하면 됩니다. 많은 초등학교가 12월 말쯤에 겨울방학이 시작되지만, 12월이 학기말 분위기 때문에 어영부영 흘러가 버리기 쉽기에 12월부터 방학 공부를 시작하는 것이 좋습니다. 하루에 공부할 수 있는 양이 나오면 페이지를 넘겨 가면서 적당량씩 다음 페이지에 나오는 것과 같이 진도표를 작성하시면 됩니다. 참고로 초등 수학 복습을 끝내고 중학 과정 예습을 진행했을 때의 진도표입니다. 필요할 경우 여기서 조절하시면 됩니다.

[초등 6학년 겨울방학 진도표]

날짜	수학	영어		국어	확인
		단어	문법		
12–6 월	13				
12–7 화	26				
12–8 수	40				
·	·				
·	·				
·	·				
2–24 목	868				
2–25 금	880				

　초등 수학 복습을 할 때는 문제집을 풀면서 틀린 문제는 반드시 이유를 분석해서 개념이 부족한 부분은 교과서를 다시 공부해야 합니다. 특히 중학교 수학과 긴밀하게 연계되는 분수의 뜻과 계산, 비와 비례식, 도형의 성질 단원은 심화 문제들도 해결할 수 있는 실력으로 쌓아 주시기 바랍니다.

　중학교 1학년 수학을 예습할 때는 그날 해당되는 진도의 개념 서를 먼저 읽은 후 제시된 기본 문제들을 풀어 볼 수 있게 도와주 세요. 그 후 교과서를 꼼꼼하게 공부하고 중요하다고 여기는 개념 이나 궁금한 점은 노트에 기록하도록 알려 주세요. 개념서와 교과 서를 공부했음에도 불구하고 내용 이해가 쉽지 않은 단원들은 개 념 위주로 설명해 주는 EBS 인터넷 강의를 이용하는 것도 좋습니다. 단, 반드시 궁금한 부분을 해결하겠다는 마음을 가지고 적극적으로 수업에 참여할 수 있게 살펴 주셔야 합니다. 물론 학원이나 개인 과외 등 다양한 다른 방법들도 이용할 수 있겠지만, 가장 중요한 것은 아이가 혼자 공부하는 시간이 주가 되고 나머지는 혼자 공부하는 시간을 돕기 위한 수단이 되어야 한다는 것입니다.

한 단원이 끝나면 전체적인 내용을 부모님께 설명하거나 마인드맵으로 조직화하는 시간을 가질 수 있도록 안내해 주시기 바랍니다. 노트에 기록된 궁금한 점은 부모님과 함께 인터넷 검색을 해 보거나 학기 중에 수학 선생님께 여쭤 보는 방법 등을 통해서 반드시 아이가 이해하고 넘어갈 수 있도록 알려 주셔야 합니다.

유명한 학원에서 유명한 선생님께 어려운 수학 개념을 쉽고 빠르게 배울 수도 있을 것입니다. 그러나 그 방법 속에는 빠진 것이 하나 있습니다. 바로 혼자 고민하고 궁리해 보는 수학 공부의 핵심입니다. 그 시간을 만들어 주시는 지혜로운 부모님만이 수학 우등생을 바라보는 기쁨을 만끽하실 것입니다.

영어

6학년 겨울방학 때 수학 다음으로 중요한 과목은 영어입니다. 초등 영어가 의사소통을 주된 목적으로 언어적인 측면으로 접근했다면 중학교 영어부터는 학습적인 측면이 부각됩니다. 영어 교육의 방향성은 부모님의 가치관에 따라 다르겠지만 중학교 2학년 때 치르는 영어 시험을 준비한다면 '언어' 이상의 '학습'도 필요한 것이 현실입니다. 이번 겨울방학은 아이들이 영어라는 언어를 쿠션으로 깔고 문법이라는 자수 무늬도 자세히 들여다볼 줄 아는 힘을 키워 주셔야 합니다. 영어라는 과목의 특성상 아이들의 수준이 천차만별이기 때문에 일률적으로 말씀드리기는 힘들지만, 중학교 영어 공부를 위해 기본적으로 반드시 해야 하는 세 가지는 다음과 같습니다.

<u>첫째, 중등 영어 단어를 정리하는 시간을 가져야 합니다.</u> 부모님들께서는 아이들이 영어를 공부할 때 가장 중요한 것이 무엇이라고 생각하시나요? 저는 언어의 기본은 '어휘력'이라고 생각합니다. 단어가 모여서 문장이 되고, 문장이 모여서 문단이 되기 때문입니다. 단어를 모르고 영어를 공부하는 것은 숫자를 모르면서 구구단을 공부하는 것과 같습니다. 총알이 많아야 싸움에서 승리할 수 있듯이 영어 단어를 많이 아는 학생이 영어 과목에서 우수한 성적을 거둡니다. 따라서 방학 때 반드시 아이가 중등 영어 단어는 공부할 수 있도록 도와주시기 바랍니다.

영어 단어를 공부하는 방법은 아이의 성향에 따라 다양하겠지만 『워드마스터 중등』이나 『주니어 능률 VOCA』처럼 중학 단어가 모두 정리되어 있는 책 한 권은 끝낼 수 있기를 추천합니다. 앞서 수학 과목에서 설명드렸던 진도표에 영어는 단어와 문법으로 나뉘어져 있습니다. 영어 단어책은 보통 하루에 할 수 있는 분량으로 나눠져 구성되어 있는 경우가 대부분이기 때문에 그에 맞추

어 단어 진도표를 작성하시면 됩니다. 공부할 수 있는 날짜가 남으면 복습을 하거나 더 높은 단계 단어집을 공부하는 것도 좋습니다. 단, 매일 꾸준히 하루도 빠지지 않으면서 되도록 같은 시간에 단어를 공부할 수 있도록 살펴 주시기 바랍니다.

단어를 외울 때는 무작정 쓰면서 외우는 것보다는 문장 속에서 그 단어의 의미를 떠올릴 수 있게 하거나 개인적인 의미를 만들어서 기억하면 더 효율적입니다. 또는 접두사나 접미사, 어근의 어원을 공부하면 단어를 유추해서 기억하는 데 훨씬 효과적입니다. 그림그리기를 좋아하는 학생들은 단어에 연상되는 그림을 한 번씩 그려 보는 것도 추천합니다.

둘째, 영어 독해와 글쓰기를 위한 문법을 정리해야 합니다. 바로 이 부분이 초등 영어와 가장 차별화되는 내용입니다. 물론 초등 때도 문장 속에서 짜임을 나누어 해석하기는 했지만 체계적인 정리를 할 수 있는 인지적 준비와 시간이 충분하지 못했습니다. 이번 방학을 이용해서 아이들이 간단한 영문법 내용은 총정리할 수 있게 인터넷 강의나 교재를 준비해 주시기 바랍니다. 그 후 책 전체 페이지를 공부할 수 있는 날 수로 나눠서 문법 진도표를 완성해 주시면 됩니다.

아이들이 문법을 공부한다는 것은 영어 문장이 어떤 구조로 이루어졌는지를 분석한다는 뜻입니다. 예를 들어 'I love you.'라는 문장이 주어＋동사＋목적어로 이루어졌다는 것을 알아가는 과정입니다. 초등 때 노출을 통해 영어 문장들을 많이 접하고 6학년 겨울방학 때 문법을 공부한 후 그 문장들의 구조를 파악하고 나면 중학교에서 보다 복잡한 문장도 빠르게 해석할 수 있는 안목과 정확한 글쓰기 능력을 기를 수 있습니다. 따라서 문법을 공부할 때는 영어 문장을 더 잘 이해하기 위한 수단으로 접근해야 합니다. 문법 자체를 깊이 있게 공부하는 책보다는 자주 쓰이는 문장 속에서 문법을 접하는 『천일문』이나 『혼공 초등영문법』 교재도 괜찮습니다. 아이가 매일 조금씩 공부할 수 있는 책을 고른 후 즐겁게 이어 나갈 수 있도록 응원해 주시기 바랍니다.

마지막으로, 중학교 1학년 영어 교과서를 낭독하고 해석하는 시간을 가질 수 있게 도와주셔야 합니다. 교과서에 모르는 단어가 있으면 단어장을 정리하는 것도 알려 주시면 좋습니다. 대부분의 학생들은 교과서가 쉽다고 생각해서 방학 때 따로 공부하지 않습니다. 그러나 중학교 영어 수업에 잘 적응하기 위해서는 교과서를 한 번쯤 예습하는 과정이 필요합니다. 많은 시간을 투자하지는 않더라도 꼼꼼하게 교과서를 살펴보는 과정 속에서 아이는 중학교 생활에 대한 기대감을 키울 수 있습니다.

국어

성공적인 중학교 생활을 위한 겨울방학 국어 공부는 처음부터 끝까지 '독서'입니다. 앞서 말씀드린 것처럼 독서가 좋은 국어 성적을 보장해 주지는 못할지라도 필요조건인 것은 확실하기 때문입니다. 그렇다면 좋은 성적을 위한 많은 조건들 중에서 왜 하필 겨울방학에 '독서'를 해야 할까요? 이유는 간단합니다. 앞으로 중학교 생활이 시작되면 독서를 할 수 있는 시간이 대폭 줄어들기 때문입니다. 3개월이라는 시간 동안 아이가 좋아하는 책을 마음껏 읽을 수 있는 몰입 독서의 환경을 반드시 만들어 주시기 바랍니다. 중학생이 되어서도 책을 놓지 않을 수 있는 마지막 기회일지도 모릅니다. 아주 중요한 시기인 만큼 아이가 독서에 자신의 열정을 불사를 수 있도록 다음과 같은 방법으로 강한 동기를 부여해 주시기 바랍니다.

우선, 독서 목표를 설정해야 합니다. 평상시 아이의 독서량과 책 읽는 속도를 고려해 아이와 함께 상의하시기 바랍니다. 이때 아이에게 이제 중학생이 되는 준비를 하는 기간이므로 '최소 150쪽 이상의 줄글로 된 책 읽기', '만화책이나 흥미 위주의 책은 제외' 등으로 책을 고르는 기준을 명확하게 알려 주세요. 아이에 따라 달라질 수 있겠지만 3개월 동안 최소 20권 읽기를 목표로 잡을 수 있게 부모님께서 격려해 주시면 좋겠습니다.

그 후, 목표를 달성했을 때 축하하는 의미로 아이가 원하는 보상을 해 주겠다고 약속해 주시기 바랍니다. 단, 게임 시간을 늘린다거나 불량 식품을 먹게 한다는 것처럼 아이에게 좋지 않은 영향을 주는 보상은 대화를 통해 조정이 필요합니다. 되도록 아이의 성취 경험을 자주 떠올릴 수 있도록 아이가 늘 볼 수 있는 곳에 놓아둘 수 있는 물건이라면 더 좋습니다. 부모님께서는 경제적 부담이 된다 해도 이번만큼은 큰마음 먹고 아이의 소원을 들어주시면 좋겠습니다. 5년 후쯤이면 가장 현명한 투자였음을 웃으며 상기할 날이 올 것입니다.

다음으로, 책을 선정할 차례입니다. 이때의 핵심은 책을 고르는 기준에 어긋나지 않는다면 무조건 아이가 읽고 싶어 하는 책으로 준비하는 것입니다. 단, 집, 서점, 도서관으로 책을 나누어 고를 수 있도록 해야 하기 때문에 부모님의 수고가 필요합니다. 만약 20권 읽기를 목표로 정했다면 집에서 5권 고른 후 서점에 가서 5권을 구매합니다. 그리고 도서관에 가서 10권을 선택한 후 눈에 잘 보이는 곳에 20권을 꽂아 둡니다.

마지막으로, 책을 읽기 시작하는 날이면 국어 진도표에 책 제목을 적고 매일 어디까지 읽었는지 페이지 수를 기록합니다. 한 권의 책을 다 읽은 후에는 부모님께서 간단하게 줄거리와 느낌을 아이에게 물어봐 주시면 됩니다. 그리고 눈에 잘 띄는 곳에 한 권씩 차곡차곡 쌓아 주세요. 먼 훗날 아이는 알게 될 것입니다. 부모님의 작은 손길 하나까지도 큰 교육적 의도가 숨어 있던 깊은 배려였다는 것을요. 부디 20권의 책이 모두 쌓이는 뿌듯한 겨울방학이 되길 소망합니다.

현직 교사가 알려 주는
중학교 교과서 구하는 법

　아이가 6학년이 되면 7월쯤 각 초등학교가 속해 있는 교육지원청에서 중학교 입학 배정 업무 시행 계획을 홈페이지에 공지하고 학교에 공문을 보냅니다. 초등학교에서는 11월 초에 학생들에게 중학교 배정 원서를 나눠 주고 구비 서류를 수합한 후 일괄적으로 원서를 접수합니다. 지역에 따라 약간씩 다르지만 보통 2월 초에 추첨에 의해 배정된 중학교에 등록할 수 있도록 초등학교에서 안내를 해 줍니다. 중학교 배정이 발표되면 아이들은 2~3일 내에 배정 통지서를 지참하고 중학교에 방문하여 등록 절차를 거치게 됩니다. 이날 교과서를 나눠 주는 중학교도 있고, 2월 중순쯤 예비 소집일을 따로 갖는 학교들은 그때 나눠 주기도 합니다. 요즘은 거의 실시되지 않지만 간혹 학교에 따라 예비 소집일에 반 배치고사를 치르는 곳이 있습니다. 최선을 다해 시험에 임해야겠지만 따로 시험 준비를 하거나 결과가 좋지 않으면 어쩌지 걱정하실 필요는 없습니다. 학생들에게 따로 시험 결과가 공지되지도 않을 뿐더러 중학교 1학년 담임 선생님들도 결과를 모르는 경우가 많을 만큼 중학교 생활에 거의 영향을 주지 않는 시험이기 때문입니다.

중학교 교과서는 초등학교와 달리 여러 출판사에서 나온 교과서가 있고, 학교마다 채택하는 교과서도 다릅니다. 영어 교과서는 공부하는 데 많은 시간이 걸리는 것은 아니라서 중학교에서 배부받은 후에 예습해도 됩니다. 수학 교과서는 적어도 12월쯤에는 필요하기 때문에 미리 구할 수 있는 방법을 알려 드리겠습니다.

먼저 거주하시는 곳 근처 부동산에 전화하셔서 해당 지역 학생들이 일반적으로 배정되는 중학교를 물어보세요. 대부분 친절하게 알려 줍니다. 다음으로 알려 준 학교에 직접 전화해서 사용하는 수학 교과서 출판사를 물어보시면 됩니다. 그 후 한국검인정교과서협회(www.ktbook.com) 사이트에 접속하셔서 구매하시면 됩니다. 물론 수학 교과서 출판사가 바뀔 수도 있고 다른 학교에 배정될 수도 있습니다. 그렇지만 수학 교과서는 내용에 약간씩 차이가 있더라도 전체적인 목차와 구성은 거의 비슷하기 때문에 괜찮습니다. 이런 과정이 번거로운 분들은 우선 수학 개념서로 1년 진도를 모두 끝낸 후, 중학교에서 교과서를 배부 받은 다음 교과서로 처음부터 다시 복습하게 하는 방법도 좋습니다.

소중한 아이들이 공부를 하겠다는데 교과서를 구해 주지 못할 대한민국의 부모님들이 어디 있겠습니까? 그 열정을 보고 배운 우리 아이들은 열정적인 중학교 생활을 영위할 것입니다.

중학교 때 꺼내 볼 수 있는
행복한 추억 여행

우리 아이가 겨울방학 동안에 수학, 영어, 국어 공부를 아주 잘하고 있거나 진도표를 끝냈다면 이제는 자유롭게 쉴 수 있는 자유를 선물할 순서입니다. 대부분의 부모님이 6학년 겨울방학이 되면 중학생이 될 준비를 시키느라 아이가 아직 초등학생이라는 사실을 잊곤 합니다. 겨울방학은 중학교를 대비해야 하는 때이기도 하지만 동시에 마지막 초등학교 생활을 마음껏 향유할 수 있는 시간이기도 합니다. 저를 포함한 많은 부모님들의 약점은 아이가 쉬고 있으면 불안해진다는 것입니다. 그러나 불안을 이기고 과감하게 아이가 쉴 수 있게 놓아주는 용기도 필요합니다. 그 힘으로 아이는 벌떡 일어나 중학교에 갈 수 있기 때문입니다.

제가 고등학교에서 1학년 담임을 할 때 성훈이라는 아이를 만났습니다. 중학교 때 과학고 입시를 준비했지만, 실패한 이후로 많이 낙심하여 학교 생활을 힘들어했습니다. 과학고 입시를 준비할 정도로 두뇌도 명석했고, 운동도 잘해서 친구들에게 인기가 많았지만 성훈이는 1년 동안 '과학고 입시 실패'라는 낙심의 동굴에서 빠져나오지 못했습니다. 충분히 지금 여기서 다시 시작해도 좋은 실력을 가진 학생이었는데 바라보는 제가 다 안타까웠습니다. 격려도 해 보고 동기 부여 자극도 줘 가면서 기다렸지만 끝내 바뀌지 않던 성훈이에 대한 의아함은 학기말에 성훈이 어머니를 만나고 나서야 비로소 풀렸습니다.

"선생님, 성훈이가 과학고 떨어지고 나서 제가 너무 허무하고 부끄러워서 밖을 나가지 못했어요. 여섯 살 때 영재 판정을 받고, 오직 과학고 하나만 목표로 달려 왔거든요. 초등 시절 내내 주말 동안 그 흔한 외식 한 번 안 하고, 한 시간 반씩 학원 라이드 하느라 제가 얼마나 힘들었는데… 성훈이가 정말 원망스러워요."

우리 아이들은 앞으로 학창 시절을 보내면서 수많은 좌절 앞에 놓일 것입니다. 미친 듯이 공부해도 오르지 않는 성적 때문에 자신에게 실망하는 순간들에 직면할 것입니다. 그때 우리 아이들이 다시 일어설 수 있는 힘은 초등학교 때 부모님과의 행복했던 기억입니다. 그런 이유로 겨울방학 때 수학, 영어, 국어 공부처럼 반드시 해야 할 것이 하나 있습니다. 바로 아이와 행복한 추억을 만드는 여행을 꼭 가셨으면 하는 것입니다. 길게 가지 않아도 괜찮습니다. 해외가 아니어도 좋습니다. 그저 아이와 마음껏 웃고 아이의 눈을 바라보며 공부가 아닌 마음을 나눌 수 있는 시간이면 됩니다. 아이의 기억 속에 초등 마지막이 별빛처럼 빛날 수 있도록 색다른 시간과 공간을 선물해 주시면 됩니다.

　6년 동안 우리 아이 참 대견하게 잘 자라 주었고 나름 열심히 공부하지 않았나요? 늘 부족한 모습만 보고 닦달만 했지 잘하는 모습에 칭찬해 줄 여유가 별로 없었을 것입니다. 그 고마움과 미안함을 사랑으로 전달해 줄 특별한 이벤트가 필요합니다. 그 감동으로 우리 아이는 중학교 생활을 씩씩하게 시작할 것입니다. 누가 뭐라 해도 나는 자랑스러운 엄마 아빠의 아들, 딸이라며 자신감을 가지고 절망스러운 순간들을 이겨 나갈 것입니다. 6학년 겨울방학에 부모님께서 해 줄 수 있는 가장 중요한 입학 준비는 아이들의 마음속에 가족과의 행복했던 추억을 심어 주는 것임을 꼭 기억하시면 좋겠습니다.

고학년 때는 성적을 키우지 말고 성품을 키워 주세요!

column

내일은 미리 공지된 국어, 수학 1학기 총정리 시험을 보는 날입니다. 초등학교 5학년인 아이가 일요일 아침 늦잠을 자고 일어나 밥을 먹고 친구를 만나러 나가려고 합니다. 이 상황에서 부모님은 어떤 말씀을 하시겠습니까? 내일이 시험이니 우선 급한 불부터 끄기 위해 아이를 야단친 후 공부하도록 책상에 앉힐 수도 있습니다. 아니면 초등학교 시험은 성적에 반영되지 않으니 친구를 만나러 가는 걸 허락할 수도 있습니다. 이렇게 우리는 부모로서 아이를 대할 때 수많은 선택을 해야 하는 순간에 직면합니다. 대부분의 부모님들은 습관적이고 감정적이며 무의식적으로 반응합니다. 그러나 성공적인 중학교 생활을 돕기 위해서는 매 순간 전략적인 반응을 선택할 수 있는 지혜가 필요합니다. 그럼 어떤 반응을 보여야 할까요? 그 기준은 바로 '공부할 수 있는 성품을 길러 주는 방향'으로 행동해야 한다는 것입니다.

중등 공부의 가장 중요한 성품은 '자율'입니다. 따라서 그 어떤 순간에도 아이의 자율성을 해치지 않는 범위 내에서 부모님의 반응을 선택하셔야 합니다. 친구를 만나러 가는 아이를 책상에 강제로 앉히는 것은 자율이라는 성품을 저해하는 선택입니다. 그렇다면 아이가 시험 준비를 전혀 하지 않는 것을 바라보고만 있어야 할까요? 고학년 때 자율이라는 성품과 더불어 반드시 가르쳐 주셔야 할 것은 '책임'입니다.

"엄마가 ○○ 많이 사랑하지? 그래서 엄마는 ○○가 행복하면 좋겠어. 하지만 이건 엄마의 바람일 뿐이고 네 인생은 너만이 그려 갈 수 있어. 네가 시험 준비를 하지 않는 건 자유지만, 시험 결과에 책임질 수 있는지 한번 고민해 보면 좋겠다. 시험 보는 날 아침에 공부 안 한 게 후회되고 시험 성적이 걱정될 것 같은데 지금 친구를 만나러 가는 건 너를 책임지는 행동이 아니야."

"네. 친구랑 한 약속은 지켜야 하니까 나갔다가 2시까지 들어올게요. 그때부터 시험 공부하면 될 것 같아요."

"그래. 친구와의 약속처럼 자신과의 약속도 잘 지키려는 네가 자랑스럽구나."

물론 친구를 만나러 가지 못하게 하면 하루 종일 공부해서 더 높은 성적을 받을 수도 있습니다. 그러나 초등 때는 성적보다 '자율과 책임'이라는 성품을 더 상위 가치로 선택할 수 있는 부모님이 되시면 좋겠습니다. 삶의 원리는 부모님께서 가르쳐 주시더라도 아이가 잘못된 선택을 자유롭게 한 후 후회도 해 보고 자신의 행동을 책임질 수 있는 기회도 주셔야 합니다. 그래야 자신의 삶을 위해 제대로 된 선택을 할 수 있는 안목이 길러집니다.

다음으로 중등 공부를 위해 키워 주셔야 할 성품은 '성실과 끈기'입니다. 성실이란 내가 하고 있는 일에 정성을 다하는 참된 마음이고 끈기란 끝까지 꾸준히 나아가는 자세입니다. 성실하면 현재가 행복하고 끈기가 있으면 미래가 행복해집니다. 제가 저희 딸에게 매일 하루도 빠짐없이 오할(오늘의 할 일)을 실천하게 도와주는 것은 높은 성적을 받아서 좋은 대학에 보내고자 함이 아닙니다. 아이가 오할을 하나씩 정성껏 완수해 가는 과정을 통해서 성실함 뒤에 오는 자신에 대한 뿌듯함을 느꼈으면 하는 소망 때문입니다. 아이가 오할을 정말 하기 싫어하는 날도 감정에는 공감해 주지만 실천은 할 수 있도록 응원해 주는 건 끈기를 길러 주고자 하는 바람 때문입니다. 중등 상위권이 되기 위한 필요조건인 '엉덩이의 힘'은 성실과 끈기의 다른 표현입니다.

덧붙여 성공적인 학습을 위해 우리 아이가 반드시 배워야 할 성품은 '존중과 경청'입니다. 자신을 포함하여 모든 사람을 귀하게 여기는 마음으로 듣는 자세를 갖춘 학생만이 중학교에서 빛을 발할 수 있습니다. 친구를 존중해 주는 아이는 사랑받고, 선생님 말씀을 경청할 줄 아는 아이는 인정받기 때문입니다. 중학교에 계신 많은 과목 선생님들께 개인적으로 이렇게 여쭤 본 적이 있습니다.

"어떤 학생의 생활기록부를 가장 잘 써 주고 싶나요?"

대부분의 선생님들께서는 수업 시간에 잘 듣고 참여하는 학생이라고 말씀하셨습니다. 하지만 교실에는 생각보다 경청할 줄 아는 학생들이 많지 않습니다. 귀 기울여 잘 들을 줄 아는 아이는 상대방의 호감과 더불어 자신의 지적인 발달도 함께 얻을 수 있습니다. 너도나도 자신의 말을 하기 바쁜 시대 속에서 존중과 경청을 배운 아이는 존경받는 리더로 성장할 것입니다.

마지막으로 아이들에게 주변을 조화롭고 가지런하게 유지하는 정돈의 성품을 키워 주시기 바랍니다. 믿기 어려우시겠지만 저는 학생들이 하교한 후 책상과 사물함을 보면 그 학생의 성적을 어느 정도 가늠할 수 있습니다. 중학교에서 좋은 성적을 받는 학생들은 치밀한 자기 관리 능력이 있습니다. 여기에서 더 나아가 자기 주변도 야무지게 정리할 줄 아는 것이지요. 고학년 때는 아이가 자기 주변을 정돈하고 스스로를 관리할 수 있게 키워 주셔야 합니다.

이렇게 하기 위해서 부모님이 아이가 공부를 시작하기 전에 책상 위의 책들을 가지런히 정돈할 수 있게 늘 말씀해 주세요. 그 후 머릿속을 깨끗하게 정돈할 수 있도록 10초 정도 명상의 시간을 주시기 바랍니다. 학습이라는 지식의 정돈을 위해서는 반드시 주변 환경과 머릿속의 정돈이 선행되어야 합니다. 그 후 정리된 책상에서 바른 자세로 앉아 평온한 마음으로 집중할 수 있습니다. 당장 공부를 시작하는 것은 중요하지 않습니다. 정돈된 환경에서 정갈한 마음으로 정성껏 공부하는 것이 중요하다는 것을 아이의 마음속에 심어 주시면 좋겠습니다.

지금까지 말씀드린 성품들은 비단 공부만을 위해 필요한 것들은 아닐 것입니다. 아이가 살아가는 평생 동안 많은 힘이 되어 줄 수 있는 강력한 도구들입니다. 우리는 어떤 행동을 반복적으로 지속하다 보면 가끔씩 그 행동의 목적을 잊고 사는 경우가 생기게 됩니다. 학창 시절의 공부가 그렇습니다. '공부'라는 수단을 통해서 좋은 성품을 기르는 것이 좋은 성적보다 더 중요합니다. 아이들에게 공부의 목적이 좋은 성적이 아니라는 것을 알려 주셨을 때 아이러니하게도 가장 좋은 성적이 결과로 따라올 것입니다. 현명한 부모님들 덕분에 본말전도의 공부를 하지 않을 멋진 아이들이 기대됩니다.

2부

후회 없는 중학 생활

1학년

안정적인 학습 시스템 구축

드디어 우리 아이가 내일 중학교에 갑니다. 깔끔하게 준비된 교복을 바라보며 기대되고 떨리는 부모님의 마음이 보입니다. 초등학교 보내면 끝인 줄 알았는데 역시 자식은 쉰 살이 넘어도 걱정되나 봅니다. 그 걱정을 여유 있는 미소로 바꾸어 드리고자 2부에서는 중학교 생활을 낱낱이 파헤쳐 드립니다.

아이가 후회 없는 중학 생활을 하기 위해서는 우선 1학년 때 안정적인 학습 시스템을 구축해야 합니다. 이를 위해 부모님은 두 가지를 알고 계셔야 합니다. 첫째는 전반적인 중학교 생활에 대한 정보가 있어야 합니다. 언제쯤 지필 평가를 보고 자유학년제 활동은 어떻게 이루어지며 생활기록부는 무엇을 작성하는지 큰 틀을 알고 있어야 아이들에게 안내자의 역할을 할 수 있습니다. 둘째는 각 과목에서 아이들에게 요구하는 성취기준과 공부 방법이 무엇인지 인지하고 있어야 합니다. 수행 평가에서 반드시 들어가야 하는 항목과 준비하는 방법들을 알고 있어야 아이가 열심히 노력하고도 그에 못 미치는 점수를 받는 안타까움을 덜어 줄 수 있습니다.

초등학생 때처럼 옆에서 가르쳐 주고 미리 스케줄을 짜야 한다는 얘기가 결코 아닙니다. 조금 과장해서 말씀드리면 중학생 부모님은 절대 아이에게 학습 관련된 내용이나 학교생활을 먼저 물어보시면 안 됩니다. 지나가듯이 요즘 기분은 어떤지, 먹고 싶은 것이 있는지만 조심스럽게 물어보시기 바랍니다. 그러면 좋은 부모님이 될 수 있습니다. 여기에 아이들에게 후회 없는 중학 생활을 선물해 주고 싶으시다면 아이들이 제대로 가고 있는지를 반드시 늘 바라봐 주셔야 합니다. '제대로 가고 있는지'의 기준이 바로 앞에서 말씀드린 '두 가지'에 의해서 세워질 수 있습니다. 기준을 가지고 바라보는 것과 불안한 눈빛으로 쳐다보는 것은 천지 차이입니다. 아이는 부모님의 상태를 아주 쉽게 알아차립니다. 때로 아이들이 제대로 된 길에서 벗어났을 때는 우선 그 상황을 파악하고 기다리시면 됩니다. 부모님이 바른 길을 알고 있다고 눈치챈 아이들은 반드시 부모님께 도움을 요청합니다. 그때 나서서 아이에게 길을 알려 주시면 됩니다.

바라만 봐도 귀여워서 미소가 절로 나오는 중학교 1학년 신입생들이 편안한 마음으로 체계적으로 공부할 수 있도록 저는 이번 장에서 부모님들께 전반적인 학교 생활 일정과 과목별 학습 방법을 알려 드리고자 합니다. 안정적인 학습 시스템 구축으로 얻게 되는 뿌듯한 결과물인 학교생활기록부가 어떻게 구성되어 있고 무엇을 준비해야 하는지도 설명해 드리겠습니다. 더불어 1학년이 누리는 자유학년제를 200% 활용하는 방법에 대해서도 알려 드리겠습니다. 시작이 반이라는 말이 있습니다. 성공적인 중학교 생활을 위해 아이들의 좋은 시작을 바라는 많은 부모님들께 도움이 되면 좋겠습니다.

중학교 1학년 생활

    중학교 1학년 아이들에게 가장 중요한 것은 학습보다 적응입니다. 대부분의 아이들은 3월이 지나면 작년에 초등학생이었다는 게 믿기지 않을 만큼 의젓한 중학생으로 거듭나지만 그렇지 못한 안타까운 학생들도 몇몇은 있습니다. 우리 아이는 잘 적응할 거라고 믿으시겠지만 불확실한 가능성을 기대하기보다는 확실한 행동으로 준비하는 것이 낫습니다. 낯선 나라로 여행을 떠날 때 철저히 준비해야만 아는 만큼 즐길 수 있는 것처럼 중학교 생활을 편안하게 시작하려면 그곳에 대한 지식이 필요합니다. 중학교 생활에 대한 부모님의 빠삭한 정보는 아이들에게 기대감과 설렘을 심어 줄 수 있습니다. 지금부터 입학식 첫날부터 1학년 마지막 날까지 학교생활의 생생한 모습을 소개해 드리겠습니다.

3월 첫날

 여유로운 첫날을 위해 2월 25일쯤 배정받은 중학교의 홈페이지 공지 사항을 확인하시기 바랍니다. 다음과 같은 신입생 학교생활 안내문과 3월 2일 입학식날 임시 시간표를 보실 수 있습니다.

1) 매일 아침 8시, 등교 전 자가진단 실시! 자가진단을 하지 않으면 등교할 수 없어요!
2) 동복(춘추복, 외투-집업 재킷류)을 갖춰 입고 단정한 용모로 등교합니다.
 ※ 마스크 착용 필수! 언제 어디서나 (친구와도) 1m 이상 거리를 두기
3) 준비물 안내
 ① 실내화 및 실내화 주머니 ② 개인용 물통(물컵) ③ 여분 마스크 ④ 손 소독제
 ⑤ 소독용 티슈
4) 각 반 등교 시간 확인

		1-1	1-2	1-3	1-4	1-5	1-6	1-7	1-8
등교	8:30 ~ 8:40	○			○			○	
	8:40 ~ 8:50		○			○			○
	8:50 ~ 9:00			○			○		

5) 9시가 넘어서 교실에 들어오게 되면 '미인정지각'으로 기록됩니다. 학생들은 반드시 정해진 시간에 등교하여 9시 전에 자기 자리에 앉습니다.
6) 등교 방법 : 집에서 자가진단 → 교문 → 지하 1층 입구에서 손 소독도 하고, 실내화로 갈아신고 → 선생님의 지도에 따라 중앙현관으로 입실 → 언제 어디서나 1m 이상 거리두기 → 지정된 위치(동그란 발판 위)에서 2초 정도 서서 모니터 화면을 통해 체온이 측정되었는지 확인합니다. → 체온이 측정되지 않는다면 앞 이마의 머리카락을 들어 체온이 측정되도록 합니다. → 선생님의 지도에 따라 중앙계단으로 이동하여 교실로 입실 → 언제 어디서나 1m 이상 거리두기
7) 교실로 이동하면 각자 지정된 자리에 가방을 두고 휴대폰을 소독 티슈로 닦습니다. → 휴대폰을 교탁 위 휴대폰 주머니에 넣습니다. → 자리에 앉아 기다렸다가 담임 선생님의 지도에 따라 체온을 측정합니다.

시간		내용	1학년(등교)	
조회 및 등교	08:30 ~08:50	등교 및 교실 입실	등교 및 조회	
1교시	09:15 ~ 10:00	입학식 및 개학식	입학식 진행	
2교시	10:10 ~ 10:55	담임 시간(봉사)	교실 정리 및 청소	
3교시	11:05 ~ 11:50	교과 선생님 임장지도	학교 생활 적응 교육	-교무기획부 -학생생활안전부 -창의교육과정부
4교시	12:00 ~ 12:45	교과 선생님 임장지도		-예체능교육부 -1학년부
5교시	13:45 ~ 14:30	정상 수업	등교 수업	
6교시	14:40 ~ 15:25	정상 수업	등교 수업	

물론 학교마다 다르지만 여기서 크게 벗어나지는 않을 겁니다.

학교에 따라 약간씩 차이는 있지만 대부분 8시 50분까지 등교하여 9시부터 1교시 수업이 진행됩니다. 각 수업 시간은 초등학교보다 5분 늘어나 45분씩 진행되고 쉬는 시간은 10분입니다. 입학식이나 학부모 총회 같은 행사가 있는 날은 일정을 조금씩 변경해서 운영합니다.

첫날은 단정하게 교복을 입고 준비물과 그날 시간표에 해당하는 교과서를 챙겨서 지각하지 않고 학교에 도착해야 합니다. 첫인상은 오래 가는데, 첫날부터 지각생으로 찍히면 안 되겠죠. 교실에 도착하면 보통 학생 좌석표가 칠판에 붙어 있습니다. 자기 자리에 앉아 기다리면 담임 선생님이 오셔서 여러 가지 안내 사항과 입학식 일정에 대해 알려 주십니다.

앞의 입학식 날 일정 예시를 보면 아시겠지만 5교시부터는 바로 정상 수업이 진행되는 경우가 많습니다. 따라서 첫날이라는 들뜬 마음보다는 오늘부터 새로운 시작이라는 각오가 필요합니다.

가족들도 참석했던 예전과 달리 요즘 중학교 입학식은 거의 학생들만 참여하는 경우가 많습니다. 코로나19 바이러스 발생 이후로는 1교시 입학식도 강당이 아닌 각자 교실에서 방송으로 진행되며, 교장선생님의 입학 환영사와 신입생 대표 선서 및 선생님들 소개로 이루어집니다. 2교시에는 담임 선생님이 다음 페이지에 나오는 것과 같은 1년 동안의 교육 방향과 학급 운영 방법들을 설명해 주십니다.

그 후 신발장, 사물함, 청소 구역 등을 알려 주고 주번, 임시 반장, 출석부 담당 서기, 교실 문단속, 기자재 관리, 스마트폰 수거 등 당장 내일부터 필요한 역할들을 담당할 학생들을 선출합니다. 역할에 따라 봉사활동 시간이 부여되기도 하고 선생님들과 친해질 수 있는 기회도 되기 때문에 되도록 하나쯤은 아이가 지원해 보게 격려해 주시면 좋습니다. 첫날, 학생들도 선생님도 모두가 어색한 상황에서 선뜻 나서는 학생이 있으면 그렇게 예쁘고 고마울 수가 없습니다.

3교시와 4교시에는 시간표에 해당하는 교과 선생님께서 들어오셔서 방송으로 학교 생활 전반에 대한 설명을 들을 수 있도록 지도해 주십니다. 이것을 저희는 임장지도라고 합니다. 중요하다고

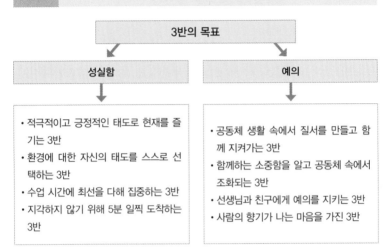

| 급훈 | 사회가 나를 필요로 한다! |

3반의 목표

성실함

- 적극적이고 긍정적인 태도로 현재를 즐기는 3반
- 환경에 대한 자신의 태도를 스스로 선택하는 3반
- 수업 시간에 최선을 다해 집중하는 3반
- 지각하지 않기 위해 5분 일찍 도착하는 3반

예의

- 공동체 생활 속에서 질서를 만들고 함께 지켜가는 3반
- 함께하는 소중함을 알고 공동체 속에서 조화되는 3반
- 선생님과 친구에게 예의를 지키는 3반
- 사람의 향기가 나는 마음을 가진 3반

3반만의 특별함

- 꿈 찾기 프로젝트 수행하기
- 함께 만들고 함께 지키는 학급 규칙 만들기
- 우리 모두 기여하는 1인 1역할 완수하기
- 모두를 기분 좋게 만드는 칭찬릴레이 활동하기
- 설레는 기분으로 학교에 오게 만드는 마니또 활동하기

생각되는 내용들은 메모해서 부모님께 알려 달라고 미리 아이에게 말씀해 두시면 좋습니다. 점심 식사 후에 5교시와 6교시에는 정상 수업이 진행되고 담임 선생님께서 종례를 한 다음 청소하고 귀가합니다.

종례 시간에는 첫날인 만큼 배부물도 많고 알림 사항도 많습니다. 초등학교 때와는 다르게 알림장이 없기 때문에 아이가 수첩이

나 메모장을 준비해서 필요한 내용들은 기록할 수 있도록 알려 주셔야 합니다. 학교에서 배부하는 각종 가정통신문들을 아이가 모아둘 수 있게 파일을 준비해 주는 것도 좋습니다. 그렇지 않으면 학교에서 안내하는 중요한 내용들을 놓치는 경우가 생깁니다. 배부물 중에서 담임 선생님께 제출해야 하는 자기소개서나 각종 신청서들은 되도록 빠른 시간 내에 아이가 작성해서 제출할 수 있도록 알려 주시기 바랍니다. 담임 선생님께 예쁨 받는 가장 쉽고도 빠른 방법입니다. 청소 시간에는 자신이 맡은 구역을 성실하게 마무리 짓는 것도 말씀해 주시면 좋습니다. 대부분의 아이들이 청소를 해 본 적이 없는 시대에서 살고 있는데, 자신의 책임을 정성껏 다하는 아이의 모습은 빛나는 보석으로 담임 선생님의 기억 속에 남게 됩니다.

하교한 아이에게는 첫날의 고단함을 풀 수 있도록 편안하게 쉴 수 있게 해 주세요. 학원이나 학습 스케줄보다는 긴장했던 마음을 보듬어 주고 스스로 다독여 줄 수 있는 여유로운 시간이 필요합니다. 아무리 잘 적응하고 의젓해 보이는 아이라도 떨리는 하루였을 것입니다. 맛있는 음식으로 멋진 하루를 보낸 아이를 응원해 주는 정겨운 저녁 시간이 되면 좋겠습니다.

3월 첫 일주일

첫날이 담임 선생님께 적응하는 시간이었다면 첫 일주일은 각 교과 선생님께 적응하는 기간입니다. 초등학교 때도 몇몇 과목은 교과 전담 선생님께 배우기는 했지만 대부분의 과목을 담임 선생님이 교실에 상주하면서 가르쳐 주셨습니다. 중학생이 되면 담임 선생님은 조회, 종례, 청소 시간을 제외하고는 교실에 계시지 않습니다. 물론 담임 선생님의 교과 수업 시간에는 들어오시지만 초등학교 때에 비해 함께할 수 있는 시간이 적습니다. 이는 곧 다양한 교과 선생님들과 함께할 수 있는 유연한 적응력이 필요하다는 뜻이기도 합니다.

[1학년 2반 시간표]

교시	월	화	수	목	금
1	체육	국어	영어	정보	도덕
2	수학	기가	사회	과학	수학
3	국어	사회	미술	수학	국어
4	미술	과학	체육	체육	음악
5	영어	예체	음악	영어	주선2
6	정보	도덕	주선1	기가	주선2
7			주선1	창체	

위의 시간표를 보시면 일주일에 이틀은 7교시 수업이 진행되기 때문에 4시 30분쯤 하교하게 됩니다. 한 과목당 일주일 동안 수업하는 횟수를 그 과목의 단위수라고 하는데 보시다시피 국어, 영어, 수학 등이 3단위이고 미술, 음악, 정보 등은 2단위인 학교의 예시

입니다. 주선과 예체는 자유학년제에서 운영하는 주제선택활동과 예술·체육활동을 줄여서 나타낸 것으로 학교마다 다른 내용으로 진행됩니다. 창체(창의적체험활동)는 자율, 동아리, 봉사, 진로 활동으로 구성되며 매주 다른 주제로 담임 선생님이 진행합니다.

안정적인 학습 시스템 구축을 위한 첫 일주일 동안 아이가 기억해야 할 것은 각 교과 담당 선생님이 중요하게 생각하는 지점을 명확하게 파악하는 것입니다. 단순히 좋은 성적을 받는 목표를 넘어서서 상대방의 핵심을 읽어 내는 능력은 아이가 살아가는 데 반드시 길러야 할 중요한 덕목입니다. 보통 교과 선생님들은 첫 시간에 간단한 자기소개와 더불어 수업 운영 방법 및 평가 기준에 대해 말씀해 주십니다. 노트 정리를 하는 교과도 있고 프린트를 나눠 주는 선생님도 계십니다. 수업 참여 태도를 수행 평가에 반영하는 과목도 있고 팀을 구성해서 수업을 진행하는 선생님도 계십니다. 각 교과 시간의 특성을 파악하고 수업에 필요한 준비물을 챙길 수 있게 도와주시기 바랍니다. 선생님의 말씀을 경청하고 중요한 내용들은 메모장에 기록하며 적극적으로 대답할 수 있도록 아이에게 말씀해 주세요. 물론 마음에 들지 않는 선생님도 있을 수 있지만 아이가 각 선생님들의 교육 방향에 맞출 수 있도록 노력해야 한다는 것을 알려 주셔야 합니다. 첫인상이 좋은 학생은 일 년이 예뻐 보이는 법입니다.

첫 일주일 동안 수업 시간에 적응하면서 동시에 학급 친구들을 관심을 가지고 관찰하는 것도 필요합니다. 이 부분은 초등 때와 크게 다르지 않기 때문에 부모님이 가르쳐 주지 않아도 아이들이 잘할 테지만 한 번 더 말씀해 주시면 좋습니다. 같은 학급에서 자신과 잘 맞을 것 같은 성향의 친구가 누구인지 살펴보면서 사람 보는 눈을 키워 나가는 것이 필요합니다. 여학생들은 주로 학급 환경 꾸미기 활동을 같이 하면서 그룹이 형성되고, 남학생들은 축구나 농구 같은 운동을 하면서 친해집니다.

첫 주를 무사히 마친 주말에는 아이에게 자유를 허락하시기 바랍니다. 낮잠도 좋고 게임도 좋고 외식도 좋습니다. 일주일 동안 쌓인 피로를 말끔하게 씻을 수 있게 아이의 감정을 잘 살펴 주셔야 합니다. 물론, 중학생이 된 첫 주말이기 때문에 마음껏 쉴 수 있다는 것도 알려 주셔야 합니다. 다음 주부터는 신입생 티를 벗고 진정한 중학생의 길로 들어서는 아이의 어깨를 토닥여 주세요.

3월 첫 한 달

교사들에게 3월은 생존 신고를 해야 할 만큼 가장 바쁘고 치열한 달입니다. 이 한 달을 어떻게 보내느냐에 따라 일 년 교육 농사가 달라집니다. 학생들도 마찬가지죠. 3월에 성공적으로 씨를 뿌린 아이들은 12월에 학교생활기록부라는 풍성한 열매를 얻습니다. 3월 한 달 동안 학교에서는 대체 어떤 일들이 펼쳐질까요?

대부분의 학교에서는 3월 중순쯤 학부모 총회가 열립니다. 학교가 운영되는 전반적인 상황들을 파악할 수 있고 선생님들을 뵐 수 있는 좋은 기회입니다. 보통 초등 고학년 이후에는 학부모 총회에 참석하는 부모님의 수가 많이 줄어듭니다. 중학생이나 된 아이의 학교를 방문하는 것이 약간 망설여질 수도 있지만 1학년 학부모 총회는 바쁘시더라도 꼭 참석하시기를 권합니다. 이유는 간단합니다. 우리 아이를 위해서입니다. 저는 학부모 총회 참석 신청서를 받고 나면 참석하시겠다는 부모님의 아이들을 더 유심히 관찰하게 됩니다. 총회 후 부모님과의 상담 자리에서 아이에 대해 이야기를 나누려면 많은 정보가 필요하기 때문입니다. 그 후 총회 때 부모님과의 상담을 통해서 가정 생활에 대한 이야기들을 듣게 되면 그 아이를 더 깊이 이해하게 됩니다. 담임 선생님께서 많은 아이들 중에 특히 우리 아이에 대해 잘 알고 계시면 아이의 일 년 생활이 무탈합니다. 선생님들은 시간을 내어 총회에 참석해 주신 부모님께 늘 감사한 마음이 가득합니다.

다음으로 3월 셋째 주쯤 1년 동안 학급 대표 역할을 해 줄 정부반장 선출을 합니다. 사실 1학년들은 학급 친구들에 대해 잘 모르는 경우가 많기 때문에 적극적으로 반장에 출마하는 학생들의 당선 비율이 높습니다. 학교에서 아이들과 생활하면서 제가 가지게 된 욕심 하나는 우리 딸이 비록 공부는 1등을 못하더라도 반장이나 부반장은 한 번쯤 해 보았으면 좋겠다는 것입니다. 그 자리에 있으면서 배우게 되는 봉사심, 책임감, 리더십, 중재 능력 등은 책으로는 도저히 익힐 수 없는 것들이기 때문입니다. 아무래도 학급 대표 자리에 있다 보면 친구들뿐 아니라 선생님들과도 금방 친해집니다. 이 덕분에 학교 생활에 빠르게 적응할 수 있고 이에 따른 정서적 안정감은 학습에 집중할 수 있는 여건을 만들어 줍니다. 용기를 가지고 도전하는 3월은 12월이 되었을 때 자신에 대한 대견함을 선물해 줄 것입니다. 또 3월에는 각종 동아리, 학급 부서, 1인 1역할 등 다양한 조직들도 구성됩니다. 아이가 관심 있는 영역이나 맡고 싶은 역할 등을 미리 생각해 놓으면 충동적으로 그날 결정해서 일 년 내내 다른 것으로 바꾸고 싶어 하는 후회를 줄일 수 있습니다.

마지막으로 학교에 따라 표준화 검사나 기초학력 진단평가를 치르는 곳들이 있습니다. 표준화 검사는 누구에게나 검사의 실시, 채점, 해석이 동일하도록 만들어져서 상대적 비교가 가능한 것으로 주로 진로유형검사나 심리검사, 창의성검사 등을 일컫습니다. 이를 통해 학기 초에 교사들이 학생들을 파악하는 데 많은 도움을 받을 수 있습니다. 기초학력 진단평가는 초등 국어, 수학, 영어 과목의 학습 결손이 있는 학생들을 찾아서 도와주고자 치르는 평가입니다. 문제 유형도 평이하고 난이도도 높지 않기에 따로 준비할 필요까지는 없지만 아이가 최선을 다해 치를 수 있도록 말씀해 주시면 좋습니다. 추후 기초학력 부진 학생들은 개별적으로 보충학습을 받을 수 있는 기회가 주어지고 수강 여부는 학생이 자유롭게 선택할 수 있습니다.

그렇다면 3월에 부모님이 아이들을 도울 수 있는 방법은 무엇이 있을까요?

아이의 체력을 관리해 주세요.

푹 자고 잘 먹고 조금씩이라도 운동을 할 수 있는 환경을 조성해 주시기 바랍니다. 겨울방학 동안 집에서 지내다가 매일 등교하다 보면 몸에 무리가 가는 경우가 많습니다. 아이가 긴장하여 학교 생활에 너무 매몰되지 않도록 가정에서 건강을 챙길 수 있는 소소한 활동들을 함께해 주시면 좋습니다. 간단한 요리를 함께 해도 좋고 가벼운 홈트레이닝도 추천합니다. 주말을 이용해서 산책을 한다거나 배드민턴을 치는 것도 좋습니다. 되도록 취침 시간과 기상 시간은 일정하게 유지할 수 있도록 도와주시고 맛있는 보양 음식도 챙겨 주시면 금상첨화입니다. 아이는 학교에서 넘치는 활력으로 집중하여 수업에 참여하고 올 것입니다.

아이가 지각하지 않게 신경 써 주세요.

8시 50분까지 등교 시간이면 넉넉하게 8시 30분에는 학교에 도착할 수 있도록 집에서 출발하는 습관을 길러 주셔야 합니다. 아침에 허겁지겁 조급한 마음으로 교실 문을 열게 되면 아이의 하루가 피곤합니다. 특히 3월에는 지각이나 용의복장 등 기본 생활 습관을 정착시키는 데 담임 선생님의 모든 관심이 쏠려 있기 때문에 부모님께서 반드시 등교 시간을 챙겨 주시기 바랍니다.

친구를 사귀는 데 어려움이 없는지 가끔씩 물어봐 주세요.

몇 년 전에 저희 반에 예쁘장한 외모에 성격도 쾌활한 여학생이 한 명 있었습니다. 워낙 밝고 남을 잘 챙겨 주는 성격이라 친구들과 지내는 데 어려움이 없을 것이라고 저는 생각했습니다. 그런데 3월 말쯤 체험학습 조를 구성하는데 우리 반 여자아이들이 그 학생과 같은 조가 되는 걸 꺼려한다는 것을 눈치챘습니다. 당시 우리 반에 아주 잘생기고 인기가 많던 남학생이 그 여학생을 좋아한다는 걸 알게 된 여자아이들이 그 여학생을 집단적으로 질투했던 것입니다. 이렇듯 친구 관계는 우리 아이가 아무리 바르게 행동한다 해도 아주 우연한 사건으로 인해 틀어질 수도 있습니다. 아이의 노력으로 바뀌기 힘든 친구 관계는 선생님이나 부모님이 도와주셔야 합니다. 따뜻한 관심으로 우리 아이가 마음 편한 학교 생활을 할 수 있도록 바라봐 주시기 바랍니다.

1년 학사 일정

다음 표는 일반적인 중학교에서 일 년 동안 이루어지는 전체 학사 일정 예시입니다. 학교마다 조금씩 다르긴 하지만 여기서 크게 벗어나지 않으므로 미리 알아두시면 도움이 될 것입니다.

[1학기]

3월			4월			5월			6월			7월		
일	요일	행사	일	요일	행사	일	요일	행사	일	요일	행사	일	요일	행사
1	월	삼일절	1	목	학교폭력예방교육	1	토	토요휴업일	1	화		1	목	2차 지필 평가
2	화	개학식/입학식 봉사1	2	금		2	일		2	수		2	금	2차 지필 평가
3	수		3	토	토요휴업일	3	월	학교장재량휴업일	3	목	영양식생활교육	3	토	토요휴업일
4	목	학급별 활동	4	일		4	화	학교장재량휴업일 (개교기념일)	4	금		4	일	
5	금		5	월		5	수	어린이날	5	토	토요휴업일	5	월	2차 지필 평가
6	토	토요휴업일	6	화		6	목	동아리3	6	일	현충일	6	화	
7	일		7	수		7	금	재능페스티벌 봉사2	7	월		7	수	
8	월		8	목	동아리1	8	토	토요휴업일	8	화		8	목	학급별 활동
9	화		9	금		9	일		9	수		9	금	
10	수		10	토	토요휴업일	10	월		10	목	교육활동침해 행위예방교육	10	토	토요휴업일
11	목	표준화검사	11	일		11	화		11	금		11	일	
12	금		12	월		12	수		12	토	토요휴업일	12	월	
13	토	토요휴업일	13	화		13	목	성폭력예방교육	13	일		13	화	
14	일		14	수		14	금	1학년 진로체험 2, 3학년 현장체험학습 봉사1	14	월		14	수	
15	월		15	목	진로1	15	토	토요휴업일	15	화		15	목	
16	화		16	금		16	일		16	수		16	금	
17	수		17	토	토요휴업일	17	월		17	목	진로1	17	토	토요휴업일
18	목	정부반장 선출 학부모총회	18	일		18	화		18	금		18	일	
19	금		19	월		19	수	석가탄신일	19	토	토요휴업일	19	월	방학식1 봉사1
20	토	토요휴업일	20	화		20	목	친구사랑의 날1	20	일		20	화	
21	일		21	수		21	금		21	월		21	수	
22	월		22	목	장애인의 날 행사	22	토	토요휴업일	22	화		22	목	
23	화		23	금		23	일		23	수		23	금	
24	수		24	토	토요휴업일	24	월		24	목	성매매예방교육	24	토	토요휴업일
25	목	인터넷중독예방교육	25	일		25	화		25	금		25	일	
26	금		26	월	1차 지필 평가	26	수		26	토	토요휴업일	26	월	
27	토	토요휴업일	27	화	1차 지필 평가	27	목	진로1	27	일		27	화	
28	일		28	수	1차 지필 평가	28	금		28	월		28	수	
29	월		29	목	동아리1	29	토	토요휴업일	29	화		29	목	
30	화		30	금		30	일		30	수		30	금	
31	수					31	월					31	토	토요휴업일
수업일수	96	22	수업일수		22	수업일수		17	수업일수		22	수업일수		13

*상기 일정은 학사 운영 상황에 따라 변동 가능함.

[2학기]

8월 일	요일	행사	9월 일	요일	행사	10월 일	요일	행사	11월 일	요일	행사	12월 일	요일	행사	1월 일	요일	행사
1	일		1	수		1	금		1	월	2학년 영어마을	1	수		1	토	토요휴업일
2	월		2	목	동아리3	2	토	토요휴업일	2	화	1학년 동아리체험 2학년 영어마을 3학년 현장체험학습	2	목	장애인식개선교육	2	일	
3	화		3	금		3	일	개천절	3	수	2학년 영어마을	3	금		3	월	
4	수		4	토	토요휴업일	4	월		4	목	인터넷중독예방교육	4	토	토요휴업일	4	화	
5	목		5	일		5	화		5	금		5	일		5	수	종업식3 졸업식3
6	금		6	월		6	수		6	토	토요휴업일	6	월		6	목	
7	토	토요휴업일	7	화		7	목	1차 지필 평가	7	일		7	화		7	금	
8	일		8	수		8	금	1차 지필 평가	8	월		8	수		8	토	토요휴업일
9	월		9	목	학교폭력예방교육	9	토	한글날	9	화		9	목	음주흡연예방교육	9	일	
10	화		10	금		10	일		10	수		10	금		10	월	
11	수		11	토	토요휴업일	11	월	1차 지필 평가	11	목	7교시: 6교시 수업	11	토	토요휴업일	11	화	
12	목		12	일		12	화		12	금		12	일		12	수	
13	금		13	월		13	수		13	토	토요휴업일	13	월	2차 지필 평가 (2학년)	13	목	
14	토	토요휴업일	14	화		14	목	학급별 활동	14	일		14	화	2차 지필 평가 (2학년)	14	금	
15	일	광복절	15	수		15	금		15	월		15	수	2차 지필 평가 (2학년)	15	토	토요휴업일
16	월		16	목	진로1	16	토	토요휴업일	16	화		16	목	학급별 활동	16	일	
17	화		17	금		17	일		17	수	수능예비소집	17	금		17	월	
18	수		18	토	토요휴업일	18	월		18	목	대학수학능력시험일 (학교장재량휴업일)	18	토	토요휴업일	18	화	
19	목		19	일		19	화		19	금		19	일		19	수	
20	금	개학식1 봉사2	20	월	추석연휴	20	수		20	토	토요휴업일	20	월		20	목	
21	토	토요휴업일	21	화	추석	21	목	3학년고입설명회 1, 2학년 진로2	21	일		21	화		21	금	
22	일		22	수	추석연휴	22	금		22	월	2차 지필 평가 (3학년)	22	수		22	토	토요휴업일
23	월		23	목	봉사1	23	토	토요휴업일	23	화	2차 지필 평가 (3학년)	23	목	동아리3	23	일	
24	화		24	금		24	일		24	수	2차 지필 평가 (3학년)	24	금		24	월	
25	수		25	토	토요휴업일	25	월		25	목	동아리3	25	토	성탄절	25	화	
26	목	진로1	26	일		26	화		26	금		26	일		26	수	
27	금		27	월		27	수		27	토	토요휴업일	27	월		27	목	
28	토	토요휴업일	28	화		28	목	스포츠축제5 봉사2	28	일		28	화		28	금	
29	일		29	수		29	금		29	월		29	수		29	토	토요휴업일
30	월		30	목	가정폭력예방교육	30	토	토요휴업일	30	화		30	목	동아리2	30	일	
31	화					31	일					31	금		31	월	설날 연휴
수업일수 95	8		수업일수	19		수업일수	21		수업일수	21		수업일수	23			3	

*상기 일정은 학사 운영 상황에 따라 변동 가능함.

128 2부 후회 없는 중학 생활

2월 말쯤 각 학교 홈페이지 공지 사항을 살펴보면 학사 일정을 찾으실 수 있을 것입니다. 1학년 때는 따로 지필 평가를 치르지 않고 수시로 수행 평가가 이루어지기 때문에 사실 부모님이 크게 신경 써야 할 부분은 없습니다. 다만, 매달 어떤 행사들이 학교에서 이루어지고 있는지 알고 계시면 아이와 소통하는 데 많은 도움을 받으실 수 있을 겁니다.

4월에는 대부분의 학교에서 과학의 달 행사와 장애인의 날 행사가 진행됩니다. 표어, 포스터, 글짓기 등 각종 교내 대회가 개최되고 과학관이나 복지관 등에서 할 수 있는 외부 체험 활동도 많이 있습니다. 아이에게 과학의 달 행사에서 어떤 분야에 참여하고 싶은지도 물어보고 장애인에 대한 생각도 함께 나눌 수 있는 기회가 되면 좋겠습니다.

5월은 한 템포 쉬어 가는 가정의 달입니다. 어린이날, 석가탄신일, 재량휴업일 등 휴일이 많기 때문에 아이가 청명한 날씨를 만끽할 수 있도록 가벼운 가족 여행을 추천합니다. 학교에서도 주로 2, 3학년은 현장체험학습을 가고 1학년은 진로체험을 실시합니다. 이와 연계해서 가정에서도 아이의 진로와 관련되는 다양한 체험 활동을 할 수 있도록 소개해 주시면 좋습니다.

6월은 본격적으로 학습에 집중해야 하는 달입니다. 특별한 학교 행사가 잡혀 있지 않고 많은 과목의 수행 평가가 치러집니다. 세 달 동안 공부한 내용들을 자신만의 공부법으로 다시 정리해 보는 시간을 가질 수 있도록 도와주세요. 어떻게 도와주어야 하는 건지

막막한 부모님들을 위해 2장에 자세한 방법들을 설명해 두었으니 참고하시기 바랍니다.

7월은 한 학기가 어느 정도 마무리되고 방학을 기다리는 설렘으로 들뜨기 쉬운 달입니다. 학급별 단합대회가 열리기도 하고 과목별로 다양한 수업들이 펼쳐집니다. 그동안 못했던 독서를 아이가 많이 할 수 있도록 준비해 주시고 방학을 어떻게 보낼 것인지 계획을 세울 수 있게 조언해 주시면 좋습니다.

여름방학 때는 반드시 아이가 규칙적으로 공부할 수 있도록 환경을 조성해 주시기 바랍니다. 가장 중요한 과목인 수학은 최소한 2학기 교과서 예습과 함께 1학기 내용을 깊이 있게 복습할 수 있는 시간을 확보해야 합니다. 영어는 자기 실력에 맞는 독해 문제집 한 권을 매일 풀면서 지문 속 모르는 단어를 정리하고 문법을 복습하는 것이 필요합니다. 국어, 사회, 과학 과목은 교과서의 2학기 내용을 한 번씩 읽어 보는 것도 좋고 가능하면 교과서에 실린 도서나 연계 도서도 읽어 보는 것을 추천합니다. 또 학기 중에 하지 못했던 봉사활동이나 아이가 관심을 보이는 체험활동들을 할 수 있게 도와주시기 바랍니다.

2학기가 되면 시간은 빛의 속도로 흘러갑니다. 9월엔 아이가 학교 생활에 바로 적응할 수 있도록 살펴 주시고 추석 후부터는 각 과목 수행 평가들을 준비할 수 있게 알려 주시면 됩니다.

10월에는 휴일이 많고 학교 스포츠 축제나 3학년 고입 설명회 등으로 분위기가 많이 어수선합니다. 꾸준히 복습하는 습관을 유지시켜 주시고 천고마비의 계절을 맞이하여 아이가 좋은 책과 함께할 수 있도록 준비해 주시기 바랍니다.

11월은 6월처럼 2학기 동안 배운 내용들을 집중적으로 공부할 수 있게 도와주시고, 12월은 방학으로 들뜬 마음을 한 해를 정리하며 2학년을 준비하는 마음으로 가다듬을 수 있도록 살펴 주세요.

겨울방학에는 6학년 때 하루 3시간 온전히 혼자 공부하던 습관을 확장해서 하루 4시간씩 집중할 수 있는 공부 체력을 길러야 합니다. 수학은 2학년 교과서와 기본 개념서를 예습하면서 동시에 1학년 교과서를 가지고 전체 내용 복습도 병행하는 것이 좋습니다. 영어는 지문 속에서 중등 영문법 정리와 단어 공부를 꾸준히 하면서 2학년 영어 수행 평가를 대비한 글쓰기 연습도 필요합니다. 국어는 한국대표문학 작품들을 읽어 볼 수 있게 준비해 주시기 바랍니다. 2학년 때 치르는 첫 지필 평가에서 여유로운 미소를 짓기 위해서는 1학년 겨울방학이 중요합니다. 초등 고학년 때부터 쌓아 온 학습 역량을 백배 발휘하여 안정적인 학습 시스템을 구축할 수 있는 1학년이 되기를 간절히 바랍니다.

중학교 1학년 학습

우리 아이의 마음이 편안해졌다면 이제는 본격적으로 공부를 시작할 시간입니다. 중학교 학습은 초등학교 때와는 비교할 수 없을 정도로 교육과정이 방대하고, 난도가 높은 지식의 습득이 필요합니다. 따라서 아이들이 초등학교 때 공부하던 방법에서 좀 더 확장되어 정교화된 공부 방법을 익힐 수 있어야 합니다. 또 넓고 얕은 공부에서 좁고 깊은 공부로 이동해 가기 위해서는 어디를 어떻게 파야 하는지 아이가 핵심을 잘 알고 있어야 합니다. '어디를'에 해당하는 내용은 평가 기준안을 통해 판단할 수 있고 '어떻게'는 초등학생 때 단련된 학습 역량을 기반으로 자신에게 맞는 과목별 공부법을 확장시켜 나가면 됩니다. 1학년 때는 지필 평가를 치르지 않고 수행 평가만 다루기 때문에 수행 평가 기준안과 준비 방법을 아이가 숙지할 수 있도록 부모님께서 알려 주시기 바랍니다. 물론 학교마다 배우는 교과서도 다르고 수행 평가 기준안도 다르지만 과목별 공부 방법이나 수행 평가에서 좋은 점수를 받는 방법은 크게 다르지 않습니다.

학기 초에 대부분의 교과 선생님들께서는 1학기 수행 평가 기준안을 배부해 주시면서 내용들을 설명해 주십니다. 가장 중요한 시간이지만 대부분의 학생들은 흘려 듣는 경우가 많습니다. 아이가 신입생으로서 생활이 어느 정도 적응이 되는 3월 말쯤 부모님이 학교알리미(schoolinfo.go.kr) 사이트에 접속하셔서 학교별 공시정보 – 학교 검색 – 학업 성취 상황 – 교과별(학년별) 평가 계획에 관한 사항으로 들어가시면 모든 교과의 수행 평가 기준안을 볼 수 있습니다. 출력하셔서 아이가 1학기 동안 심혈을 기울여야 하는 지점이 어떤 곳인지 함께 이야기 나눠 보시기를 추천합니다. 중학생으로서 학습을 한다는 것은 평가 기준을 명확하게 인지하고 그에 맞는 계획을 세운 후 실천한다는 것을 의미합니다. 무작정 문제집을 펴고 책상에 앉아 있는 것은 미련한 행동입니다. 아이가 학교에서 수업을 들으면 그 수업에서 가장 중요한 내용이 무엇인지, 수행 평가를 준비한다면 반드시 들어가야 하는 항목이 무엇인지 핵심을 꿰뚫어 볼 수 있는 안목을 기르기 위해서는 반드시 평가 기준을 살펴봐야 한다는 것을 아이에게 알려 주시기 바랍니다. 모든 선생님들은 평가 기준에 맞춰 채점하고 성적을 매기기 때문입니다.

평가 기준과 더불어 부모님께서 관심을 가지셔야 하는 부분은 아이의 학습 루틴입니다. 1학년 때 지필 평가를 치르지 않는다 할지라도 기본적인 '방학 예습-수업 집중-그날 배운 내용 복습'이라는 큰 틀은 지킬 수 있도록 환경을 조성해 주시기 바랍니다. 특히 수업 시간에 선생님 말씀 중 중요하다고 여기는 내용들은 필기하고 묻는 말에 적극적으로 대답하며 궁금한 점이 생기면 질문할 수 있도록 여러 번 알려 주셔야 합니다. 중학교 학습의 성패를 결정짓는 가장 중요한 부분이기 때문입니다. 그날 배운 내용을 복습할 때는 초등 때 익혔던 방법을 통해 자신만의 언어로 정리하는 습관을 들일 수 있게 살펴 주세요. 또 학습 내용을 주기적으로 인출할 수 있도록 가끔씩 아이의 설명도 들어주고 문제집 풀이와 더불어 문제 출제도 해 볼 수 있게 조언해 주시면 좋습니다.

이렇게 부모님이 아이의 훌륭한 학습 멘토가 되어 주기 위해서는 중학교에서 무엇을 배우고 어떻게 공부해야 하며, 수행 평가는 어떻게 출제되고 준비해야 하는지를 알고 계셔야 합니다. 과목별 해당 내용들을 꼼꼼하게 정독하신 후 아이의 학습을 도와줄 수 있는 든든한 부모님이 되시면 좋겠습니다. 세상 그 어떤 교사도 부모님의 사랑을 넘어서지는 못합니다. 애정 어린 시선과 함께 냉철한 지성도 갖춘 부모님의 아이들은 행복하게 성장할 것입니다.

수학

교육과정

영역	핵심 개념	중1	중2	중3
수와 연산	수의 체계와 연산	• 소인수분해 • 정수와 유리수	• 유리수와 순환소수	• 제곱근과 실수
문자와 식	다항식	• 문자의 사용과 식의 계산	• 식의 계산	• 다항식 곱셈과 인수분해
	방정식과 부등식	• 일차방정식	• 일차부등식과 연립일차방정식	• 이차방정식
함수	함수와 그래프	• 좌표평면과 그래프	• 일차함수와 그래프 • 일차함수와 일차방정식의 관계	• 이차함수와 그래프
기하	평면도형	• 기본도형 • 작도와 합동 • 평면도형의 성질	• 삼각형과 사각형의 성질 • 도형의 닮음 • 피타고라스 정리	• 삼각비 • 원의 성질
	입체도형	• 입체도형의 성질		
확률과 통계	확률		• 확률과 그 기본 성질	
	통계	• 자료의 정리와 해석		• 대푯값과 산포도 • 상관관계

표에서 보시는 것처럼 중학교 수학 교육과정은 크게 수와 연산, 문자와 식, 함수, 기하, 확률과 통계 영역으로 이루어집니다.

중학교 수학이 초등 수학과 다른 가장 큰 특징은 '문자의 사용'입니다. 문자를 통해 수량 관계를 일반화함으로써 '수의 사칙연산'에서 '식의 사칙연산'으로 확장됩니다. 즉, 초등학교 때는 $\frac{3}{4}$ 과 $\frac{1}{6}$ 을 더하고 빼고 곱하고 나누는 걸 배웠다면 중학교 때는 $x+1$과 $2x-3$이라는 식을 더하고 빼고 곱하고 나누는 방법을 배웁니다. 이를 이용해서 방정식과 부등식의 해를 구할 수 있는 기초를 다지게 됩니다. 방정식의 해를 구하는 과정에서 해의 존재를 보장하기 위해 정수, 유리수, 실수 등으로 확장하는 부분이 수와 연산 영역입니다. 예를 들어 $x^2=2$라는 방정식의 해가 유리수 범위 내에서는 존재하지 않기 때문에 무리수를 새롭게 만들어서 수를 실수 범위로 확장시킵니다. 이렇게 확장된 수들을 이미 쓰이고 있는 연산의 성질에 일관되게 계산하는 방법도 익히게 됩니다.

변화하는 두 양 사이의 관계를 나타내는 함수 단원에서는 좌표평면 위에 그래프를 그려 보고 방정식과의 관계를 살펴봄으로써 방정식 해의 개수를 판별할 수 있는 방법을 배웁니다.

기하 영역에서는 초등 때 배웠던 입체도형의 성질을 확장해서 다룬 후, 주로 평면도형의 성질을 증명하고 이를 이용해서 삼각형과 원에 관련되는 여러 가지 문제들을 해결할 수 있는 능력들을 키웁니다.

확률과 통계 영역에서는 초등 때 배웠던 자료의 정리를 확장해서 다룬 후 자료를 해석하는 방법을 배웁니다. 초등 때 '가능성'으로 배웠던 '확률'을 정의하고 그 성질을 체계적으로 공부합니다.

천재교육 출판사의 중학교 1학년 수학 교과서 목차를 보면서 내용을 좀 더 자세하게 설명해 드리겠습니다.

1단원은 초등과정과 자연스럽게 연계될 수 있도록 수와 연산으로 시작합니다. 1장에서는 5학년 때 배웠던 최대공약수와 최소공배수를 소인수분해를 이용해서 구하는 방법을 배웁니다. 아이가 약수, 공약수, 최대공약수, 배수, 공배수, 최소공배수의 개념과 구하는 방법을 알고 있는지 확인하셔야 합니다. 새롭게 정의되는 소수, 합성수, 거듭제곱, 지수, 밑, 소인수, 소인수분해, 서로소 개념을 아이가 설명할 수 있도록 도와주시기 바랍니다. 2장에서는 초등 때 배웠던 자연수와 분수를 확장해서 부호가 결합된 정수와 유리수를 배웁니다. 자연수와 분수, 정수와 유리수 사이의 관계를 아이가 명확하게 구분하고 있는지 확인하시고 정수와 유리수의 사칙연산은 해당 단원 문제집의 문제를 익숙해질 때까지 계속 풀이 연습할 수 있도록 살펴 주세요.

2단원 1장에서는 수를 일반화할 수 있는 문자를 도입합니다. 수와 문자가 결합된 '식'이라는 새로운 대상을 표기하는 방법과 식끼리 더하고 빼는 방법을 익힙니다. 대입, 다항식, 항, 단항식, 상수항, 계수, 차수, 일차식, 동류항 등 새로운 용어들이 많이 나오기 때문에 노트에 개념들을 정리할 수 있도록 알려 주시기 바랍니다. 일차식의 계산을 능숙하게 할 수 있어야 다음 장에 나오는 일차방정식을 쉽게 풀 수 있기 때문에 아이가 계산 연습을 충분히 할 수 있도록 도와주시면 좋겠습니다. 2장에서는 중고등 수학에서 가장 중요한 부분인 방정식의 뜻과 풀이 방법을 배웁니다. 2학년 때 배우는 연립일차방정식과 3학년 때 배우는 이차방정식의 해를 구하기 위해서는 반드시 일차방정식을 풀 수 있어야 합니다. 학습 결손이 생기지 않게 꼼꼼히 공부하고 넘어갈 수 있게 살펴 주세요.

3단원에서는 5학년 때 '대응 관계를 식으로 표현'했던 것을 좌표평면 위에 그림으로 나타내 봄으로써 식과 그래프를 연결하는 과정을 배웁니다. 그 후에 변화하는 양 사이의 많은 관계들 중에서 '정비례와 반비례'라는 특수한 경우를 자세하게 다룹니다. '비례 관계'는 중학교 수학을 공부하는 데 필수적인 개념이기 때문에 아이가 일상 생활에서 정비례, 반비례와 관련되는 여러 사례를 생각해 볼 수 있도록 물어봐 주시기 바랍니다.

4단원 '도형의 기초'부터는 기하 영역으로 보통 2학기에 수업이 진행됩니다. 초등 때는 교구를 이용한 조작과 직관에 의한 도형 공부가 주를 이루었다면 중학교 때부터는 엄밀한 정의로부터 출발하여 논리적 사고의 전개 과정이 필요한 내용들을 다루게 됩니다. 1장에서는 기본 도형인 점, 선, 면으로부터 출발해서 교점, 교선, 두 점 사이의 거리, 중점, 수직이등분선이라는 용어를 배웁니다. 초등 4학년 때 배웠던 각을 확장해서 평각, 교각, 맞꼭지각, 동위각, 엇각이라는 새로운 각들을 정의하고 점, 직선, 평면의 위치 관계들도 다룹니다. 평행한 두 직선이 한 직선과 만날 때 동위각과 엇각의 크기가 서로 같다는 평행선의 중요한 성질도 배웁니다. 2장에서는 눈금 없는 자와 컴퍼스만을 사용하여 도형을 그리는 작도를 공부하고 삼각형을 작도해 봄으로써 삼각형의 합동 조건을 도출하게 됩니다. 삼각형의 합동 조건은 2학년 때 배우는 도형의 닮음과 연결되는 기초 내용이라서 아이가 정확하게 숙지하고 넘어갈 수 있도록 도와주시기 바랍니다.

5단원에서는 1장에서 평면도형의 성질을 배우고 2장에서 입체도형의 성질을 공부합니다. 내각, 외각, 부채꼴, 중심각, 호, 현, 활꼴, 할선, 다면체, 각뿔대, 정다면체, 원뿔대, 회전체, 회전축 등 새로운 용어가 소나기처럼 쏟아지고 기억해야 하는 공식들과 이를 적용해야 하는 다양한 심화 문제들이 눈밭처럼 펼쳐집니다. 1학년 학생들이 가장 어려워하는 단원으로 정확한 용어의 정의를 이해하고 교과서에 나온 공식들을 유도한 후 어려운 유형의 문제들도 능숙하게 풀 수 있도록 많은 연습이 필요합니다. 또한 학생들이 쉽게 잊어버리는 내용들이 많은 단원이기 때문에 반드시 1학년 겨울방학 때 복습할 수 있도록 도와주시기 바랍니다.

6단원 통계에서는 초등 때 배웠던 여러 가지 그래프에서 확장된 줄기와 잎 그림과 히스토그램을 배웁니다. 전체 도수에 대한 각 계급 도수의 비율을 나타내는 상대도수도 배우고 실생활에서 자료를 정리해서 해석하는 활동까지 하면 1학년 수학은 끝납니다.

수행 평가 기준안과 준비 방법

중학교 1학년 수학 과목의 수행 평가 기준안은 학교에 따라 천차만별입니다. 각 학교의 기준안을 살펴보시고 아이가 준비할 수 있는 계획을 세울 수 있도록 조언해 주시기 바랍니다. 다음 페이지의 예시를 보면서 수학 수행 평가는 어떤 부분에 비중을 두어 준비해야 하는지 알려 드리겠습니다.

평가형태	평가시기	단원 및 주제	교육과정 성취기준
논술형 평가	4월	I. 수와 연산 (1) 소인수분해	• 수01-01 소인수분해의 뜻을 알고 자연수를 소인수분해할 수 있다.
과정 평가	6월	I. 수와 연산 (2) 정수와 유리수	• 수01-03 양수와 음수, 정수와 유리수의 개념을 이해한다. • 수01-05 정수와 유리수의 사칙계산의 원리를 이해하고 그 계산을 할 수 있다.
	7월	II. 문자와 식 (2) 일차방정식	• 수02-05 일차방정식을 풀 수 있고, 이를 활용하여 문제를 해결할 수 있다.
포트폴리오	수시	I. 수와 연산 II. 문자와 식 VI. 통계	• 수01-01 소인수분해의 뜻을 알고, 자연수를 소인수분해할 수 있다. • 수01-02 최대공약수와 최소공배수의 성질을 이해하고 이를 구할 수 있다. • 수01-03 양수와 음수, 정수와 유리수의 개념을 이해한다. • 수01-04 정수와 유리수의 대소 관계를 판단할 수 있다. • 수01-05 정수와 유리수의 사칙계산의 원리를 이해하고, 그 계산을 할 수 있다. • 수02-01 다양한 상황을 문자를 사용한 식으로 나타낼 수 있다. • 수02-02 식의 값을 구할 수 있다. • 수02-03 일차식의 덧셈과 뺄셈의 원리를 이해하고 그 계산을 할 수 있다. • 수02-04 방정식과 그 해의 의미를 알고, 등식의 성질을 이해한다. • 수02-05 일차방정식을 풀 수 있고, 이를 활용하여 문제를 해결할 수 있다. • 수05-01 자료를 줄기와 잎 그림, 도수분포표, 히스토그램, 도수분포다각형으로 나타내고 해석할 수 있다. • 수05-02 상대도수를 구하여 이를 그래프로 나타내고 상대도수의 분포를 이해한다. • 수05-03 공학적 도구를 이용하여 실생활과 관련된 자료를 수집하고 표나 그래프로 정리하고 해석할 수 있다.

이 학교의 수학 수행 평가는 크게 논술형평가, 과정평가, 포트폴리오 세 가지 영역으로 구성됩니다. 평가 시기를 살펴보면 포트폴리오는 수시로 평가한다는 것을 알 수 있습니다. 선생님들에 따라 약간씩 다르지만 보통 포트폴리오는 노트 정리 산출물이나 배부된 프린트물의 정리 수준을 평가하는 경우가 많습니다. 따라서 포트폴리오 영역에서 높은 점수를 받기 위해서는 매 시간마다 충실하게 노트나 프린트물을 정리하고 제출 기한을 엄수하는 것이 필요합니다.

논술형평가는 정확한 수학 개념 이해를 바탕으로 자신의 주장이나 생각을 논리적이고 설득력 있게 서술하고 있는지를 평가합니다. 소인수분해 논술형평가에서는 소인수분해 개념과 성질을 이용해서 자연수를 소인수분해하고 이를 실생활과 연결시켜 자신만의 소인수분해 경험을 논리적으로 기술해야 하는 문제가 출제될 수 있습니다. 이 경우 $12 = 2^2 \times 3$이므로 12라는 레고 작품을 만들기 위해서는 2라는 부품 2개와 3이라는 부품 1개가 필요하다고 서술할 수도 있습니다. 논술형평가 문제가 공지된 경우에는 아이가 답안을 미리 작성해 볼 수 있도록 조언해 주시고 시험으로 치르는 경우에는 출제 단원을 깊이 있게 공부한 후 예상 문제를 작성해서 풀어 보는 것도 좋습니다.

과정평가는 보통 주어진 문제를 풀이 과정까지 기술하는 서술형 문제 유형으로 출제됩니다. 정수와 유리수의 사칙계산과 일차방정식의 풀이 과정을 노트에 정리하면서 공부하면 도움이 됩니다.

물론 지금까지 말씀드린 내용들은 한 가지 예시에 불과합니다. 가장 중요한 정보는 수업하시는 수학 선생님께서 알려 주십니다. 아이가 핵심 내용을 정확하게 포착할 수 있도록 늘 수업의 중요성을 깨우쳐 주시길 바랍니다.

수학 공부법

초등 때 꾸준한 복습과 다양한 활동들 속에서 수학에 자신감과 흥미를 키웠다면 중학교 1학년부터는 본격적으로 수학 학습에 돌입할 때입니다. 수학은 매일 한 시간 이상 공부 시간을 배정한 뒤 다음과 같은 방법으로 진행하시면 됩니다.

1단계: 매일 학교에서 수업한 교과서 내용을 처음부터 끝까지 정독한 후 교과서 문제들을 풀고 중요 개념들은 다음 페이지에 나오는 것과 같은 방법으로 노트에 정리합니다.

2단계: 노트에 정리한 내용을 말로 설명해 보거나 관련되는 내용의 문제를 직접 출제해서 풀어 봅니다. '왜 소인수분해를 하는 것일까?'처럼 질문을 만들어서 이유를 생각해 보고 각종 자료들을 찾아보는 것도 아주 좋습니다.

3단계: 배운 진도에 해당하는 문제집을 문제 풀이 노트에 정리하면서 풀어 봅니다. 채점 후 틀린 문제는 다시 한 번 정리하면서 풀어 보고 이유를 분석해서 대책을 파란색 볼펜으로 간단하게 노트에 적습니다. 문제를 해결하는 데 미처 생각하지 못했던 아이디어가 있었다면 빨간색 볼펜으로 제대로 푼 문제 풀이

I. 수와 연산   Date. 2. 10. 목   No. P14

1. 소인수분해   { 소인수분해 / 최대공약수 / 최소공배수

(1) 소인수분해   2차시 : 소인수분해 뜻, 자연수 소인수 분해하기
           소인수 분해로 자연수 약수 구하기.

① 소인수 분해 : 1보다 큰 자연수를 (소인수)들만의 곱으로 표현
                        소수이면서 인수 / 약수

EX) 12를 소인수분해하라.

$$12 = 3 \times ④ = ③ \times ② \times ② = 2^2 \times 3$$
        소수아님   소수들   거듭제곱으로 표현

$$\therefore 12 = 2^2 \times 3$$

② 소인수 분해를 이용해서 자연수의 약수 구하기.

75를 소인수 분해하면

$$75 = 3 \times 25 = 3 \times 5^2$$

$$\therefore 75 = 3 \times 5^2$$

75의 약수는 1과 3, 1과 5, 5^2의 곱

X	1	3
1	1×1	1×3
5	1×5	3×5
5^2	1×5^2	3×5^2

약수의 개수 : 6개

3¹ × 5²
2개 × 3개 → 6개

옆에 정리해 둡니다. 기본적인 개념 정리 문제집은 예습할 때 풀었기 때문에 <u>학기 중에는 유형을 익히는 응용 문제집과 난도가 높은 심화 문제집을 함께 풀어 보면 됩니다.</u> 매일 조금씩 아이의 문제 풀이 노트가 기록될 때마다 아이의 수학 성적도 함께 오르고 있다는 것을 알려 주시는 부모님들을 기대합니다.

국어

교육과정

영역	중1, 중2, 중3 학습 요소
듣기· 말하기	의미 공유 과정으로서의 듣기·말하기 대화하기(공감) 면담하기(질문) 토의하기(문제 해결) 토론하기(논박) 청중 분석하기 말하기 불안에 대처하기 발표하기(내용 구성, 핵심 정보 전달) 비판하며 듣기(설득 전략, 내용의 타당성, 매체 자료의 효과) 매체 활용하기 언어폭력의 문제점 알기 배려하며 말하기

읽기	문제 해결 과정으로서의 읽기 예측하기 요약하기(글의 목적과 특성) 설명 방법 파악하기(정의, 예시, 비교와 대조, 분류와 구분, 인과, 분석) 논증 방법 파악하기(귀납, 연역, 유추) 동일한 화제의 글 비교하며 읽기 표현 방법과 의도 평가하기(매체) 한 편의 글 읽기(참고 자료 활용) 읽기 과정 점검하며 읽기 읽기를 생활화하기
쓰기	문제 해결 과정으로서의 쓰기 설명하는 글 쓰기(정의, 예시, 비교와 대조, 분류와 구분, 인과, 분석) 보고서 쓰기(절차와 결과) 주장하는 글 쓰기(근거 구성) 감동이나 즐거움을 주는 글 쓰기 내용 선정하기 및 통일성 갖추기 개성적으로 표현하기 매체 언어의 특성을 살려 표현하기(복합 양식적 특성) 고쳐쓰기 및 쓰기 윤리 지키기
문법	언어의 본질(자의성, 사회성, 역사성, 창조성) 음운 체계와 특성(자음 체계, 모음 체계) 단어의 표기와 발음 방법 품사의 종류와 특성 어휘의 체계와 양상 문장의 짜임(홑문장과 겹문장, 이어진문장과 안은문장) 담화의 개념과 특성 한글 창제의 원리
문학	심미적 체험으로서의 문학 문학적 소통 비유와 상징의 효과 갈등의 진행과 해결 보는 이나 말하는 이의 관점 작품의 사회·문화적 배경, 현재적 의미를 고려한 감상 해석의 다양성 작품의 재구성 양상 개성적 발상과 표현(운율, 반어, 역설, 풍자) 문학을 통하여 삶을 성찰하기

중학교 국어 교육과정은 크게 듣기·말하기, 읽기, 쓰기, 문법, 문학 다섯 영역으로 구성되어 있습니다.

듣기·말하기 영역에서는 다양한 상황에서 이루어지는 듣고 말하기에 관한 지식과 기능, 태도를 배웁니다. 목적과 맥락을 고려해서 듣고 말함으로써 의사소통 능력과 문제 해결 능력을 기르는 데 목적이 있습니다.

읽기 영역에서는 한 편의 완결된 글을 읽어 내는 독서 경험을 바탕으로 읽기의 가치와 즐거움을 경험하는 것이 중요합니다. 독서 목적에 따라 적절한 읽기 방법을 적용하여 다양한 유형의 자료를 비판적으로 읽을 줄 아는 능력이 필요합니다.

쓰기 영역은 쓰기의 과정을 이해하고 주제, 목적, 독자, 매체 등에 따라 효과적인 표현 방법을 사용하여 다양한 유형의 글을 쓸 수 있으면 됩니다.

문법 영역에서는 다양한 문법 단위에 대한 이해와 탐구 활동을 통해 총체적인 국어 능력을 기르고 음운, 단어, 문장에 대한 이해와 담화, 어문 규범에 대한 문법 능력을 갖추어야 합니다.

문학 영역은 문학 작품 속에서 많은 가치를 발견하고 이를 인간의 보편적인 삶과 관련지어 성찰하며 내면화하는 것을 배웁니다. 심미적 체험으로서 문학의 특성에 대한 이해를 바탕으로 다양한 관점과 방법으로 작품을 해석하고 평가하며 자신의 삶을 문학적으로 표현할 수 있는 능력이 필요합니다. 다음은 미래엔 출판사의 1학년 1학기 국어 교과서 목차입니다.

이 책의 차례

앞에서 살펴본 수학 교과서는 학교마다 선택하는 출판사가 다르더라도 목차나 내용 구성이 크게 다르지 않는데 반해, 국어는 교육과정을 바탕으로 교과서마다 다양한 지문을 사용하기 때문에 목차나 내용 면에서 확연하게 달라집니다.

그러나 교과서마다 내용들이 다르다 해도 매 학기마다 교육과정의 다섯 영역들은 앞의 목차에서처럼 기본적으로 모두 분포되어 있습니다. 내용을 살펴보면 아시겠지만 문법 영역을 제외하고 아이들이 크게 어려워하는 내용은 없기 때문에 국어 과목은 대부분 무난하게 공부합니다.

1단원은 문학과 쓰기 영역으로 시 속에 쓰인 비유와 상징의 표현을 이해하고 활용하여 느낌을 표현하거나 생활 속에 적용하는 방법을 배웁니다. 이를 바탕으로 경험이 담긴 글을 읽고 감동이나 즐거움을 주는 글쓰기를 할 수 있으면 됩니다.

2단원에서는 자신의 흥미와 수준에 맞는 책을 선정해서 읽는 즐거움을 알고 참고 자료를 찾아 메모하며 읽는 내용을 다룹니다. 그 후 책을 읽고 대화하는 과정과 방법을 배우면서 읽기, 듣기, 말하기 능력을 키웁니다.

3단원에서는 예측하며 읽기의 방법을 배워서 글을 읽으며 내용을 예측해 보고 우리말 어휘의 체계와 양상을 탐구해서 상황에 맞게 적용해 보는 문법 영역을 공부합니다.

마지막 4단원은 〈보리 방구 조수택〉이라는 문학 작품 속 인물의 성찰과 성장을 이해하고 자신의 삶을 되돌아보는 문학 영역을 다

룹니다. 그 후 면담의 과정과 활동을 이해하는 듣기·말하기 영역
으로 1학기 내용이 마무리됩니다.

수행 평가 기준안과 준비 방법

국어 과목의 수행 평가는 학교에 따라 서술·논술, 구술·발표,
토론·토의, 프로젝트, 포트폴리오 등 다양한 방법으로 진행됩니
다. 보통 한 단원이 끝날 때 마무리 활동으로 수행 평가가 진행되
는 경우가 많고 대부분 2주 전쯤 선생님께서 미리 공지하거나 자
료들을 배부해 주기 때문에 배웠던 내용들을 정리하면서 동시에
수행 평가도 함께 준비하면 좋습니다. 1단원에서 비유를 활용한
사진 시 쓰기, 3단원에서 나만의 어휘 책자 만들기 등이 수행 평가
로 진행될 수 있습니다. 수업 시간에 선생님께서 공지해 주신 성
취기준에 맞추어 되도록 수준 높은 작품이 완성될 수 있게 정성을
기울여야 합니다. 1단원에서는 다음과 같은 프로젝트 형태로 수행
평가가 진행될 수도 있습니다.

수행 평가 과제 ①

운율, 비유, 상징에 대한 다음 설명을 참조하여 작품 속에서 해당 표현 방법이 사용된 예를 찾아 적어 봅시다. 찾은 구절 중 가장 인상적인 표현을 하나 골라 느낌이나 효과를 정리해 발표해 봅시다.

1. 운율: 시에서 행을 이루는 단어의 배열이나 소리의 규칙적인 반복을 통해 음악적 효과를 드러낸다. 시를 읽는 맛과 흥을 느끼게 해 주고 시의 독특한 분위기를 느낄 수 있게 한다. 소리의 강약이나 장단, 고저 등을 이용하거나 반복을 통해 주의를 끌어 깊은 인상을 남기고, 의미를 강조하거나 주제를 드러내는 역할을 한다.

운율 형성 방법	예시	우리가 찾은 사례 (본문을 먼저 적고 마지막에 제목과 시인을 적을 것)
글자 수를 일정하게 반복하여 표현한다.	나 보기가 역겨워 가실 때에는 말없이 고이 보내 드리오리다	
비슷한 구절이나 행을 반복하여 표현한다.	돌담에 속삭이는 햇발같이 풀 아래 웃음 짓는 샘물같이	
동일한 시어를 반복하여 표현한다.	새하얀 흰 눈, 가비얍게 밟을 눈, 재 같아서 날릴 꺼질 듯한 눈, 바람엔 흩어져도 불길에야 녹을 눈,	
일정한 음보를 반복하여 표현한다.	이 몸이∨죽고죽어∨일백 번∨고쳐 죽어 백골이∨진토 되어∨넋이라도∨있고 없고	
소리나 모양을 흉내 내는 말을 사용한다.	기는 바람이 지나면 파릇파릇 파란 싹 나는 바람이 지나면 울긋불긋 살구꽃	
가장 인상적이었던 작품의 구절에서 운율이 주는 느낌이나 효과		

2. 비유: 어떤 대상을 다른 사물이나 대상에 빗대어 표현하는 방법으로, 대상에 구체적이고 명확한 인상을 주어 생생한 느낌을 전달한다.

비유법	설명과 예시	우리가 찾은 사례 (본문을 먼저 적고 마지막에 제목과 시인을 적을 것)
직유법	~처럼, ~인 듯, ~같이 등의 말을 사용하여 원관념과 보조 관념을 연결하여 빗대는 방법 예) 쟁반같이 둥근 달	
은유법	'A는 B이다'의 형식으로, 원관념과 보조 관념을 연결하여 빗대는 방법 예) 내 마음은 호수요	
의인법	사람이 아닌 대상을 사람처럼 표현하는 방법 예) 돌은 말이 없다.	
활유법	무생물을 생물인 것처럼 표현하는 방법. 예) 훨훨훨 깃을 치는 청산이 좋아라.	
가장 인상적이었던 작품의 구절에서 비유법이 주는 느낌이나 효과		

이 수행 평가의 예시 답안은 다음과 같습니다.

1. 운율

운율 형성 방법	예시	우리가 찾은 사례 (본문을 먼저 적고 마지막에 제목과 시인을 적을 것)
글자 수를 일정하게 반복하여 표현한다.	나 보기가 역겨워 가실 때에는 말없이 고이 보내 드리오리다	봄바람 하늘하늘 넘노는 길에 연분홍 살구꽃이 눈을 틉니다. 연분홍 송이송이 못내 반가와 나비는 너훌너훌 춤을 춥니다. ㅡ김억, 『연분홍』
비슷한 구절이나 행을 반복하여 표현한다.	돌담에 속삭이는 햇발같이 풀 아래 웃음 짓는 샘물같이	아기가 잠드는 걸 / 보고 가려고 아빠는 머리 맡에 / 앉아 계시고 아빠가 가시는 걸 / 보고 가려고 아기는 말똥말똥 / 잠을 안 자고 ㅡ윤석중, 『먼 길』
동일한 시어를 반복하여 표현한다.	새하얀 흰 눈, 가비얍게 밟을 눈, 재 같아서 날릴 꺼질 듯한 눈, 바람엔 흩어져도 불길에야 녹을 눈,	찰박 찰박 찰박 맨발들 맨발들, 맨발들, 맨발들 ㅡ황인숙, 『비』
일정한 음보를 반복하여 표현한다.	이 몸이∨죽고죽어∨일백 번∨고쳐 죽어 백골이∨진토 되어∨넋이라도∨있고 없고	오르고 또 오르면 못 오를 리 없건마는 사람이 제 아니 오르고 뫼만 높다 하더라 ㅡ양사언
소리나 모양을 흉내 내는 말을 사용한다.	기는 바람이 지나면 파릇파릇 파란 싹 나는 바람이 지나면 울긋불긋 살구꽃	우리 아기는/아래 발치에서 코올코올 고양이는 부뚜막에서 가릉가릉 ㅡ윤동주, 『봄』
가장 인상적이었던 작품의 구절에서 운율이 주는 느낌이나 효과		찰박 찰박 찰박 맨발들 맨발들, 맨발들, 맨발들 ㅡ황인숙, 『비』 '맨발들'이라는 시어가 반복되며 땅에 떨어지는 빗방울이 어린 아이같은 장난스러운 모습들로 연상되며 생생한 느낌을 주었다.

2. 비유

비유법	설명과 예시	우리가 찾은 사례 (본문을 먼저 적고 마지막에 제목과 시인을 적을 것)
직유법	~처럼, ~인듯, ~같이 등의 말을 사용하여 원관념과 보조 관념을 연결하여 빗대는 방법 예 쟁반같이 둥근 달	비가 옵니다. 다정한 손님같이 비가 옵니다. 창을 열고 맞으려 하여도 보이지 않게 속삭이며 비가 옵니다. —주요한, 『빗소리』
은유법	'A는 B이다'의 형식으로, 원관념과 보조 관념을 연결하여 빗대는 방법 예 내 마음은 호수요	저 별은 하늘 아이들이 사는 섬의 쬐그만 초인종 —이준관, 『별 하나』
의인법	사람이 아닌 대상을 사람처럼 표현하는 방법 예 돌은 말이 없다.	배추에게도 마음이 있나 보다 —나희덕, 『배추의 마음』
활유법	무생물을 생물인 것처럼 표현하는 방법. 예 휠휠휠 깃을 치는 청산이 좋아라.	파아란 바다에 가오리 세 마리가 꼬리를 살래살래 흔들며 헤엄쳐 다닙니다. —김경문, 『연날리기』
가장 인상적이었던 작품의 구절에서 비유법이 주는 느낌이나 효과		파아란 바다에 가오리 세 마리가 꼬리를 살래살래 흔들며 헤엄쳐 다닙니다. —김경문, 『연날리기』 연을 가오리에 비유해서 마치 하늘을 유유히 휘젓고 다니는 물고기 같은 모습을 연상시켜 생동감 있는 모습이 떠올랐다.

예시 답안에서처럼 작품에서 운율, 비유가 드러난 부분을 제대로 찾고 인상적이었던 구절에 대한 자신의 느낌을 효과적으로 드러낼 수 있어야 합니다. 이를 위해 평소에 꾸준한 독서와 글쓰기로 기본이 견고한 국어 실력을 다져 주시기 바랍니다.

국어 공부법

국어는 어찌 보면 공부할 것이 하나도 없어 보이고 어찌 보면 공부할 양이 어마어마하게 많아 보이는, 학습 범위가 애매한 과목입니다. 중학교에서 높은 국어 성적을 얻기 위해서는 '교과서 속 지문의 명확한 이해'라는 테두리 안에서 다음 네 단계의 학습 과정을 거쳐야 합니다.

1단계: 주말에 다음 주에 배울 교과서 지문을 살펴보고 전체 내용이 실린 책을 읽어 보는 시간이 필요합니다. 『국어 교과서 작품 읽기 중1 세트』를 구매하거나 도서관에서 한 단원에 실린 지문들이 들어 있는 도서들을 각각 빌려 오는 것도 좋습니다. 국어 과목의 특성상 글의 전체적인 맥락과 이해를 바탕으로 교과서 지문 부분을 분석하는 것은 매우 중요합니다. 이렇게 아이가 주말 예습을 할 수 있게 도와주시기 바랍니다.

2단계: 수업 시간에 선생님의 설명을 집중해서 들으면서 중요한 내용들을 교과서에 다음과 같이 필기할 수 있도록 알려 주세요. 설명을 들으면서 바로 필기를 해야 하기 때문에 글씨는 못써도 상관없습니다. 다만 선생님께서 강조하는 내용에는 별표, 이해

사람들은 지금 내가 소설을 쓰고 있으니까 (어린 시절부터 문학적 소양
<u>글쓴이의 직업 – 소설가</u>　　<u>평소 닦아 놓은 학문이나 지식</u>
같은 것이 반짝반짝 했을 거로 생각하는 것 같다.)
( ): 어릴 때부터 문학적 소양을 발휘했을 거라는 사람들의 오해

그러나 겸손의 말이 아니라, (나는 대학에 입학하기 전까지 단 한 번
　( ): 사람들의 기대와 달리 어린 시절에는 문학가의 기질이 없었던 '나'

도 백일장 같은 곳에 나가 상을 받아 본 적이 없었다. 초등학교 시절

엔 초등학교 시절대로 그랬고, 중·고등학교 시절엔 중·고등학교 시

절대로 그랬다. 나는 언제나 그런 상으로부터 멀찌감치 떨어져 있던
　　　　　　<u>문학적 소양을 인정해 주는 상</u>

아주 평범한 소년이었다.) (중략)
　　　　　　　→ 문학적 소양을 발휘하지 못하고 평범하게 보낸 어린 시절

5학년 2학기 때의 일이다. 나는 교내 백일장에서는 물론 군 대회같
　　<u>과거 회상 시작(일화 소개)</u>

이 큰 백일장에 나가서도 매번 떨어지기만 했다. 그때도 역시나 군

대회에 나가 아무 상도 받지 못하고 빈손으로 돌아온 다음이어서

어린 마음에도 나는 참으로 크게 낙담했다. (선생님은 그런 나와 학
　　　　　　<u>문학적 소양이 없다는 생각으로 인해 상심한 '나'</u>

교 운동장 가에 있는 커다란 나무 아래에 나란히 앉아서 이런 말씀
　　　　　　( ): 어린 시절 선생님과 관련된 일화임을 알 수 있음

을 하셨다.)
　　　　　→ 글쓰기 대회에서 매번 떨어져 크게 상심한 '나'

"지금은 단풍이 한창이지만 봄에는 나무에서 꽃이 피지?"

"예." / 너희 집에는 어떤 꽃나무가 있니?"

"매화나무도 있고, 살구나무도 있고, 배나무도 있어요."

"그래, 그러면 매화나무 예를 들어 보자. 같은 매화나무에도 <u>먼저 피</u>
　　　　　　　　　　　　　　　　　　　비유①: 어린 나이에
<u>는 꽃이 있고</u>, 나중에 피는 꽃이 있지?" / "예."　　　상을 타서 사람들의
　　　　　　　　　　　　　　　　　　　관심(주목)을 받는 사람
　　비유②: 남들보다 늦게 두각을 나타내지만,
　　오랫동안 노력해서 나중에 인정을 받게 되는 사람

가 잘 안 되는 부분에는 Q question, 숙제는 H homework 등 자신만의 기호를 사용해서 수업의 기록을 반드시 남겨야 합니다. 수업 후 학생의 교과서를 보면 그 학생의 국어 성적을 가늠할 수 있을 만큼 수업 중 필기는 매우 중요하다는 것을 아이에게 꼭 알려 주세요.

3단계: 소단원이 끝날 때마다 교과서와 자습서로 복습하는 시간이 필요합니다. 국어는 매일 복습보다는 하나의 지문이 끝났을 때 내용을 총정리하는 것이 더 효과적입니다. 복습할 때는 우선 교과서 단원 제목과 지문을 소리내어 읽습니다. 교과서에 나와 있는 지문에 딸린 문제들은 답을 종이로 가리고 말해 본 후 맞았는지 확인합니다. 다음으로 자습서를 보면서 교과서에는 필기되어 있지 않지만 중요하다고 생각되는 내용들을 다른 색깔 볼펜으로 교과서에 보충해서 적어 둡니다. 마지막으로 교과서에 필기된 내용들을 꼼꼼하게 살펴보면서 그 단원의 학습 목표에 부합되는 핵심 내용들을 요약해서 노트에 정리합니다.

4단계: 소단원 분량의 문제집을 풀고 채점한 후 틀린 이유들을 분석해서 문제 옆에 간단하게 적습니다. 이런 과정을 거쳐서 각 단원의 내용들을 잘 정리해 놓은 아이들은 그 어떤 어려운 국어 문제라도 해결할 수 있는 탄탄한 실력이 쌓여갈 것입니다.

영어

교육과정

영역	핵심 개념	내용	중학교 주요 내용 요소	기능
듣기	소리	소리, 강세, 리듬, 억양을 식별한다.	• 어구나 문장의 연음, 축약	식별하기
	세부 정보	말이나 대화의 세부 정보를 이해한다.	• 대상, 주제 • 그림, 사진, 도표	파악하기
	중심 내용	말이나 대화의 중심 내용을 이해한다.	• 줄거리, 주제, 요지	파악하기 추론하기
	맥락	말이나 대화의 흐름을 이해한다.	• 일이나 사건의 순서, 전후 관계 • 일이나 사건의 원인, 결과 • 상황 및 화자 간의 관계 • 화자의 의도, 목적 • 화자의 심정, 태도	파악하기 추론하기
말하기	담화	의미를 전달한다.	• 사람, 사물 • 장소 • 의견, 감정 • 그림, 사진, 도표 • 방법, 절차 • 자기소개	설명하기 표현하기
		의미를 교환한다.	• 사람, 사물 • 위치, 장소 • 경험, 계획 • 일이나 사건의 순서, 전후 관계 • 일이나 사건의 원인, 결과	설명하기 표현하기

읽기	어휘 및 문장	낱말이나 문장을 이해한다.	• 어구, 문장	파악하기
	세부 정보	글의 세부 정보를 이해한다.	• 그림, 사진, 도표 • 대상, 주제	파악하기
	중심 내용	글의 중심 내용을 이해한다.	• 줄거리, 주제, 요지	파악하기 추론하기
	맥락	글의 논리적 관계를 이해한다.	• 일이나 사건의 순서, 전후 관계 • 일이나 사건의 원인, 결과 • 필자의 의도, 목적 • 필자의 심정, 태도	파악하기 추론하기
	함축적 의미	글의 행간의 의미를 이해한다.	• 문맥 속 낱말, 어구, 문장의 의미	추론하기
쓰기	문장	문장을 쓴다.	• 대상, 상황 • 의견, 감정 • 그림, 사진, 도표 • 경험, 계획	표현하기 설명하기
	작문	상황과 목적에 맞는 글을 쓴다.	• 초대, 감사 • 축하, 위로 글 • 일기, 편지 • 자신, 주변 사람, 일상생활	표현하기 설명하기

영어는 듣기, 말하기, 읽기, 쓰기 네 영역의 중학교 학습 목표를 달성하기 위해 교과서마다 다양한 지문과 내용들을 다룹니다. 다음 천재교육(정사열 외) 출판사의 중학교 1학년 영어 교과서 목차를 보시면 아시겠지만 대부분의 아이들이 어렵지 않게 다룰 수 있는 내용들로 이루어져 있습니다.

	Listening & Speaking	Reading	Grammar & Writing
❶ This Is Me p. 8	**안부 묻기 / 자기소개하기** L 소개 내용 완성하기 S 진실을 말한 사람 찾기	아끼는 물건을 통해 자신의 취미와 희망을 소개하는 글	**일반동사 / 조동사 will** W Youth Camp 자기소개 글쓰기
❷ I love My Family p. 26	**좋아하는 것 묻기 / 동의하기** L TV 편성표에서 두 사람이 볼 프로그램 찾기 S 친구들이 좋아하는 것 조사하기	정원에서 씨앗을 심는 가족의 유쾌한 순간을 담은 일화	**현재진행형 / to부정사의 명사적 용법** W 친구들과 찍은 재미있는 사진을 설명하는 짧은 SNS 글쓰기
❸ Beautiful Differences p. 44	**도움 제안하기 / 확인 요청하기** L 인물과 관련 있는 물건 연결하기 S 친구들의 문제 조사하여 표 완성하기	자신의 특성을 인식하며 자아를 찾는 새끼 오리에 관한 만화	**일반동사 과거형 / 부가의문문** W 도움을 받은 사람을 인터뷰한 취재 수첩 쓰기
❹ Happy Birthday p. 62	**음식 권하기 / 활동 제안하기** L 생일 선물을 살 곳 고르기 S 자신과 같은 주말 계획 가진 친구 찾기	학급 생일 파티를 준비하는 친구들의 SNS 대화	**4형식 문장 / to부정사의 부사적 용법(목적)** W 생일 축하 카드 쓰기

Special Lesson ① **The Fox and the Stork**
p. 80   배려를 주제로 여우와 황새 이야기를 새롭게 각색한 드라마

	Listening & Speaking	Reading	Grammar & Writing
❺ Wonderful World of Animals p. 84	**진술하기 / 요청하기** L 동물원에서 대화하는 사람 찾기 S 짝의 방 그림 완성하기	야생에서 서로 도우며 어려움을 극복하는 동물들의 이야기	**재귀대명사 / 원급 비교 표현** W 신기한 동물원의 안내문 쓰기
❻ Let's Have Fun at School p. 102	**좋아하는 것 말하기 / 능력 여부 묻기** L 물건 주인 찾기 S 친구들의 취미와 특기 조사하여 표 완성하기	합창 대회를 준비하는 학급 학생들의 문제 해결 과정을 그린 일기	**조동사 must / 동명사** W 학교 축제 체험 텐트 홍보문 쓰기
❼ Art Around Us p. 120	**원하는 것 묻기 / 이유 묻고 답하기** L 좋아하지 않는 음식과 그 이유 연결하기 S 사고 싶은 물건과 사는 이유 연결하기	음식으로 아름다운 미술 작품을 완성한 소녀 이야기	**과거진행형 / 최상급** W 푸드 아트 축제를 설명하는 이메일 쓰기
❽ My Good Friends p. 138	**걱정, 두려움 표현하기 / 충고하기** L 고민과 관계 있는 물건 고르기 S 고민에 대한 가장 좋은 충고 고르기	종이 눈송이를 통해 새 친구를 사귀는 소년 이야기	**감탄문 / 접속사 when** W '올해의 사진' 붙이고 한 해를 추억하는 글쓰기

1단원에서는 자기소개, 2단원은 좋아하는 것 묻기, 3단원은 도움을 제안하는 내용을 배웁니다. 4단원에서는 생일 축하와 관련된 다양한 활동 속에서 영어 표현을 익히고 5단원은 동물과 관련된 글을 읽고 요청하는 표현을 배웁니다. 6단원에서는 학교 행사를 준비하는 일기를 읽으며 일이나 사건의 순서와 전후 관계를 추론하는 능력을 기릅니다. 7단원은 원하는 것을 묻고 답하는 대화를 익히고 8단원에서는 친구에 대한 글을 읽고 충고하는 표현법을 배웁니다. 목차의 쓰기 부분을 보면 각 단원마다 필요한 영어 문법들도 함께 다루고 있습니다.

수행 평가 기준안과 준비 방법

영어 수행 평가는 학교마다 듣기, 말하기, 읽기, 쓰기 영역을 고른 비중으로 평가하는 곳이 많습니다. 문법 실력도 함께 평가할 수 있는 수행 평가로 '학교 행사 참가 소감문 쓰기' 영역을 예시로 살펴보겠습니다.

Step 4 주어진 질문들을 참고하여 자신이 참가한 학교 행사 중 하나를 선택하여 학교 행사 참가 소감문을 쓰시오.

1. What was the best or the worst school event in 2021?
2. What did you do at the event?
3. What did you feel at the event? (감탄문으로 표현하기)
4. You can add more sentences on your own.

조건 1. 최소 6문장 이상으로 작성할 것
조건 2. 마지막 문장을 감탄문 형식으로 쓸 것

My School Event : Song Contest

1. The song contest was the best school event for me in 2021.

2. It was on May 12th.

3. I took part in the contest because I am good at singing.

4. I practiced singing two hours every day for two weeks.

5. I sang my favorite song, "Sugar", and the audience gave me a big hand.

6. How exciting the contest was!

이와 같이 쓰기 영역 수행 평가는 채점 기준 근거를 마련하기 위해 필요한 조건을 제시하는 경우가 많습니다. 이에 맞추어 다음과 같이 채점하기 때문에 반드시 조건을 지켜서 작문할 수 있도록 알려 주시기 바랍니다.

채점 기준표

	4	3	2	1
구성	제시된 3개의 질문에 답을 제시하고 있으며 문장 간의 내용이 자연스럽게 이어져서 글의 전개가 매우 매끄러움.	제시된 3개의 질문 중 2개에 대한 답을 포함하고 있으며 문장 간의 내용이 대체로 자연스럽게 이어져서 글의 전개가 대체로 매끄러움.	제시된 3개의 질문 중 1개에 대한 답을 포함하고 있으며 문장 간의 내용 연결이 자연스럽지 않아서 글의 전개가 어색함.	제시된 3개의 질문에 답을 제시하지 못하였고 문장 간의 내용이 이어지지 못하고 서로 동떨어져 있으며 글의 전개가 매우 어색함.

표현의 우수성	정확하고 다양한 표현을 사용하여 학교 행사를 구체적으로 묘사하였으며 내용이 분명하게 전달됨.	대체로 정확하고 다양한 표현을 사용하여 학교 행사를 묘사하였으며 내용이 대체로 이해 가능함.	표현이 다소 부정확하거나 제한적이어서 학교 행사의 특징이 잘 전달되지 않고 있으며 내용의 전달이 다소 미흡함.	부정확한 표현의 사용이 많고 표현이 제한적이어서 학교 행사의 특징 전달이 어렵고 내용 전달이 이루어지지 못함.
언어 사용 및 문장 완성도	과거시제 사용의 오류가 전혀 없으며, 모든 문장을 완성형으로 사용하였음.	과거시제 사용의 오류가 다소 있으며, 가끔 완성되지 않은 문장을 사용하였음.	과거시제 사용의 오류가 여러 개 있으며 자주 완성되지 않은 문장을 사용하였음.	과거시제 사용의 오류가 매우 많고, 대부분 완성되지 않은 문장을 사용하였음.
분량/형식	감탄문을 포함하여 6문장 이상으로 작성하였으며 소감문의 형식에 맞추어 글을 썼음.	사소한 오류가 있는 감탄문을 포함하여 5~6문장으로 작성하였고 소감문의 형식에 대체로 맞추어 쓰려고 노력한 흔적이 보임.	중대한 오류가 있는 감탄문을 포함하여 4~5문장으로 작성하였고 소감문의 형식에 맞추려고 노력하였으나 미흡함.	감탄문을 사용하지 못하였고 3문장 이하로 작성하였으며 소감문의 형식을 갖추지 못함.
가독성	대소문자 사용, 마침표 등 구두점 사용이 정확하여 문장의 구분이 쉬우며 알파벳을 읽을 수 있도록 썼음.	대소문자 사용, 마침표 등 구두점 사용이 가끔 생략되어 문장의 구분이 힘든 부분이 있으며 가끔 읽기 힘든 알파벳이 있음.	대소문자 사용, 마침표 등 구두점 사용이 자주 생략되어 문장의 구분이 힘든 부분이 있으며 읽기 힘든 알파벳이 자주 있음.	대소문자 사용, 마침표가 무시되어 문장의 구분이 힘들고 읽기 힘든 알파벳이 많아 내용을 이해하기 어려움.
태도	주제로 정한 학교 행사에 강한 흥미를 가지고 어려운 표현을 사전이나 인터넷을 이용하여 적극적으로 찾아보는 등 매우 성실하게 임함.	주제로 정한 학교 행사에 흥미를 가지고 어려운 표현은 자신이 알고 있는 쉬운 표현으로 바꿔 쓰는 등 융통성을 발휘함.	자신이 정한 주제에 대해 자신이 아는 범위 내에서 표현하려고 노력함.	자신이 정한 주제에 대해 최선을 다해서 작성하고 모르는 영어 표현의 경우 한글로 표현하는 융통성을 발휘함.

영어 공부법

영어는 다른 과목과 다르게 단순히 학교에서 수업한 내용을 복습하는 것만으로는 의사소통 능력을 기르는 데 한계가 있습니다. 따라서 학교 공부와는 별개로 매일 기본적으로 영어 듣기, 영어책 읽기, 자기 수준에 맞는 독해 문제집 풀기, 단어 정리 같은 활동들을 꾸준히 한 시간 이상 진행해야 합니다. 여기에 덧붙여 학교에서 배우는 영어 학습 내용들도 다음과 같은 단계로 아이들이 공부할 수 있도록 알려 주시기 바랍니다.

1단계: 매주 주말에 다음 주에 배울 교과서 지문을 읽어 보고 모르는 단어를 찾아 단어장에 정리한 후 암기합니다.

2단계: 수업 중에 선생님 말씀에 집중하면서 중요한 내용들을 교과서에 필기합니다.

3단계: 그날 배운 교과서 내용을 다음과 같은 순서로 복습합니다.

ⓐ 교과서를 큰 소리로 낭독합니다.

ⓑ 교과서를 다시 묵독하면서 모르는 단어들이 있는지 체크합니다. (예습할 때 모르는 단어를 정리했지만 잊었을 경우에는 다시 단어장에 정리합니다.)

ⓒ 지문을 우리 말로 해석합니다.

ⓓ 수업 시간에 선생님께서 강조하신 내용이나 접속사, 전치사 등 중요한 내용들을 노트에 정리합니다.

ⓔ 예상 시험 문제를 한두 문제 출제해 봅니다.

간혹 영어를 잘하는 학생들 중에서 교과서 내용이 쉽다고 복습을 소홀히 여기는 경우가 있습니다. 그러나 수행 평가에서 높은 점수를 받으려면 교과서에 있는 이미지 하나까지도 꼼꼼하게 살펴보는 습관이 필요합니다. 중학교에서 영어 수행 평가를 실시하는 목적은 영어를 얼마나 잘하는지가 아니라 얼마나 성실하게 학교에서 배운 것을 제대로 공부했는지를 평가하고자 함이 더 크기 때문입니다. 아이들이 보다 큰 그림 속의 영어를 익혀 가면서도 학교에서 배우는 학습 영어도 잡을 수 있도록 체계적인 학습 시스템을 구축해 주시는 부모님들을 응원합니다.

사회

교육과정

중학교 1학년 사회 교과서 목차는 대부분의 출판사가 다음 페이지에 나오는 천재교육 출판사 교과서 목차와 비슷합니다. 1학기에는 초록색으로 돼 있는 지리를 배우고, 2학기에는 붉은 색으로 돼 있는 일반사회 내용이 진행됩니다.

1단원에서는 자연환경과 인문환경을 해석하는 데 위치의 중요성을 파악하고 지도 읽는 방법과 경·위도에 따른 생활 모습, 지리 정보 기술을 배웁니다.

2단원에서는 세계 기후 지역을 구분하고 열대 우림 기후, 지중해성 기후, 서안 해양성 기후, 건조 기후, 툰드라 기후 등에 대해서 배우고 각각의 생활 모습들을 살펴봅니다.

3단원에서는 산지와 해안 지형의 경관 특징과 형성 과정, 생활 모습을 살펴보면서 우리나라의 매력적인 자연경관을 찾아봅니다.

4단원에서는 여러 기준으로 문화 지역을 구분함으로써 문화 지역이 고정된 것이 아니고 기준에 따라 달라질 수 있다는 것을 배웁니다. 문화는 지역의 자연환경, 경제·사회적 환경, 다른 지역과의 교류에 영향을 받아 형성된 것으로 서로 다른 문화를 존중하는 자세를 가져야 한다는 것을 알게 됩니다.

5단원에서는 자연재해의 지리적 분포와 인간 생활에 미친 영향을 파악하고 자연재해로 인한 피해를 줄일 수 있는 방안을 함께 찾아봅니다. 6단원에서는 자원 분포의 편재성과 자원 소비량의 지역적 차이를 파악하고 자원 확보를 둘러싼 국가 간 경쟁과 갈등을 분석해 봅니다. 자원이 풍부한 지역이 내전과 빈곤에 시달리는 이유를 이해하고 지속 가능한 자원 개발을 고민해 봅니다.

2학기 일반사회가 시작되는 7단원에서는 사회화, 사회적 지위와 역할 등을 다루면서 역할 갈등과 사회 집단 내에서 나타나는 다양한 차별을 합리적으로 해결할 수 있는 능력을 기릅니다.

8단원에서는 문화를 이해하는 태도를 배우고 대중 매체와 대중 문화의 상호작용을 다룹니다.

9단원에서는 정치, 민주 정치의 발전 과정, 민주주의의 이념, 민주 정치의 기본 원리, 정부 형태를 배우고 10단원에서는 정치 과정, 정치 주체, 선거, 지방 자치 제도 등을 공부합니다.

11단원에서는 법, 법의 구분, 재판, 공정한 재판을 위한 제도를 다루고 12단원에서는 사회 변동과 현대 사회 문제를 고민해 보면서 마무리됩니다.

수행 평가 기준안과 준비 방법

사회 수행 평가는 보통 수업 중에 친구들과 함께 협의하면서 학생이 능동적으로 수행 평가 과제를 해결해야 하는 내용들이 많습니다. 예를 들어, 1단원 내가 사는 세계와 관련해서 '지리 정보 기술이 활용된 어플리케이션 또는 홈페이지 홍보 포스터 만들기 활동'이 있습니다. 팀별로 지리 정보 기술이 활용된 어플리케이션 또는 홈페이지를 조사하고 주제를 선정해서 제작을 위한 이미지나 문구를 회의한 후 각자의 역할을 분담해서 다음 페이지에 있는 것과 같은 창의적인 결과물로 표현할 수 있어야 합니다.

적절한 조사 대상 선정과 메시지의 독창적인 전달력을 동료평가로 진행하는 경우가 많기 때문에 사회 과목의 수행 평가를 준비하기 위해서는 의사소통 및 협업 능력이 중요합니다. 또 팀 안에서 자신이 맡은 역할을 성실하게 완수하는 책임감과 자신만의 아지도 어플의 종결자!

모두의 지도

모두의 지도

음… 분위기 좋고, 밤 늦게까지 하는 카페가 어디 있지?
구글에 검색해 볼까? … 안 나오네

이럴 때 참 난감하셨죠?
원하는 조건에 맞는 장소 찾기!

모두의 지도에선 가능합니다.

내가 원하는 조건의 장소 검색 가능!
자기가 원하는 조건에 맞는 키워드
입력만 하면 끝! 디테일한 조건까지 오케이

장소, 혹은 가게 정보 검색 가능!
간단하게 터치 한 번이면 가게의 간단한
정보부터 후기, 별점까지 한 번에 볼 수 있고,
직접 후기를 남길 수도 있음!

정확한 장소 검색 서비스 제공!
정확하고 보기 쉬운 지도 제공

이런 기능 가진 지도 어플 본 적 있으세요?

당장 앱스토어 고고

이디어를 제안할 수 있게 늘 응원해 주세요.

사회 공부법

중학교 사회 공부는 다음 세 가지를 하면 됩니다.

첫째, 매주 주말에 한 주 동안 배운 것을 복습하면서 중요한 용어나 내용들은 노트에 정리해 두어야 합니다. 특히 교과서에 나오는 경도, 위도 같은 용어들은 한자를 찾아보면서 그 개념을 정확하게 이해하고 넘어가야 합니다. 초등학교 때 익힌 씽킹맵을 활용해서 각 내용에 알맞은 틀로 조직화하는 시간도 필요합니다.

둘째, 사회는 다른 과목과는 다르게 교과서에 사진이나 그림, 도표나 그래프 같은 이미지 자료가 특히 많습니다. 그런데 아이들이 교과서 글에 집중하다 보면 이미지 자료들은 그냥 지나치는 경우가 많습니다. 사회 시험의 여러 문항들은 교과서 속 이미지 자료들을 활용해서 출제되는 경우가 많습니다. 따라서 도표나 그래프를 꼼꼼하게 해석하고 학습 목표와 연관지어 논리적인 결론을 도출하는 방법으로 공부할 수 있도록 도와주시기 바랍니다.

셋째, 사회과부도를 적극 활용하는 것이 좋습니다. 사회과부도에는 교과서를 보완해 주는 많은 자료들이 주제에 맞게 잘 구성되어 있습니다. 사회과부도에 있는 내용들만 정확하게 설명할 수 있어도 사회 공부의 절반은 끝난 것입니다. 바늘과 실처럼 늘 교과서와 사회과부도를 함께 챙겨 주세요.

과학

교육과정

중학교 1학년 과학은 다음 페이지(천재교육 출판사)에 나오는 것과 같이 크게 지구과학, 물리, 생명과학, 화학 네 부분으로 구성됩니다. 초등학교 때 공부했던 것에 비해 양도 방대해지고 내용도 눈에 보이지 않는 세계를 다루어야 하기 때문에 꼼꼼하고 꾸준한 학습이 필요합니다.

1단원에서는 지구 내부 구조와 지표를 이루는 암석의 특성을 공부합니다. 지진대와 화산대를 판의 분포와 관련지어 파악하고 지권의 변화를 살펴봅니다.

2단원에서는 우리가 사는 세계에 존재하는 여러 가지 힘 중에서 중력, 탄성력, 마찰력, 부력에 대해 배웁니다. 용수철을 이용하여 물체의 무게를 측정한 후 질량과 구분할 수 있어야 합니다. 빗면의 기울기를 이용하여 물체의 마찰력의 크기를 비교하고 액체 속에서 물체의 부력을 측정하면서 힘이 작용하여 나타나는 여러 현상에 대해 설명합니다.

3단원에서는 다양한 생물을 구분하는 분류 체계를 배우고 분류 기준에 따라 생물을 분류합니다. 생물 다양성의 의미를 이해하고 보전을 위한 활동들을 고민해 봅니다.

4단원에서는 기체가 입자로 구성되어 있다는 사실을 알고 기체의 확산과 증발 현상을 입자적인 관점에서 이해합니다. 기체의 압력 및 온도에 따른 부피 변화를 입자의 운동 상태 변화로 설명하고 이를 실생활 현상과 관련지어 설명할 수 있어야 합니다.

5단원에서는 물질의 세 가지 상태와 입자 배열, 기화, 액화, 융해, 응고, 승화, 녹는점, 어는점, 끓는점 같은 많은 용어들을 새롭게 배우고 상태 변화에 따른 열에너지 출입을 공부합니다. 물질의 상태는 구성하는 입자의 배열에 따라 달라지고, 입자의 배열은 온도에 따라 달라지기 때문에 온도에 따라 물질의 상태 변화가 일어난다는 것을 아이들이 이해할 수 있어야 합니다.

6단원에서는 물체를 보는 과정을 빛의 경로와 관련하여 이해하고 일상에서 사용하는 렌즈와 거울을 통하여 빛의 성질을 공부합니다. 빛의 삼원색을 다양하게 합성하고 거울과 렌즈에 의한 상의 특징을 관찰합니다. 또 파동의 종류를 횡파와 종파로 구분하고 소리의 특징을 진폭, 진동수, 파형으로 설명할 수 있어야 합니다.

7단원에서는 과학과 관련된 다양한 직업의 종류와 그 직업에 필요한 역량을 파악함으로써 진로 선택을 위한 기본적인 소양을 배우는 것으로 마무리됩니다.

수행 평가 기준안과 준비 방법

과학은 과목의 특성상 주로 실험·실습, 프로젝트, 조사 발표 형태로 수행 평가가 이루어집니다. 예를 들어, 2단원 '여러 가지 힘'에서는 '탄성력을 이용하여 힘의 크기를 측정하는 장치 만들기'라는 수행 평가 과제가 주어지는 학교가 있습니다.

이와 같은 탄성력 측정 장치를 고안할 때에는 장치 설계의 타당성과 창의성을 고려해서 제작해야 높은 평가를 받을 수 있습니다.

장치를 고안하는 참신한 아이디어를 얻을 수 있도록 다양한 자료를 찾아보고 고민할 수 있는 시간과 여러 번 직접 만들어 보는 시도 속에서 보다 완성도 높은 결과물이 나올 수 있도록 부모님께서 관심을 가져 주시면 좋겠습니다.

평가 영역	평가 요소	배점	성취수준			
			A	B	C	D
힘 측정 장치 고안	장치 설계의 창의성과 타당성	6	주어진 재료를 적절하게 선택하거나 새로운 재료로 장치를 만들었다. 눈금을 표시하고, 물체의 무게가 증가할수록 늘어난 길이의 변화량이 일정하게 제작하였다.	주어진 재료를 선택하거나 새로운 재료의 선택이 미흡하지만 장치를 만들었다. 눈금을 표시하고 물체의 무게가 증가할수록 눈금 값이 증가하도록 제작하였다.	재료 선택이 적절하지 않아 실험 설계가 미흡하나, 힘 측정 장치를 제작하기 위해 노력하였다.	힘 측정 장치 설계를 하지 못했다.

과학 공부법

중학교 과학을 공부할 때는 다음과 같은 교과서(미래엔 출판사) 각 단원의 첫 장 상단의 문구에 특히 주목해야 합니다.

---

1 | 1. 지구계와 지권의 층상 구조 |

지구계

핵심 개념
- [ ] 지구계
- [ ] 지구계의 구성 요소
- [ ] 지진파
- [ ] 지권의 층상 구조

학습 목표
- 꼬마 지구를 설계하여 계의 의미를 이해하고, 지구계를 설명할 수 있다.
- 지구계를 구성하는 요소를 설명할 수 있다.

과학 공부의 핵심은 매 단원 학습 목표를 아이가 정확하게 설명할 수 있는 것입니다. 즉, 1단원 지구계 공부를 마치고 나면 지구계와 구성 요소를 부모님이나 가족, 또는 인형에게 설명할 수 있는지 확인하시면 됩니다.

이를 위해 핵심 개념에 적힌 용어들은 노트에 정리한 후 자신에게 의미 있는 단어로 만드는 시간이 필요합니다. 예를 들어, 지구계를 공부할 때 '계'의 한자 뜻을 찾아보고 쓰이는 단어를 알아봄으로써 지구계의 의미를 '지구를 몇 개로 묶어 놓은 것'이라고 스스로 정리해 볼 수 있습니다. 영어로 system인 것으로 보아 '체계'라는 말로도 바꾸어 쓸 수 있겠다는 추측도 해 보는 시간이 필요한 것입니다. 또 정교화 방법을 활용해서 초등 때 단순히 육지와 바다로 나누었던 지구를 지권, 수권, 기권, 생물권, 외권으로 확장해서 나눈다는 것도 연결할 수 있어야 합니다.

다음으로 과학 과목의 특성상 반드시 "왜?"라는 질문을 늘 가지고 공부하는 습관을 가져야 합니다. 과학은 자연현상에 대한 의문으로부터 시작되어 논리적으로 인과 관계를 밝혀낸 학문이기 때문입니다. 지진과 화산은 왜 발생하는지, 탁구공이 물 위에 뜨는 이유가 무엇인지를 자신에게 물어보고 대답할 수 있어야 합니다. 이 과정 속에서 학습 목표에 정확한 설명을 할 수 있을 것입니다.

마지막으로 한 단원이 끝나면 백지노트나 마인드맵 틀을 활용하여 배운 내용 전체를 조직화하고 정리하는 시간이 필요합니다. 과학은 용어나 법칙, 실험 과정 등 기억해야 하는 내용들이 많기 때문에 주기적으로 학습 내용들을 복습하고 인출할 수 있도록 도와주시기 바랍니다.

학교생활기록부

학교생활기록부는 학교생활기록부 종합 지원포털(star.moe.go.kr)에 의하면 다음 세 가지 내용으로 정의되어 있습니다.

- 학생의 학교생활 태도 및 학습 성장 변화를 담아내는 학생 종합 성장 보고서
- 교사가 학생의 성장과 학습 과정을 상시 관찰, 평가한 누가 기록 중심의 종합 기록
- 학생의 학업성취도 및 인성 등을 종합적으로 관찰, 평가하여 학생 지도 및 상급 학교의 학생 선발에 활용할 수 있는 자료로 관리되는 법정 장부

즉, 학교생활기록부는 교사가 아이의 학교생활 전반을 총체적으로 기록한 법정 장부입니다. 단순히 상급 학교 진학만을 위한

목적이 아닌 초등학교에서부터 고등학교까지의 아이를 부모님이
관찰하실 수 있는 신뢰할 만한 자료입니다. 따라서 학교생활기록
부는 가끔씩이라도 꼭 챙겨 보셨으면 하는 마음입니다.

학생정보	(내)자녀등록	홈 > 학생정보 > (내)자녀등록

학생정보

- 시간표
- 출석부
  - 출석현황
  - 출석상세조회
- 학교생활기록부
  - 학교생활기록부
  - 창의적체험활동
- 교육비납입현황
- 성적
  - 성적
  - 교과평가
- 성적표
- 교사별 정·오답표
- 성적분석
  - 향상도(세부)
  - 교사별점수
  - 성적변화
- **(내)자녀등록** >
- 자녀정보조회

(내)자녀등록   홈 > 학생정보 > (내)자녀등록

> 신청자(학부모)정보
*표시는 필수입력항목입니다.

* 이름	[ ]	'성'과 '이름'을 붙여 입력하시기 바랍니다.
* 생년월일	[ ]	예) 1993년 12월 31일인 경우 19931231 입력
이메일	[ ]	
연락처	02 ∨ - [ ] - [ ]	
휴대폰	010 ∨ - [ ] - [ ] SKT ∨	

- 개인정보처리방침에 동의하십니까?   □ 네. 동의합니다.
- 향후 제공하는 학부모서비스 관련 정보를
  안내받으시겠습니까?   □ SMS (문자메시지) 수신여부

[수정]

>대상 학생 정보

| 학교 | [   ] | 학교찾기 |
| 학생이름 | [   ] 관계 [   ] 생년월일 [   ] |

[신청] [취소]

※ 신청대상학생 : 재학생에 한함(졸업생은 열람 신청 및 조회 안 됨)
※ '관계'란에는 학생과의 관계를 입력(예: 부, 모, 법정대리인 등)
※ 신청버튼을 누른 뒤, "신청정보가 존재합니다'라는 창이 뜨면 서비스소개 및 신
   청)자녀정보조회 메뉴를 클릭하여 자녀의 신청정보가 존재하는지 확인해 보시기
   바랍니다.
※ 생년월일(8자리) 입력 방법, 예) 1993년 12월 31일인 경우, 19931231 입력

나이스 학부모서비스(neis.go.kr)에 접속하셔서 회원 가입 후 인증서 등록을 하면 학교생활기록부의 모든 항목을 열람하실 수 있습니다. 우리 아이의 자료를 보기 위해서는 로그인 후 앞의 페이지에서처럼 '(내)자녀등록' 후 담임 선생님께서 승인해 주시면 됩니다.

학교생활기록부 구성

학교생활기록부에는 학생 기본사항, 비교과활동, 행동특성 및 종합의견, 교과학습 발달상황 네 가지 기재 항목이 있습니다.

[기재 항목]

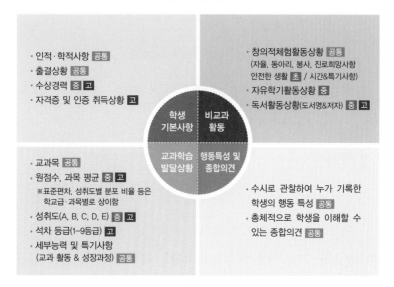

학교생활기록부 각 항목의 대략적인 내용들은 다음과 같습니다.

	항목	내용
학생 기본사항	학반 정보	학년, 반, 번호, 담임 성명
	인적·학적사항	성명, 성별, 사진, 주소, 주민등록번호로 구성된 인적 사항 및 전·입학 같은 학적 변동 사항
	출결상황	각 학년 수업일수와 사유에 따른 결석일수 및 지각, 조퇴, 결과(수업 시간의 일부 또는 전부에 불참하는 경우) 횟수
	수상경력	교내 수상 내용
비교과 활동	창의적체험 활동상황	자율활동, 동아리활동, 진로활동에 관련된 특기사항
	봉사활동실적	봉사활동 기간, 장소, 활동 내용, 시간
	자유학기 활동상황	자유학기에 실시한 활동 영역별 이수시간 및 특기사항
	독서활동상황	학생이 읽은 책의 도서명과 저자
교과학습 발달상항	교과목	학업 성취도와 원점수 및 과목 평균, 과목별 세부 능력 및 특기사항
행동특성 및 종합의견		담임 교사가 일 년 동안 학생을 관찰한 사실에 기초하여 작성한 학습 및 인성에 관련되는 종합적인 의견

지역별로 약간씩 차이는 있지만 교과학습 발달상황 외에 비교과활동들도 고입 내신 성적에 반영되는 경우가 대부분입니다. 참고로 다음은 2022학년도 경기도 고등학교 입학 전형 일부입니다.

3. 중학교 내신 성적은 교과활동상황 150점, 출결상황 20점, 봉사활동 실적 20점, 학교활동(수상실적 및 자치회 임원 활동) 실적 10점, 총 200점으로 산출한다.

4. 자유학년제 시행 학년의 교과활동상황 성적은 고입 전형을 위한 내신 성적에 반영하지 않는다.

다음은 서울특별시 고등학교 입학 전형 일부를 발췌한 것입니다.

나. 고등학교 입학 전형을 위한 **고입 전형 점수 총점은 300점**으로 하고, 『교과학습 발달상황(이하 "교과"라 한다) 점수』 240점(80%), 『출결상황(이하 "출결"이라 한다) 점수』 24점(8%), 『행동특성 및 종합의견(이하 "행동발달"이라 한다) 점수』 12점(4%), 『창의적체험활동 중 자율활동, 동아리활동, 진로활동(이하 "창체활동"이라 한다) 점수』 12점(4%), 『창의적체험활동 중 봉사활동(이하 "봉사활동"이라 한다) 점수』 12점(4%)으로 구성한다.

고입 점수 총점	고입 교과 점수	고입 비교과 점수(60점, 20%)			
		출결	행동발달	창체활동	봉사활동
300점	240점	24점	12점	12점	12점
	(80%)	(8%)	(4%)	(4%)	(4%)

다. 고입 교과 점수는 2, 3학년에서 이수한 과목의 성적을 반영하고, 출결, 행동발달, 창체활동, 봉사활동 점수는 전 학년(全學年)을 반영한다.

중학교 1학년 때부터 출결상황, 봉사활동실적, 수상경력 및 창의적체험활동상황에 대한 학교생활기록부 준비가 필요합니다. 꼭 고입 내신 성적 때문에 각종 교내 활동에 적극적으로 참여하는 것은 아닙니다. 이 사회에서 성공하기 위해서는 적극적인 자기 관리가 필요합니다. 중학교는 성인이 되기 전에 이를 배워 가는 하나의 과정인 것입니다. 고입정보포털(hischool.go.kr) 사이트에 접속하시면 각 지역별 고등학교 입시 정보를 자세하게 살펴보실 수 있습니다. 담임 선생님도 학생들에게 설명해 주시지만 부모님들도 미리 알고 계셔야 우리 아이들이 잘 준비하고 있는지 살펴 주실 수 있습니다. 그렇다면 만족스러운 학교생활기록부를 얻기 위해서는 어떤 준비를 해야 할까요? 지금부터는 비교과 점수를 관리하는 방법을 자세히 설명해 드리겠습니다.

독보적인 학교생활기록부 준비

출결상황

출결상황은 학생의 성실함과 책임감을 판단하는 척도로 질병이나 기타 결석 등은 출결상황 점수에 영향을 안 미칩니다. 담임 선생님이나 교과 선생님께 미리 말씀 안 드리고 특정한 사유 없이 학교에 결석하거나 수업에 빠지면 출석부에 사유가 '미인정'으로 표기되며, 이 경우 점수는 만점에서 횟수에 따라 구간별로 깎입니다. 다음은 경기도 출결상황 내신 점수 산출표 예시입니다.

[학년별 출결상황의 내신 점수 산출표]

결석일 수	0	1	2	3	4	5	6일 이상	비고
비율(%)	100	90	80	70	60	50	40	
1학년 [6점 만점]	6	5.4	4.8	4.2	3.6	3.0	2.4	
2학년 [7점 만점]	7	6.3	5.6	4.9	4.2	3.5	2.8	
3학년 [7점 만점]	7	6.3	5.6	4.9	4.2	3.5	2.8	

미인정 지각·조퇴·결과는 이를 합산하여 3회를 미인정 결석 1일로 계산하고 2회 이하 버림합니다. 따라서 한 학년에 미인정 지각·조퇴·결과는 합해서 2회를 넘으면 안 됩니다. 학교에서 급하게 수업을 빠져야 한다면 아이가 담임 선생님이나 교과 선생님께 말씀드리는지 꼭 확인해 보시기 바랍니다.

창의적체험활동상황

창의적체험활동상황은 크게 자율활동, 동아리활동, 봉사활동, 진로활동으로 이루어지며 첫 글자를 따서 보통 '자동봉진'이라고들 부릅니다. 대학 입시 공정성 방안 중의 하나로 2024학년도 대입부터는 개인 봉사활동 실적이 미반영되고 봉사활동 특기사항이 학교생활기록부에 미기재되기 때문에 자율활동, 동아리활동, 진로활동에 초점을 맞춰서 준비하시면 됩니다.

자율활동은 크게 학급회, 학생회 등의 자치활동과 교내 행사활동, 그리고 인터넷중독예방교육, 성폭력예방교육 같은 적응 활동으로 구성됩니다. 자율활동 준비를 위해서는 아이가 체육대회나 현장학습 같은 학교 행사에 적극적으로 참여하고 학급의 반장이나 부반장으로서 자치회 임원 활동을 할 수 있는 기회를 가질 수 있도록 도와주시면 좋습니다. 학교에 따라 선행 부문이나 모범학생 표창을 받은 학생들은 학업성적관리위원회 회의를 거쳐 자율활동 가산점이 부여될 수도 있습니다.

동아리활동은 학교에서 정식 운영하는 정규 동아리와 그 속에 원하는 동아리가 없거나 좀 더 깊이 있는 활동을 위해서 학생들이 자율적으로 운영하는 자율 동아리가 있습니다. 자율 동아리를 개설하기 위해서는 학기 초에 동아리 구성원들을 모은 후 지도교사를 섭외해야 합니다. 그 후 동아리 담당 선생님께 말씀드리고 동아리 운영 계획서를 받아서 작성하고 제출합니다. 학교장 승인을 거치면 자율 동아리 활동을 시작할 수 있습니다. 2024학년도 대입부터는 학생들의 자율 동아리 활동 내용이 반영되지 않지만 동아리활동은 중학교에서 마음에 맞는 친구들과 공통 관심사에 대해 이야기 나누고 성장할 수 있는 좋은 기회입니다. 더 나아가 동아리 회장처럼 적극적인 동아리활동은 담당 선생님께서 작성해 주시는 특기사항을 알차게 채울 수 있는 자료가 됩니다. 다음 페이지는 중학교에 개설되는 정규 동아리 종류의 예시입니다.

진로활동은 자유학년제와 연계하여 자기이해활동, 진로 정보 탐색활동, 진로 계획활동, 진로 체험활동 등으로 이루어집니다. 2025년부터 고교학점제가 전면적으로 시행되면 학생들은 고등학교 1학년 때 자신의 진로에 맞는 과목을 선택해서 이수해야 합니

[중학교 정규 동아리 예시]

프라모델반	마술반	화장품 만들기
컬러링 도안	토탈 생활소품반	문학과 문화
사물놀이	엔트리 수업	길 위의 인문학
당구반	일러스트레이션	틴커캐드
볼링반	스토리텔링 수학	역사 탐구반
영화 토론방	탁구반	RCY
명화 그리기	바리스타반	도서반
직소퍼즐 맞추기	배드민턴	방송반

다. 따라서 중학교 진로활동은 단순히 창의적체험활동의 한 부분이 아니라 아이의 인생을 결정할 수 있는 중요한 기회가 될 수 있습니다. 또 대학에서는 전공에 대한 관심과 호기심을 충족시키기 위해 학생이 어느 정도 노력했는지를 알아보고자 전공적합성도 평가합니다. 이를 준비하기 위해서는 중학교 때 각종 진로 검사를 통해 자신을 이해하고 적극적으로 진로 정보를 탐색한 후 자신의 관심사에 대해 깊이 공부하고 체험해 보는 활동들이 필요합니다. 이를 통해 아이는 높은 학습 동기와 한 분야의 전문가라는 두 마리 토끼를 모두 잡을 수 있을 것입니다. 진로와 관련된 활동들 후에는 아이만의 진로 노트를 만들어서 11월 말쯤 담임 선생님께 제출할 수 있도록 알려 주시면 훨씬 더 풍부한 진로활동 특기사항이 학교생활기록부를 채워 줄 것입니다.

봉사활동 실적

창의적체험활동상황에 있는 봉사활동 부분이 약화되었다 해도 고입 내신 성적에는 봉사활동 실적이 반영되는 곳이 많습니다. 따라서 학교 교육 계획에 따른 봉사활동에 적극적으로 참여하고 봉사활동 실적이 부족할 경우에는 개인적으로 봉사활동 신청서와 확인서를 작성해서 제출해야 합니다. 다음은 서울 지역 봉사활동 실적에 따른 고입 내신 성적 반영 방법을 나타낸 표입니다.

연간 이수 시간	학년당 점수
15시간 이상	4점
12시간 이상 15시간 미만	3점
12시간 미만	2점

대부분의 학교에서는 교내 봉사활동만으로도 연간 이수 시간을 채울 수 있게 교육 계획을 작성하지만 결석이나 피치 못할 사유로 채우지 못했을 경우에는 1365 자원봉사포털 또는 사회복지자원봉사인증관리(vms.or.kr) 사이트에 접속하시면 봉사활동 정보를 얻을 수 있습니다.

2021학년도 고입에서는 코로나 시국이라는 특수한 상황 때문에 시간에 관계 없이 봉사활동 실적을 만점으로 처리하는 지역이 많았습니다. 이렇듯 상황과 지역에 따라 봉사활동 실적에 따르는 점수는 달라질 수 있겠지만 가능하다면 중학생들에게 봉사활동을 할 수 있는 소중한 기회가 있었으면 하는 게 제 개인적인 바람입니다. 봉사활동을 하면서 배려심과 인내심을 배울 수 있을 뿐만 아니라 선한 심성의 친구들을 만날 수 있는 좋은 기회이기 때문입니다. 스스로 우러나오는 마음에서 봉사활동을 하는 학생들 중에서 나쁜 길로 빠지는 아이들을 본 적이 없습니다. 어쩌면 봉사활동 현장에서 아이들이 깨닫는 삶의 기쁨이 국영수 과목 공부보다 더 중요할지도 모릅니다. 대학 너머 아이들의 삶의 지혜까지도 준비해 주시는 지혜로운 부모님들의 모습을 기대합니다.

과목별 세부능력 및 특기사항

학교생활기록부 비교과 영역의 대입 반영 비율이 대폭 축소되면서 중요하게 부각되고 있는 부분이 보통 과세특이라고 부르는 과목별 세부능력 및 특기사항입니다. 중학교는 고등학교에 비해서 그 중요성이 조금은 덜하다 해도 과세특을 보면 그 학생의 학교생활을 어느 정도는 파악해 볼 수 있을 정도로 많은 정보를 담고 있는 항목입니다. 우선, 많은 교과 선생님들께서 1년 동안 관찰한 내용을 작성하시는 만큼 다양한 전문적 시선과 평가를 볼 수 있습니다. 학업성취도만으로는 알 수 없었던 각 과목에 대한 학생의 흥미도뿐만 아니라 배움에 임하는 태도나 모둠 활동을 할 때 친구들과 협력하는 모습을 통해 인성적인 부분도 알 수 있습니다. 비록 현재 시험 성적은 낮을지라도 적극적으로 수업에 참여하는 과정 속에서 배움이 일어나고 그 배움을 통해 성장하는 모습도 볼 수 있습니다.

수학 과목은 보통 한 선생님께서 다섯 반을 담당하시면서 일주일에 네 시간씩 수업을 합니다. 각 반 수업을 하다 보면 과세특에 써 주고 싶은 말이 넘쳐나는 학생들이 있습니다. 반면에 두 줄 정도 상투적인 문장을 쓰고 나면 더 이상 할 말이 생각나지 않는 학생들도 많습니다. 오랫동안 학교생활기록부 내용들을 읽어 보고 작성해 오다 보니 이제는 지난 학년 수학 과목 과세특을 읽어 보면 그 학생의 올해 수업 모습이 그려집니다. 제가 이런데 대학에 계시는 입학사정관 분들은 더 쉽겠지요? 어떻게 해야 그분들 눈에 띄는 과세특을 채울 수 있을까요?

가장 중요한 것은 수업하시는 교과 선생님 눈에 띄는 것입니다. 수업 시간에 집중하고 적극적으로 발표하며 성실하게 과제를 수행하는 학생은 숨어 있어도 금방 눈에 띕니다. 궁금하거나 모르는 부분이 있으면 선생님께 질문도 하고 긍정적인 눈빛으로 최선을 다하는 학생은 선생님도 사람인 이상 최선을 다해 그 학생의 과세특을 작성합니다. 물론, 과세특을 잘 채우기 위해서 열심히 수업에 임하는 학생은 없습니다. 중학생이 된 아이와 학생으로서 갖추어야 할 수업 태도에 대해 함께 이야기 나눠 보는 부모님 덕분에 아이들은 최선을 다합니다. 아이가 찾아낸 바른 수업 태도를 실천할 수 있도록 응원해 주시는 부모님과 함께하는 아이들의 과세특은 어디서나 빛날 것입니다.

수상경력

학교생활기록부 수상경력에는 사교육을 유발하는 입학 전형 요소 배제의 일환으로 교내 수상만 입력하고 교외 수상은 입력하지 않습니다. 수상경력을 통해 교내에서 수상한 상의 명칭, 등급, 수상 연월일, 수여기관, 참가 인원을 알 수 있습니다. 되도록 교내에서 열리는 각종 대회에는 아이가 한 번쯤 도전해 보고 정성껏 완성해 보는 경험을 갖기를 추천합니다. 비록 대회에서 수상하지 못한다 할지라도 완수의 경험은 도전할 수 있는 용기를 키워 줍니다. 1부에서 말씀드렸지만 학습 동기에 불을 지피기 위해서라도 각종 대회에 참여해 보는 것은 좋은 경험이 됩니다. 학교생활기록부 기재를 목적으로 하는 것이 아니라 대회 참여라는 씨를 뿌린 후 결과를 기다리는 재미를 아이에게 선물해 줌으로써 '뿌린 대로 거둔다'는 의미를 아이가 깨닫게 되면 좋겠습니다.

독서활동상황

학교마다 약간씩 차이는 있지만 독서활동상황 기록을 위해서 보통 담임 선생님께서 학기 초에 독서기록장 양식을 배부해 주십니다. 독서활동상황에 기록을 남기고 싶은 학생들은 독서기록장을 작성해서 학기말에 담임 선생님께 제출하면 선생님이 독서활동에 특기할 만한 사항이 있는 학생을 대상으로 읽은 책의 제목과 저자를 독서활동상황에 입력합니다. 2024학년도 대입부터 독서활동상황은 반영되지 않지만 독서는 모든 공부의 기본입니다.

지금까지 학교생활기록부의 많은 항목들을 준비하는 방법들을 알려 드렸지만 부모님께서 반드시 기억하셔야 하는 것이 하나 있습니다. 아이가 학교생활기록부를 관리하고 준비해야 하는 것은 맞지만 학교생활기록부가 결코 목적이 되어서는 안 됩니다. 독서활동상황이 대입에 미반영되는 순간부터 독서는 하지 않아도 된다는 생각은 위험합니다. 좁게는 대입이 어떻게 바뀔지 아무도 알 수 없고 넓게는 아이가 중학생 때 배우고 체험하는 시간의 역사는 학교생활기록부 안에 기록되기보다는 성인이 된 후 사회 생활 밖에서 증명되어야 하기 때문입니다. 아이의 스무 살을 바라보는 부모님의 양육 목표를 달성하기 위해 한 단계씩 차근차근 준비해 나갈 때 학교생활기록부는 자연스럽게 풍성해질 것입니다. 그런 학생들은 드러나지 않아도 담임 선생님께서 금방 알아보십니다. 그리고 그 누구에게도 적어 주지 못했던 그 아이만의 소중한 이야기들을 행동특성 및 종합의견으로 채워 주실 것입니다. 그런 학생들을 우리 학급에서 많이 만날 수 있기를 희망합니다.

자유학년제

자유학년제란 중학교 1학년 2개 학기 동안 교과 및 창의적체험 활동 시간을 활용하여 학생의 희망과 관심을 반영한 다양한 활동 들을 운영하는 제도입니다. 모든 학생들이 동시에 치르는 지필 평 가를 실시하지 않고 학생 중심 수업 및 과정 중심 수행 평가를 진 행합니다. 2016년 전국 모든 중학교에 전면적으로 도입되었던 자 유학기제가 2020년부터는 자유학년제로 확대되어 전국 96% 이상 의 중학교에서 운영되고 있습니다.

자유학년제의 가장 큰 특징은 아이들에게 진로 탐색의 여건과 여유를 선물해 준다는 것입니다. 2025년 고교학점제가 전면적으 로 실시되면 아이들은 고등학교 1학년 때 자신의 진로에 따른 선 택 과목을 결정해야 합니다. 자유학년제의 시간을 충분히 활용해 서 아이들이 진로를 고민하고 체험할 수 있도록 본문의 1부 1장

〈진로 탐색〉페이지를 참고해 부모님께서 도와주시기 바랍니다.

자유학년제의 두 번째 특징은 학생 참여형 수업의 확대입니다. 총괄식 지필 평가를 치르게 되면 아무래도 교사 중심 수업이 진행될 가능성이 높습니다. 자유학년제 기간 동안 학생들이 관심 있는 활동들을 선택해서 참여하고 교과 영역에서는 과정 중심 수행 평가가 진행됨으로써 적극적으로 학교생활을 할 수 있는 토대가 마련되었습니다. 그렇다면 학생들은 학교에서 어떤 영역의 활동들을 선택할 수 있는 것일까요?

자유학년제 때 학교에서 할 수 있는 활동들

학생들은 다음 표에 제시된 네 가지 영역들 속에서 자신이 흥미 있어 하는 활동들을 선택해서 1년 동안 경험해 볼 수 있습니다.

영역	활동 내용
진로탐색활동	학생들이 적성과 소질을 탐색하여 스스로 미래를 설계해 나갈 수 있도록 체계적인 진로학습 기회 제공
주제선택활동	학생의 흥미, 관심사에 맞는 체계적이고 심층적인 학생 중심의 인문사회, 탐구, 교양 프로그램
예술·체육활동	학생의 희망을 반영한 다양한 문화·예술·체육 활동
동아리활동	학생들의 공통된 관심사를 바탕으로 구성된 자발적, 자율적인 학생 중심 활동

진로탐색활동에서는 자기탐색, 세상탐색, 직업탐색 속에서 자신의 미래와 현재를 연결하는 시간을 갖습니다. 진로검사, 초청 강연, 포트폴리오 제작 활동, 현장체험 활동, 직업 탐방, 모의 창업 등 다양한 활동들이 진행됩니다.

주제선택활동에서는 교과에서 확장된 심층적인 '주제'를 가지고 일반 교과 수업 시간에서는 다루지 못했던 전문적인 학습 내용들을 다룹니다. 꿈꾸는 소설 쓰기, 톡톡 튀는 고전 토론, 도란도란 철학이야기, 놀이로 만나는 기하의 세계, 수학으로 보는 과학과 예술, 영어 신문 만들기 등 관심 분야를 더 깊이 공부할 수 있습니다.

예술·체육활동은 음악, 미술, 체육 과목에서 확장된 연극, 뮤지컬, 오케스트라, 작사·작곡, 벽화 그리기, 디자인, 축구, 농구 등에 참여하면서 학습 스트레스를 이기고 인성과 감성을 함께 키워 나갈 수 있는 기회가 됩니다.

동아리활동은 보통 창의적체험활동 속에 있는 동아리활동과 연계해서 진행됩니다. 이러한 학생들의 자유학년 활동 내용들은 학교생활기록부 자유학기활동상황에 기록됩니다. 활동 영역별로 이수 시간과 평소 담당 교사가 학생을 수시로 관찰한 후 참여도나 흥미도 등을 특기사항에 기재합니다.

자유학년제 때 부모님이 챙겨야 할 세 가지

예전에 고등학교에 근무하는 동료 교사로부터 전화 한 통을 받은 적이 있습니다. 학생 다섯 명 정도가 선택 과목을 도저히 고르지 못해서 담임 선생님께 선택해 달라고 부탁했다는 것이었습니다. 선생님의 고민과 아이들의 고통이 고스란히 느껴졌고, 이 상황이 참으로 안타까웠습니다. 자유학년제 기간 동안 지필 평가를 치르지 않기 때문에 위의 학년 수학 진도를 미리 공부하느라 애쓰다 보면 중학교 1학년 때 반드시 해야 하는 일들을 놓치게 됩니다. 시간은 한정되어 있기 때문입니다. 그렇다면 자유학년제 기간 동안 우리 아이들이 중요한 것을 놓치지 않도록 부모님이 꼭 챙겨야 하는 것들은 무엇이 있을까요?

진로 체험활동

초등학교 때 진로 탐색과 각종 검사로 학습 동기에 불을 지폈다면 중학교 1학년 때는 본격적으로 진로 체험활동을 통해 자신과 현장을 연결해 보는 시간이 필요합니다. 학교에서도 진로 체험활동들이 진행되지만 인원과 시간 제약 때문에 한 번의 추억으로 끝날 가능성이 있습니다. 더 실제적이고 우리 아이에게 맞춘 살아 있는 진로 체험활동들을 부모님이 알아봐 주셔야 합니다.

예를 들어, 약사가 되고 싶은 아이라면 약국에 직접 방문해서 양해를 구하고 하루 동안 일을 도와주면서 약사의 생활을 미리 경험해 보는 것도 한 방법입니다. 기업가가 되고 싶은 아이는 온라인창업체험교육 플랫폼 YEEP(yeep.go.kr)에 접속해서 가상창업 체험을 해 보는 것도 추천합니다. 한국잡월드(koreajobworld.or.kr)

또는 진로체험망 꿈길(ggoomgil.go.kr) 사이트를 살펴보면 청소년들을 위한 많은 진로 체험활동들이 안내되어 있습니다. 아이들이 피상적으로 꿈을 그리는 것과 꿈을 직접 경험해 보는 것과는 큰 차이가 있습니다. 아이들은 진로 체험활동 속에서 자신이 생각했던 직업이 현실 속에서는 다른 모습이라는 것을 발견할 수도 있습니다. 또는 설레는 꿈을 향해 가슴 뛰는 공부를 할 수 있는 길을 찾을 수도 있을 것입니다. 그 가능성의 장을 부모님들께서 펼쳐 주시면 좋겠습니다. 2학년만 되어도 바빠지는 일상이라 진로 체험활동은 사치가 될지도 모릅니다. 부디 현 교육 제도를 잘 활용하시어 고등학교에서 선택 과목 고르는 것을 담임 선생님께 부탁하는 우를 범하지 않았으면 하는 바람입니다.

멘토와의 만남

중학생이라는 시기는 그 특성상 부모님이 아이들에게 미칠 수 있는 영향력이 미미합니다. 이때는 부모님께서 아이들을 직접 끌고 가려고 하지 마시고 한 발자국 물러선 우회 전술을 택하는 것이 좋습니다. 아이들이 가고 싶어 하거나 부모님께서 아이들을 인도하고 싶어 하는 곳에 미리 도착해 있는 훌륭한 분들과 아이들과의 만남을 주선해 주시는 것입니다. 요리하는 것을 좋아하는 아이를 위해 유명한 셰프에게 아이가 한 번 만나고 싶어 한다는 간절한 메일을 보내거나 온라인 게임 제작을 꿈꾸는 아이를 위해 엔씨소프트 회사에 용감하게 전화를 해 볼 수도 있습니다.

저는 딸이 미네르바 스쿨이라는 대학에 입학했으면 하는 바람이 있었습니다. 평소에 딸에게 가끔씩 지나가는 말처럼 미네르바 스쿨이 얼마나 멋진 곳인지 알려 주곤 했지만 아이가 큰 관심을 보이지는 않았습니다. 그러던 어느 날 우연히 유튜브에서 미네르바 스쿨을 졸업한 우리나라 학생의 강연을 보고 감동의 마음을 전하는 메일을 보냈습니다. 놀랍게도 답장이 왔고 저는 딸과 미네르바 졸업생과의 만남을 이어 줄 수 있었습니다. 그분에게서 미네르바 스쿨의 생생한 이야기를 전해 들은 딸은 이제 미네르바 스쿨 입학을 꿈꾸는 아이가 되었습니다.

자라나는 청소년들에게 가장 큰 영향력을 줄 수 있는 훌륭한 분들을 부모님께서 아이들에게 많이 소개해 주시면 좋겠습니다. 부모님의 적극성과 용기가 있다면 우리 아이에게 사회적 자본을 얼마든지 쌓아 줄 수 있습니다. 초등학교 때 탐색했던 아이의 흥미 영역의 전문가를 알아보고 아이와 만남의 기회를 만들어 주시기 바랍니다. 물론 직접적인 만남이 힘들 경우에는 간접적인 방법으로 연결해 주시는 것도 좋습니다. 진로에 관련되는 책이나 영상 자료를 통해서도 우리 아이들은 많은 멘토들을 만날 수 있습니다. 아이 삶의 터닝포인트가 된 만남을 위해 부모님께서 수고로움을 마다하지 않으셨다는 것을 먼 훗날 우리 아이가 알게 되면 부모님의 그 깊은 사랑에 가슴 먹먹해지는 감동을 느낄 것입니다.

고등학교, 대학교 탐방

자유학년제 기간 동안 부모님이 챙겨 주셔야 할 마지막 활동은 고등학교, 대학교 탐방입니다. 아이가 어렴풋이 꿈꾸고 있는 상급 학교의 모습을 마음속에 각인시켜 주시면 좋겠습니다. 부모님이 바쁘시거나 친구들과 함께 가고 싶어 하는 경우에는 각 학교 탐방 프로그램들도 많이 있으니 아이에게 물어보고 신청해 주시는 것도 괜찮습니다. 중요한 것은 아이의 마음속에 가고 싶은 학교에 대한 '동경심'을 심어 주는 데 있습니다.

예전에 제가 중1 때 담임을 맡고 중3 때 다시 만난 여학생이 있었습니다. 중1 때는 수업 태도가 별로 좋지 않은 학생이었는데 중3이 되면서 무섭게 공부하는 모습을 보고 이유가 궁금해서 물어본 적이 있었습니다. 그 학생의 대답이 놀라웠습니다.

"선생님, 제가 부모님과 이대 맛집에 놀러 갔다가 캠퍼스 구경을 했는데요. 너무 예뻐서 반드시 그곳에 입학하겠다고 결심했거든요. 입학식 때 열어 볼 타임캡슐도 묻었어요. 타임캡슐 개봉하려면 공부 열심히 해야 하거든요."

아이들의 변화는 때로 전혀 예상치 못한 지점에서 시작되기도 합니다. 대학교의 넓은 잔디밭을 바라보며 낭만을 꿈꾸는 시간 속에서 아이들은 앞으로의 5년을 새롭게 다짐하게 될 것입니다. 그곳으로 가는 길을 준비해 주시는 부모님들을 응원합니다.

2학년

중학 생활의 화룡점정

우리 아이가 어느새 어떤 잘못을 해도 용서가 되던 앳된 1학년을 지나 김정은도 무서워한다는 중2가 되었습니다. 부모님들께 중2는 어떤 느낌인가요? 감히 범접할 수 없는 폭발물처럼 아슬아슬한 시기이지만, 그래도 첫 지필 평가를 잘 볼 것이라는, 절대 포기할 수 없는 한 가닥 기대로 중2 부모님들은 버티어 갑니다. 그 애달픈 심정을 누구보다도 잘 알기에 7년이라는 시간 동안 정성껏 그려 온 용의 눈동자를 어떻게 잘 찍어야 하는지 알려 드리고 싶었습니다.

중2는 초등학교 때부터 중1까지 준비해 온 모든 학습 시스템과 역량들이 찬란하게 꽃 피는 시기입니다. 그동안 쌓아온 노력의 첫 달콤한 결실을 맛볼 때입니다. 이를 위해서는 지금까지의 시간만큼이나 중2 지필 평가를 어떻게 준비하고 어떻게 치러야 하는지 구체적인 방법들을 아이들에게 안내해 주시는 것이 중요합니다. 부모님들께서는 막연히 아이가 잘 알아서 하겠지라고 기대하시지만 아이들도 생애 첫 시험이 막막하기는 마찬가지입니다. 지필 평가를 치르고 나면 대략 시험은 이런 것이구나 감을 잡을 수 있지만 그렇다고 시험 결과를 되돌릴 수는 없습니다. 물론, 실패 속에서 배우기도 하고 중3 때 성적이 더 오르는 소수의 학생들도 있습니다. 그러나 대부분의 학생들에게 실패는 뼈저린 후회만 남겨 주고 첫 지필 평가 이후의 성적은 크게 변하지 않습니다.

택시가 하늘을 날아다니는 시대에 시험을 잘 보는 것이 무슨 의미가 있냐고 반문하시는 분들도 계실 것입니다. 하지만 바로 앞에 놓인 '시험'이라는 관문도 제대로 넘지 못하는 문제 해결 능력으로는 우주선이 하늘을 날아다녀도 아이는 그 시대를 마음껏 향유하기가 어렵습니다. 막연함과 불안함을 딛고 차근차근 계획을 세우고 실천하는 과정 속에서 얻은 작은 성공 경험은 단순히 성적표에 적히는 숫자 이상의 의미를 우리 아이들에게 남겨줍니다.

그렇다면 2학년 1학기 첫 지필 평가 성적은 우리 아이들과 부모님들에게 어떤 의미로 다가오기에 중요한 것일까요? 20년 가까이 학교에서 학생들과 학부모님들을 관찰하고 상담하면서 제가 발견한 세 가지 의미를 공유합니다.

2학년 1학기 첫 지필 평가
그 성적의 의미

첫 성적으로 자신의 위치를 규정 짓는 아이

우리는 일상에서 필연적으로 누군가를 평가하고 또 평가받으며 살아갑니다. 아이들 역시 외모에서부터 능력, 성격에 이르기까지 친구들, 선생님들, 부모님께 평가받고 무의식적으로 평가도 합니다. 부모님들께서는 수많은 평가들 속에서 무엇이 가장 중요하면서 무서운 것이라고 생각하시나요?

중2 아이들을 가르칠 때의 일입니다. 기말고사를 앞두고 학생들과 목표 점수를 적고 실천 방법을 생각해 보는 시간을 가졌습니다. 한 학생의 목표 점수가 과목별로 거의 60점 대인 걸 보고 저는 목표를 좀 더 높게 잡아 보면 어떠냐고 학생에게 제안했습니다.

"선생님, 전 반타작 인생이에요. 저번 중간고사에서 60점 넘은 과목이 거의 없어요. 이번 기말고사도 60점 받으면 잘한 거예요."

거리낌없이 해맑게 말하는 아이의 말을 들으며 저는 충격에 빠졌습니다. 부모님들은 아이가 첫 시험을 못 보면 '이번 시험은 내 노력이 조금 부족했나 봐. 다음 시험은 더 열심히 해서 꼭 성적을 올려야지.'라고 생각할 거라 기대할지도 모릅니다. 그러나 대부분의 학생들은 '난 이런 점수를 받는 아이구나.'라며 자신을 평가하고 규정하며 자신의 평가에 맞추어 생각하고 행동합니다. 올백을 받은 학생은 스스로가 자신의 능력에 놀라워하며 올백 받은 학생답게 행동하려고 노력합니다. 바로 이 부분이 우리 아이가 첫 시험을 잘 봐야 하는 이유입니다. 부모님, 선생님, 친구들은 평가하지 않았을지라도 자신이 가장 냉철하게 자신의 위치를 정해 버립니다. 그렇기 때문에 첫 시험 성적이 크게 변하지 못합니다. 학습 능력이 부족해서 성적이 오르지 못하는 것이 아니라 아이 스스로 규정한 자신의 능력이 첫 성적까지이기 때문입니다.

수능 성공? 중등 선두권일 때 가능한 이야기

우리는 간혹 중학교에서 실컷 놀다가 고등학교 가서 정신 차리고 공부해서 좋은 대학에 갔다는, 실체를 본 적 없는 영웅 같은 아이들의 이야기를 전해 듣곤 합니다. 고등학교에 근무하면서 중학생 때 우등생이던 아이들이 성적이 떨어지는 경우는 봤어도 중학생 때 공부에 관심 없던 학생이 고등학교에 와서 상위권이 되는 경우는 거의 보지 못했습니다. 인생이 운칠기삼이라 해도 공부에는 왕도가 없습니다. 저는 성실하게 효율적인 방법으로 공부해 온 학생만이 높은 성적을 받는다는 정직한 결과만을 보았습니다.

42.195km를 달리는 마라톤 경기에서 순위권의 대부분은 중반부 선두권에 있는 선수들이 차지합니다. 하위권이 차지하는 경우가 드물죠. 하위권이 달리는 동안 선두권은 더 빨리 달리고 있기 때문입니다. 선두권은 다른 선수들과 마찬가지로 몸은 힘들지만 '그래도 선두권'이라는 마음의 안정감을 가지고 몸이 힘든 것을 버틸 수 있습니다. 아이들 공부도 마라톤과 마찬가지입니다. 학생들의 종착점인 수능에서 성공하기 위해서는 중2라는 중반부에 선두권으로 진입해야 합니다. 이것이 첫 지필 평가 성적이 중요한 두 번째 이유입니다.

부모에게서 아이에게로 공부 주권의 성공적인 바톤 터치

첫 지필 평가 성적이 가지는 마지막 의미는 그동안 부모님이 아이에게 조금씩 넘겨주던 공부 주권을 아이가 성공적으로 받았는지의 여부를 가늠하는 척도가 되어 준다는 것입니다. 부모님께서 아무리 좋은 학습 시스템을 구축해 주고 학습 역량을 길러 주기 위해 노력하셨어도 첫 지필 평가에서 좋은 성적을 받지 못했다면 아직 아이가 온전히 공부 주권을 행사하지 못하고 있다는 뜻입니다. 지금까지 아이가 갖지 못한 부분이 무엇인지 진지하게 되돌아보셔야 합니다. 그게 학습 동기일 수도 있고, 학습 방법일 수도 있습니다. 그 부분을 찾아 아이에게 보완해 주어야 할 역할이 아직 남아 있다는 의미입니다. 첫 시험에서 만족스러운 결과를 얻었다면 부모님께서는 아이의 공부 독립을 마음껏 기뻐하시면 됩니다.

동료 선생님 중에 아이를 아주 훌륭하게 키우신 지혜로운 분이 계셨습니다. 초등학교 1학년만 지나면 부모 역할이 많이 줄어들 거라고 생각했던 제가 2학년이 되어도 많이 챙겨야 한다는 것을 느끼며 그 선생님께 다음과 같이 물은 적이 있었습니다.

"선생님, 선생님처럼 자녀분이 멋지게 성장하려면 부모가 언제까지 살펴 줘야 하나요?"
"저는 중2까지라고 생각해요."

미소를 머금고 짧게 말씀하셨던 그 선생님의 깊은 뜻을 이제는 저도 조금은 공감할 수 있게 되었습니다. 중2가 되면 우리 아이들의 공부 독립이 가능해집니다. 부모님께서 그 기쁨을 누릴 수 있도록 지금부터 중학 생활의 화룡점정으로 들어갑니다.

지필 평가 준비

우리 아이가 전략적인 초등 고학년을 보내고 안정적인 학습 시스템을 구축했다면 이제 지필 평가 준비하는 방법을 알려 주실 차례입니다. 많은 부모님들이 아이들이 시험을 잘 봤으면 하는 바람은 있지만 시험을 잘 보는 방법을 가르쳐 주지는 않습니다. 대부분의 학교 선생님들도 시험에 나올 내용을 가르쳐 주기는 하지만 시험을 치르는 자세를 알려 주지는 않습니다. 아이들은 열심히 총알을 모았지만 정작 총 쏘는 방법은 배우지 못한 것입니다. 그런데 부모님도 아이들과 마찬가지로 시험 치르는 방법을 제대로 알기 힘드실 것입니다. 배워 본 적이 없으니까요. 저 역시 교사가 아니었다면 시험 문제가 어떻게 출제되고 어떤 방식으로 공략해야 하는지 알기 어려웠을 것입니다. 그래서 먼저 부모님들께 중학교 교사들이 지필 평가를 출제하는 과정과 방법들을 낱낱이 알려 드리려고 합니다. 지피지기면 백전백승이라 했습니다. 부모님이 출제자의 의도까지 파악하게 된다면 분명 우리 아이가 시험을 잘 치르는 방법을 알게 될 것입니다. 거기에 더해 시험 공부 계획은 언제부터 어떻게 세워야 하고 과목별 지필 평가 준비 방법은 어떻게 해야 하는지도 설명해 드리겠습니다. 실전에서 우리 아이들이 기억해야 할 것과 시험 후에 살펴야 하는 부분도 알려 드리겠습니다. 이 책을 열심히 읽은 부모님 덕분에 아이들이 모든 시험에서 원하는 것을 얻는 기쁨을 누릴 수 있기를 간절히 소망합니다.

교사들이 지필 평가를 출제하는 과정

매해 교사로서 학생들을 만날 때마다 너무 떨려서 쉽게 잠들지 못하는 밤이 있습니다. 3월 2일 첫 등교 전날 밤이 그렇습니다. 3월 1일 밤은 부모님과 아이들만 긴장되는 것이 아니고 교사도 가장 떨고 있는 밤입니다. 부모님께서 우리 아이가 어떤 담임 선생님과 친구들을 만날지 걱정되는 것처럼 교사들도 어떤 학생들을 만날지 기대하면서 긴장합니다. 20여 년 동안 학생들을 만나 온 베테랑 교사조차도 우리 반 아이들의 명렬표를 앞에 두고 기도하게 되는 밤입니다. 두 번째로 교사가 잠 못 드는 밤은 학부모 총회 전날 밤입니다. 부모님들께서 학부모 총회에 참석하는 것이 조심스럽고 밤잠 설치는 것처럼 교사들도 총회 전날 밤에는 쉽게 잠이 오지 않습니다. 어떤 옷을 입을까? 어떤 말씀을 나눌까? 혹시 실수하지는 않을까? 어떤 분들이 오실까? 각종 걱정들로 긴장된 밤을 보내고 학부모 총회 날 부모님을 맞이하는 교사들은 안 그래 보여도 부모님들보다 더 떨고 있답니다.

그런데 교사로서 이 두 날보다 더 긴장되는 밤이 있습니다. 바로 학생들이 시험 보는 전날 밤입니다. 아이들은 시험 공부로 힘들지만 교사들은 혹시 시험 문제에 오류가 있을까 봐 긴장이 최고조에 이릅니다. 시험지를 풀고 또 풀어 보지만 쉽게 안심이 되지 않습니다. 학생들이 시험 치르는 시간에는 각 교실을 돌며 혹시 있을지 모를 아이들의 질문을 받은 후 교무실에서 대기합니다. 시험 시간이 끝나는 타종 소리가 울리고 나서야 비로소 학생들처럼 한시름 놓게 됩니다. 이렇듯 시험은 학생만큼이나 교사도 힘든 제도입니다.

매 시험 때마다 시험을 치르기 한 달 전쯤 전체 교사가 모여서 시험 문제 출제 요령에 대한 연수를 받습니다. 그 후 각 교과 교사들이 모여 시험 범위와 출제 방향에 대한 교과협의회를 갖습니다. 시험 치르기 3주 전쯤에는 선정된 시험 범위를 학생들에게 공지하고 각 교사들은 시험 문제 출제에 들어갑니다. 학교에서는 아무래도 학생들이 많아서 보안상 출제가 어렵기 때문에 보통 시험 1주일 전까지는 퇴근 후 새벽까지 시험 문제를 출제하는 경우가 많습니다. 각 교과 선생님들끼리 다섯 번 이상의 협의와 검토 후 시험 3일 전까지 평가 업무를 담당하시는 선생께 원안지와 답안지를 제출합니다. 시험 전날에는 인쇄된 시험지 상태를 확인하고 반별로 인원 수에 맞춰 포장해 놓으면 시험 준비가 마무리됩니다.

시험 문제 출제가 담당 교사의 전문적이고 고유한 영역이라 할지라도 대부분의 교사들은 다음과 같은 공통적인 출제 방침과 경향에 따릅니다.

가. 지필 평가 객관식 문항은 5지 선다형으로 하며, 논술형 문항의 비율은 교과별 평가 계획에 의거하여 출제한다.

나. 각 문항당 배점을 난이도에 따라 다양하게 구성하여 평가의 신뢰도와 변별력을 높이고 문항마다 반드시 배점 표시를 해 준다.

다. 성취기준에 부합되는 문항을 출제한다.

라. 상, 중, 하 난이도 조절을 적당히 하여 다양한 문제를 접하도록 한다.

마. 부정적인 질문보다 긍정적인 질문을 사용한다.

바. 동일 교과 담당 선생님들의 공동 출제를 원칙으로 한다.

이를 바탕으로 전 크게 다음 세 가지 원칙을 가지고 출제합니다.

첫째, 정확한 출제 근거를 밝히기 위해서 반드시 교과서에 제시된 내용들을 활용해서 문항들을 만듭니다. 교과서 각 장의 학습 목표를 모두 달성했는지 여부를 판별하기 위해 되도록 하나의 학습 목표에 적어도 하나의 문항은 출제하려고 합니다.

둘째, 수업 시간에 제가 학생들에게 중요하다고 강조했던 내용들은 반드시 출제합니다. 예를 들어, 수업 시간에 음수×음수＝양수가 되는 이유를 중요하게 다루었다면 수업에 제대로 참여한 학생만이 풀 수 있는 문항을 만들어 냅니다. 즉, 수업을 제대로 듣지 않고 문제집만 푼 학생들은 풀 수 없는 문항을 개발합니다.

셋째, 학생들이 노력한 정도에 따라 차별화된 점수를 받을 수 있도록 난이도를 조절합니다. 누구나 풀 수 있는 쉬운 문항부터 교과서에 나온 표준 문제, 개념을 깊이 이해한 학생만이 풀 수 있는 난도 높은 문제들까지 골고루 출제합니다. 두세 문제 정도는 실수를 유도하는 보기를 만들기도 하고 한두 문제는 지렛대에서의 비례 관계를 물어본다거나 다각형의 대각선의 개수 구하는 공식을 유도하는 추론 과정을 묻는 등 수능 형태 문항도 출제합니다.

이제 어떻게 시험 공부를 해야 높은 성적을 받을 수 있을지 조금은 감이 오나요? 핵심은 교과서를 기본으로 수업 시간에 선생님이 중요하다고 하신 부분을 깊이 있게 공부하는 것입니다. 그렇다면 언제부터 어느 정도의 깊이로 얼마나 공부를 해야 하는 것인지 본격적으로 알려 드리겠습니다.

시험 공부 계획 세우기

시험 공부 계획은 보통 시험 한 달 전쯤 수립하는 것이 좋습니다. 가장 먼저 시험 보는 과목을 확인하고 각 과목에서 무엇을 공부할 것인지 공부할 자료를 선정합니다. 예를 들면 교과서, 노트, 배부된 프린트, 학교에서 사용하는 부교재, 교과서 출판사의 자습서, 교과서 출판사에서 나온 내신 문제집, 학교 시험 기출 문제 등이 있을 수 있습니다. 학교마다 시험 치르는 과목에 약간씩 차이

는 있지만 주요 과목인 국어, 영어, 수학, 과학을 기본으로 교육과
정에 따라 사회 또는 역사, 제2외국어(중국어 또는 일본어), 한문, 정
보, 기술·가정, 도덕 과목 중에서 평가합니다. 대부분의 부모님들
이 고등학교 때 배운 제2외국어 과목을 최근엔 중학교 때부터 배
우기 시작합니다.

시험 공부 계획 세우는 방법을 설명해 드리기 위해 다음과 같이
시험을 치르는 학교를 예시로 보겠습니다. 전체적으로 계획 세우
는 큰 틀을 보신 후 뒤에 나오는 과목별 지필 평가 준비 방법을 읽
으시면 구체적인 내용들을 더 잘 이해하실 수 있습니다.

교시	4월 28일 (수)	4월 29일 (목)	4월 30일 (금)
1교시	자율학습	기술·가정	역사
2교시	국어	자율학습	자율학습
3교시	과학	수학	영어

1단계: 과목별로 공부할 자료들을 정리한다.

과목	공부할 자료
수학	교과서, 노트, 프린트, 내신 문제집, 기출 문제
국어	교과서, 노트, 자습서, 내신 문제집, 기출 문제
영어	교과서, 부교재, 노트(문법 정리), 내신 문제집, 기출 문제
과학	교과서, 노트, 내신 문제집, 스스로 문제 출제해 보기
역사	교과서, 역사부도, 내신 문제집, 백지노트(백지에다 자기가 아는 것 다 써 보기)
기·가	교과서, 프린트

2단계: 과목별로 계획한다.

주요 과목 중에서 학습 내용이 많고 어려운 과목부터 매주 공부할 내용들을 학습 가능 시간을 고려하여 다음과 같이 과목별로 계획합니다.

주	수학	국어	영어	과학	역사	기·가
1주	교과서, 노트	교과서, 노트				
2주	프린트	자습서	교과서, 부교재, 노트 (문법 정리)	교과서, 노트		
3주	문제집	문제집	문제집	문제집	교과서, 역사부도	교과서
4주	문제집	기출 문제	기출 문제	문제 출제	문제집, 백지노트	프린트
5주	기출 문제					

3단계: 시험 계획표를 작성하고 매일 공부할 양의 진도를 적는다.

공부 가능한 날짜를 계획 노트에 적고 주 단위로 공부할 목록을 채워 넣어 시험 계획표를 작성합니다.

예를 들어, 수학 교과서와 노트는 총 4일 동안 공부할 수 있으니 시험 범위가 120페이지면 하루에 30페이지씩 진도를 나가면 됩니다. 물론 내용의 난이도에 따라 유동적으로 조정할 수 있습니다.

주	월	화	수	목	금	토	일
1 주	29 수학 교과서, 노트	30 수학 교과서, 노트	31 수학 교과서, 노트	1 수학 교과서, 노트	2 국어 교과서, 노트	3 국어 교과서, 노트	4 국어 교과서, 노트
진도							
2 주	5 (기출 검토) 영어 교과서, 부교재, 노트	6 영어 교과서, 부교재, 노트	7 영어 교과서, 부교재, 노트	8 수학 프린트	9 과학 교과서, 노트	10 과학 교과서, 노트	11 국어 자습서
진도							
3 주	12 수학 문제집, 국어 문제집	13 수학 문제집, 영어 문제집	14 영어 문제집	15 국어 문제집	16 기·가 교과서	17 과학 문제집	18 역사 교과서, 역사 부도
진도							
4 주	19 수학 문제집	20 역사 문제집	21 역사 백지 노트	22 기·가 프린트	23 과학 문제 출제	24 국어 기출 문제	25 영어 기출 문제
진도							
5 주	26 수학 기출 문제	27 28일 시험 과목 공부	28 29일 시험 과목 공부	29 30일 시험 과목 공부	30 놀기	1 놀기	2 오답 정리
진도							

4단계: 하루 일과표를 작성하고 실천한다.

공부 시간을 확보하기 위해 일과표를 작성하고 실천합니다.

Date. 3. 29. 월   No.

〈목표〉 수학 교과서 노트 p32 완료 !

아침 6시 기상

6 ~ 6.30 씻기.   6.30 ~ 7 식사. 양치

7 ~ 7.30 go school

7.30 ~ 8.30 《 1시간 》 ~ 10 page

8.30 ~ 8.40 조회

8.40 ~ 9   20ᵐ   10 page 에 해당되는
9.45 ~ 9.55 10ᵐ   문제풀기 !
10.40 ~ 10.50 10ᵐ
11.35 ~ 11.45 10ᵐ
1 ~ 1.30 20ᵐ

2.15 ~ 2.25 10ᵐ   총 자투리 90분

3.30 ~ 4 go home

4 ~ 5 학교 복습. 숙제

5 ~ 6 《 1시간 》 ~ 20 page

6 ~ 7 식사. 휴식

7 ~ 11 《 4시간 》 ~ 32 page 정리하고 문제풀기
11시 go sleep   노트 검토

ma

지필 평가 대비
과목별 공부법

　앞에서 시험 공부 계획 세우는 과정을 보면서 어떤 생각이 드셨나요? 자기주도적으로 공부하는 최상위권 학생들은 대부분 이와 같은 단계를 거쳐서 지필 평가를 준비합니다. 치밀한 계획과 뼈를 깎는 고통을 감내하는 인내심으로 그 계획을 실천하는 학생만이 2학년 1학기 첫 지필 평가에서 만족스러운 결과를 얻습니다. 아무 준비도 못한 아이에게 좋은 성적을 기대하는 것은 부모님의 너무 큰 욕심일지도 모릅니다. 성적은 결코 우연의 산물이 아닙니다. 뿌린 대로 거두는 가장 필연적인 결과입니다. 그렇다면 시험 계획표 속 각 과목들의 공부는 어떻게 뿌려야 하는지 알려 드리겠습니다.

수학

수학 과목 지필 평가를 준비하는 첫 번째 방법은 교과서 또는 선생님이 배부해 주신 프린트에 나오는 모든 문제를 눈 감고도 풀 수 있을 만큼 능숙하게 연습하는 것입니다. 물론 평소에 꾸준한 복습을 통해 기본 개념들을 탄탄하게 쌓아 왔다는 기본 전제 하에서입니다. 중2 중간고사를 앞두고 수학 심화 문제집을 풀고 있거나 중3 진도를 미리 배우는 학생들 중에서 의외로 중2 교과서에 있는 문제를 제대로 풀지 못하는 아이들이 많습니다. 교과서 문제들은 쉽다고 아예 펼쳐 보지도 않는 경우가 많지만 각 단원 마무리 부분에 있는 도전 문제나 실력쑥쑥 문제들은 난도가 높습니다. 이 문제들은 수업 시간에 한 번, 복습하면서 또 한 번, 시험 공부할 때 다시 한 번, 적어도 세 번은 풀어 봐야 합니다.

교사들이 지필 평가 출제하는 방법에서 언급했듯이 출제의 기본은 교과서입니다. 수업 중 다뤘던 교과서와 프린트 문제도 제대로 설명하지 못하면서 문제집만 많이 푼다고 절대 지필 평가 성적이 오르지 않습니다. 학교에서 치르는 시험 기간에는 사하라 사막이 아닌 우리 집 앞 모래 놀이터에서 보석을 찾아야 합니다.

수학 과목 지필 평가를 준비하는 두 번째 방법은 서술형 문항 답안 작성법을 연습하는 것입니다. 초등학교 때부터 쌓아 왔던 문제 풀이 노트 작성 습관은 수학 서술형 문항 답안 작성에 많은 도움을 줍니다. 이 습관이 들었어도 시험 기간에는 따로 서술형 문

항 답안 평가 요소에 맞게 정확한 풀이 과정을 작성해 보는 것
이 필요합니다. 천재교육(이준열 외) 출판사의 중2 수학 교과서 속
19번 서술형 문항과 해설 부분의 모범 답안을 보며 더 자세히 설
명하겠습니다.

19 분수 $\dfrac{A}{440}$ 가 다음 조건을 만족시킬 때, A의 값을 구하시오.

> ㉮ A는 9의 배수이고, 두 자리 자연수이다.
>
> ㉯ 분수 $\dfrac{A}{440}$ 를 소수로 나타내면 유한소수가 된다.

19 $\dfrac{A}{440} = \dfrac{A}{2^3 \times 5 \times 11}$ 이고 ㉯에서 유한소수가 된다고 했으므로

A의 값은 11의 배수이어야 한다. ········ **❶**

이때, 가에서 A는 9의 배수라고 했으므로 A의 값은

11과 9의 공배수인 99의 배수이어야 한다. ········ **❷**

또, ㉮에서 A는 두 자리 자연수라고 했으므로 A = 99 ········ **❸**

📧 99

구분	평가 요소	배점
해결 과정	**❶** ㉯를 만족시키는 A의 조건 구하기	30 %
	❷ ㉮와 **❶**을 만족시키는 A의 조건 구하기	40 %
답	**❸** A의 값 구하기	30 %

19번 문제를 풀 때 단순히 99라는 답만 적으면 총 배점의 30%에 해당되는 점수밖에는 얻을 수 없습니다. A가 11의 배수라는 말이 반드시 있어야 하고, 주어진 조건에서 A가 9의 배수라고 했으므로 99의 배수라는 말도 포함되어야 합니다. 이렇듯 서술형 문항 답안을 작성할 때는 반드시 들어가야 하는 평가 요소가 있습니다. 평상시에 교과서나 문제집을 풀 때 서술형 문항들의 채점 기준표를 염두에 두고 풀면 좋겠지만 그렇게 하기가 쉽지 않기 때문에 지필 평가를 준비하는 기간만이라도 아이들이 평가 요소들을 명확하게 공부할 수 있도록 도와주시기 바랍니다.

덧붙여 모든 과목의 서술형 문항 답안을 작성할 때는 글씨를 또박또박 바르게 써야 한다는 것을 아이들에게 반드시 알려 주시기 바랍니다. 예전에 한 학생이 $2\frac{1}{3}$이라는 답을 대충 쓰다 보니 $\frac{1}{23}$처럼 보이게 쓴 적이 있습니다. 교사들이 채점할 때 정황상 $2\frac{1}{3}$일 것이라고 예상할 수는 있었지만, 회의 결과 정답 처리는 할 수 없었습니다. 영어 알파벳도 마찬가지입니다. 아이들이 되돌릴 수 없는 결과에 가슴 아픈 후회를 하지 않으면 좋겠습니다.

수학 과목 지필 평가를 준비하는 마지막 방법은 문제집을 풀 때 스톱워치를 사용해서 시간을 측정하는 것입니다. 평상시 복습 심화 문제집을 풀 때는 속도보다 깊이 있는 고민과 정확성이 더 중요합니다. 그러나 시험 기간에는 반드시 심화 문제를 포함한 모든 문제를 시간 안에 푸는 훈련을 해야 합니다. 내신 문제집은 심화 문제집보다는 어렵지 않기 때문에 충분히 연습하면 시간 내에 푸는 것이 가능해집니다. 이 연습을 하지 않으면 평소에 수학을 잘 하는 아이임에도 불구하고 낮은 수학 점수를 받게 됩니다. 또 문제집을 풀고 나서 틀린 문제들은 반드시 이유를 분석하고 정확하게 다시 정리해서 풀어볼 수 있게 살펴 주시기 바랍니다.

국어

국어 과목 지필 평가를 준비할 때 가장 중요한 것은 교과서 지문들을 꼼꼼하게 살펴보고 수업 시간에 필기한 내용들을 소리 내어 읽어 보는 것입니다. 각 단원의 중요한 내용들을 국어 선생님처럼 누군가에게 설명해 줄 수 있다면 더 좋습니다. 특히 문학 영역의 지문은 최소 세 번 이상은 읽어야 하며, 문법 영역은 핵심 내용들을 노트에 요약해서 암기하는 것이 필요합니다.

교과서 내용 중 다음과 같이 중요한 용어가 정리된 부분들은 노트에 필사한 후 괄호 넣기 문제로 만들어 풀어 보면 좋습니다.

콕콕 알아두기

역설
• 겉보기에는 모순되지만 그 속에 중요한 사실이나 진리를 담은 표현을 말함.
• 표현에 담긴 사실이나 진리를 강조하여 나타낼 수 있으며 모순되는 사물이나 관념을 연결해 읽는 이에게 신선함을 줌. (미래엔 출판사)

교과서 지문에 딸린 문제들과 단원 정리 문제들은 포스트잇으로 답을 가리고 연습장에 답안을 작성한 뒤 채점합니다. 답안에 빠뜨린 내용이 있거나 틀린 문제들은 이유를 정확하게 이해한 후 기억하고 넘어가야 합니다. 그 후 자습서를 읽어 보면서 교과서에 빠진 내용들이 있으면 보충해서 공부합니다.

다음으로 국어 시험 공부에 필요한 것은 교과서 지문들이 어떻게 문제로 변형되는지 감을 익히기 위해서 내신 문제집을 풀어보는 것입니다. 수학이나 영어 과목은 출제되는 문제의 유형이 어느 정도 예상이 되지만 국어는 쉽지 않기 때문입니다. 물론 학교에서 배우는 교과서와 같은 출판사의 문제집을 구매하셔야 합니다. 문제집을 풀 때는 중요한 내용들에 밑줄을 그으며 지문과 문제를 꼼꼼하게 읽는 연습을 해야 합니다.

국어 과목의 지필 평가 문항들은 수학과는 다르게 100% 정답을 고르는 것이 아니고 가장 가까운 답을 고르는 경우가 많습니다. 나는 ①번이 가장 가깝다고 생각하고 친구는 ②번이 가까운 답이라고 생각할 수 있는 문제들이 많다는 뜻입니다. 그렇다면 누구의 생각을 정답으로 해야 할까요? 나도 아니고 친구도 아닙니다. 바로 출제자의 의도를 정확하게 읽어 낸 사람의 답입니다. 출제자는 이렇게 정답의 시비가 붙을 수 있는 가능성에 대비하기 위해 정답의 타당성을 논리적으로 설명 가능하도록 반드시 지문으로부터 합당한 추론이 가능한 문제들을 출제합니다. 따라서 국어 문제를 풀 때는 절대 감으로 풀어서는 안 되고 이 문제의 정답이 ③번이 될 수밖에 없는 합당한 추론을 하는 훈련을 해야 합니다. 이를 위해서 문제집 채점 후 틀린 문제들은 정답 해설 부분을 보면서 내가 선택한 답이 정답이 안 되는 이유를 말할 수 있어야 합니다. 또 정답의 타당한 이유도 설명할 수 있어야 하고요.

혹시 부모님께서는 아이들이 문제집을 풀 때 어떤 사고의 과정을 거치는지 관찰해 보신 적이 있으신가요? 국어 과목은 의외로 '대강 이럴 것이다'라는 느낌으로 정답을 찾는 학생들이 많습니다. 아이들이 국어 지필 평가에서 좋은 성적을 받을 수 있도록 부모님들께서는 앞에서 설명드린 내용을 숙지하시고 아이들에게 국어 문항들의 특성을 잘 알려 주시기를 바랍니다.

영어

영어 과목의 지필 평가 문항들은 학교와 교과서에 따라 큰 차이를 보입니다. 따라서 영어 공부의 첫 시작은 아이가 다니는 학교의 기출 문제들을 검토하면서 대략의 수준을 살펴보는 것에서부터 시작해야 합니다. 네이버에서 '황인영 영어 카페' 또는 '기출비'라는 온라인 카페에 가입하시면 대부분 과목의 기출 문제들과 학습 자료를 무료로 구하실 수 있습니다. 필요한 자료들을 출력해서 지필 평가 수준을 가늠한 후 영어 시험 공부의 깊이를 결정하면 됩니다.

다음으로 영어 교과서와 부교재를 낭독한 후 수업 교재에 나오는 단어들을 모두 암기하고 있는지 확인합니다. 특히 다음과 같이 두 단어 이상이 모여 이루는 어구들은 반드시 기억하고 있어야 합니다.

단어와 숙어를 완벽하게 암기한 후에는 교과서의 중요한 문장들을 한 줄씩 띄며 노트에 필사합니다. 듣기, 말하기 영역의 중요 표현들은 친구나 가족들과 서로 주고받는 연습을 여러 번 한 후 노트 정리를 하고, 문장들 중에서 문법 관련 내용들이 포함된 경우는 교과서 필기를 참고해서 문장 아래에 다른 색깔 볼펜으로 다음 페이지에 나온 것과 같이 정리합니다.

이렇게 정리한 문법 내용들 중에서 수업 시간에 더 자세하게 다루었거나 깊이 있는 공부가 필요한 경우는 따로 영문법 책을 찾아보며 정리하는 시간이 필요합니다. 예를 들어 마지막 문장의 주격 관계대명사는 단순히 교과서 예문만으로는 이해가 어렵기 때문에 보충 공부가 필요합니다. 영문법 책에서 주격 관계대명사 부분을 찾아 공부하고 관련되는 문제들을 풀어 본 후 노트에 핵심 내용들을 정리하면 됩니다. 주격 관계대명사에 대한 내용 정리가 끝나면

She also makes 100 cookies per second and gives them away

초당   give away: 주다(수여동사처럼

to hungry children.   쓰였으며, (동사+부사)로 이루어

져 대명사 목적어가 사이에 왔음)

A few days later, I showed my graphic novel to my friends.

약간, 조금(뒤에 복수명사가 옴)   = showed my friends my graphic novel

"Awesome! I love this superhero. She's so cool," said all my

friends.

"Guess what? I modeled her on Ms. Lee, one of our cafeteria

model A on B: B를 본따서 A를 만들다   └─── = ───┘

workers," I told them.

I showed my book to Ms. Lee. (수여동사 show+직접목적어+to+간접목적어)

= showed Ms. Lee my book (show+간접목적어+직접목적어)

She loved it, too

my book을 가리킴   ┌── Who는 주격 관계대명사

She also told me about her coworkers who had special talents.

(『올리드 중등 영어』 미래엔)

다음과 같은 문제를 출제해 보는 것도 좋습니다.

다음 빈칸에 공통으로 들어갈 말로 가장 알맞은 것은?

• She told me about her friends _____ had special talents.

• The building _____ is made of glass is my school.

① who   ② what   ③ while   ④ that   ⑤ which

이제는 학생들 사이에 격차가 벌어지는 서술형 문항 대비를 할 차례입니다. 서술형 문항은 크게 다음과 같은 형태들로 출제되는 경우가 많습니다. 미래엔 출판사의 『올리드 중등 영어 2-1』에 나오는 문제 일부입니다.

단어가 주어지고 형태 변형하기

다음 빈칸에 괄호 안의 단어를 알맞은 형태로 바꿔 쓰시오.

① It is _____ that a little girl speaks five languages. (amaze)

어법에 틀린 부분 찾아 바르게 고쳐 쓰기

다음 문장에서 어법상 틀린 부분을 한 군데 고쳐 문장을 다시 쓰시오.

① She rides a horse who can fly in the movie.

→ _____

문법 적용하여 문장 완성하기

다음 두 문장을 관계대명사 who/which를 이용하여 한 문장으로 쓰시오.

① Angela has a cat. + It has black and white hair.

→ _____

단어 배열하여 문장 완성하기

다음 우리말에 맞도록 괄호 안의 말을 바르게 배열하시오. (한 단어를 추가할 것)

① 나는 재미있는 학교 활동을 계획하는 것을 잘한다. (I'm / good / planning)

→ _____ fun school activities.

보시는 것처럼 통문장으로 영작하라는 문항들이 많지는 않지만 단·복수, 시제 등에 따라 스펠링 하나만 잘못 적어도 틀리는 경우가 많기 때문에 꼼꼼하게 공부해야 합니다. 또 서술형 문항에 주어지는 조건을 하나라도 지키지 않을 경우 감점 처리되기 때문에 모든 조건을 충족시키는 답안을 정확하게 작성하는 걸 충분히 연습하는 것이 필요합니다. 평소에 꾸준히 영어 글쓰기를 해 왔다 할지라도 서술형 문항들은 내신 문제집을 풀면서 완벽하게 영작하는 훈련을 할 수 있도록 살펴 주시기 바랍니다.

지필 평가 실전

시험 치르는 방법

매번 시험 기간마다 쉬는 시간이면 교무실에 눈물로 달려오는 학생들이 있습니다.

"선생님, 뒤에도 문제가 있다는 걸 몰랐어요. 지금 풀면 안 돼요?"
"OMR 카드를 하나씩 밀려 썼어요. 다시 작성할 수 없나요?"

학생들의 안타까운 호소에도 눈물을 닦아 주는 것밖에는 선생님들이 해 줄 수 있는 게 없다는 사실에 가슴 아플 때가 많습니다. 종례 시간에 교실에 가면 엎드려 울고 있는 학생들도 있습니다.

"선생님, 시간이 부족해서 뒷장은 풀어 보지도 못하고 그냥 찍었어요. 저 어떡해요?"

이런 이야기를 들을 때마다 수학을 가르칠 것이 아니라 시험 보는 방법들을 가르쳐 주는 것이 더 필요하다는 것을 절실하게 느끼곤 했습니다. 아이들이 뼈아픈 경험으로 배우기엔 잃는 것이 너무 많고 회복하기가 쉽지 않습니다. 아이들은 국어, 영어, 수학을 배우는 것처럼 시험 치르는 기술들을 처음부터 끝까지 아주 섬세하게 배울 필요가 있습니다. 최종 승부는 마지막의 작은 마무리 하나에서 결정되기 때문입니다. 시험의 기술을 배울 수 있는 행운의 아이들이 많아지면 좋겠습니다.

이 시험의 기술을 배우기 위해서는 아이들이 시험 3~4일 전에 반드시 기출 문제 모의 시험을 치러 봐야 합니다. 앞서 말씀드렸던 네이버 카페(황인영 영어 카페, 기출비)에서 아이 교과서에 해당하는 국어, 영어, 수학 과목 1차 지필 평가 기출 문제를 출력하신 후 주말이나 하교 후에 45분을 확보하고 하루에 한 과목씩 실전처럼 시험에 임할 수 있도록 환경을 조성해 주시기 바랍니다. 모의 시험을 시작하기 전에 부모님께서는 아이에게 다음과 같은 시험의 기술들을 알려 주시면 됩니다.

멘탈 관리하기

시험을 치르는 데 있어서 실력보다 더 중요한 것은 아이가 가진 멘탈입니다. 멘탈 관리는 비단 학창 시절 시험 보는 것에만 국한된 것은 아닐 것입니다. 시험을 통해 아이들은 중요한 순간에 강한 정신력을 지키는 방법을 배울 수 있습니다. 이를 위해서 부모님께서는 아이들에게 시험의 의미를 알려 주실 필요가 있습니다.

부모님께 시험은 어떤 의미인가요? 우리나라에서는 유독 시험의 많은 기능 중에서 '선발의 기능'에만 초점이 맞춰진 측면이 있습니다. 그러나 중2 지필 평가는 수능이나 고등 내신이 아닌 이상 '자신에게 주는 피드백'이라는 의미가 훨씬 더 크다는 것을 아이들에게 꼭 말씀해 주시면 좋겠습니다. 최선을 다해 시험을 준비하고 전략적으로 시험을 치른 후 하늘의 뜻을 기다리는 담대함을 아이들이 가질 수 있도록 도와주세요. 시험 결과를 분석해서 부족한 부분을 발견하고 성장을 위한 기회로 삼을 수 있도록 결과에 연연하지 않아도 된다는 것을 알려 주셔야 합니다. 자신의 실력보다 더 높은 점수를 바라는 것은 욕심이기 때문에 마음 편하게 '알고 있는 것만 제대로 풀겠다'는 각오로 시험에 임해야 한다는 것을 아이들 마음속에 심어 주시면 좋겠습니다.

시험 끝난 과목 신경 끄기

다음으로 아이에게 시험을 치르는 기간 동안 이미 시험이 끝난 과목은 절대로 채점하거나 생각하지 말아야 한다는 것을 강조해서 알려 주시기 바랍니다. 보통 3일에서 4일 동안 치러지는 시험은 모든 과목이 끝나기 전까지는 끝난 것이 아닙니다. 하지만 대부분의 학생들은 시험 기간 하루하루를 각각의 시험이 끝나는 날로 잘못 인식하는 경우가 많습니다. 국어 시험이 끝나고 쉬는 시간에는 다음 시간에 치를 과학을 공부해야 하지만 다수의 학생들은 삼삼오오 모여 국어 시험지 답을 확인하며 괴로워합니다. 아깝게 틀린 국어 문제가 신경 쓰여 과학 시험에 집중하지 못하고 국어보다 더 많은 문제들을 과학에서 틀리게 됩니다.

제가 고등학교 2학년 기말고사를 치를 때의 일입니다. 첫날 에스파냐어 시험에서 89점을 받고 저는 절망에 빠졌습니다. 중간고사에서 90점을 받은 저는 두 시험의 평균 89.5로 '우'를 받게 된다는 걸 알게 된 것입니다. 당시에는 성취도가 '수'인지 '우'인지에 따라 들어갈 수 있는 대학 이름이 달라지던 시절이었기 때문에 단 0.5점으로 제 인생이 달라진다는 것이 한없이 억울했습니다. 그날 오후 내내 저는 다음 날 있을 시험 공부는 하지 못하고 에스파냐어에서 부분 점수 1점을 더 얻어낼 방법을 궁리했습니다. 그런데 결론이 어떻게 났을지 예상이 되시나요? 89.5는 성적 규정상 반올림이 되어 에스파냐어는 '수'를 받게 됩니다. 그런데 에스파냐어에 신경 쓰느라 다음 날 보는 수학 과목을 제대로 준비하지 못해서 이과의 꽃이자 5단위수 과목인 수학에서 '우'를 받는 비극을 맞이하게 됩니다. 우리 아이들은 이런 비극을 겪지 않으면 좋겠습니다.

검토 습관 갖기

시험 시간에 감독관으로 교실에 들어가서 20여 분이 지나면 제 마음속에는 권태로움이 찾아옵니다. 시험이라는 긴장 넘치는 순간에 권태로움이라니… 잘 이해가 안 되시죠? 학생들은 20여 분 정도 가볍게 시험을 치르고 어젯밤 늦게까지 공부한 탓인지 대부분 엎드려 휴식을 취합니다. 하지만 자신이 푼 문제들이 완벽하게 다 맞았다는 확신을 가지고 컨디션 조절을 위해 쉬는 학생들은 그리 많지 않습니다. 뒷면에도 시험 문제가 있다는 것을 몰랐던 학생을 포함해서 답안 카드에 정답을 하나씩 밀려서 체크한 학생까지 대부분 거의 습관적으로 엎드립니다. 이 시간을 위해 여태껏 그렇게 열심히 공부해 왔으면서도 정작 그 시간을 어떻게 활용해야 하는지 모릅니다. 아무도 가르쳐 주지 않았기 때문입니다.

초등학교 4학년인 딸이 처음으로 하루 종일 학교에서 단원 평가를 보는 날이었습니다. 저는 딸에게 한 가지 부탁을 했습니다.

"오늘 시험 문제를 풀면서 많이 틀려도 괜찮아. 대신 시험 시간 마지막 1분까지 절대로 엎드리지 않겠다는 것만 약속해 줄래? 네가 지금껏 최선을 다한 결과를 움직일 수 있는 중요한 시간을 헛되이 보내 버리면 나중에 결과가 나왔을 때 자신에 대한 후회가 생기거든."

"네, 엎드리지 않고 그 시간에 검토해 볼게요."

아이는 저와의 약속을 지켜주었고 시험지에 다음과 같은 표시를 해 가면서 여러 번 검토한 결과 좋은 성적을 받을 수 있었습니다.

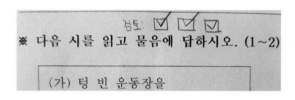

우리 아이들에게 시험 시간 1분 1초를 아껴서 반드시 여러 번 검토해야 한다는 것을 꼭 알려 주세요. 시간이 허락한다면 세 번까지 검토하면 좋고 적어도 한 번은 꼭 다시 풀어 보는 습관을 가져야 한다고 말씀해 주셔야 합니다. 서술형 문항들의 답안은 시험지 여백에 다시 한 번 써 보고 기존의 답과 비교해 볼 수 있도록 알려 주시기 바랍니다. 시험지에 푼 문제들의 정답을 OMR 카드에 옮기는 것도 제대로 마킹이 되었는지 두 번 이상은 확인해야 합니다. 그런 노력에도 실수는 발생할 수 있지만 스스로에 대한 후회와 자책은 줄일 수 있습니다. 시험 시간을 소중히 여기고 검토하는 태도는 습관입니다. 반드시 첫 시험에서 좋은 습관을 만들 수 있도록 부모님들께서 살펴 주시면 좋겠습니다.

문제 푸는 스킬 사용하기

마지막으로 아이들은 시험을 치르기 위해 문제 푸는 스킬들을 사용하는 법을 배워야 합니다. 가장 중요한 스킬은 시험 시간 안

배입니다. 기출 문제로 모의 시험을 치를 때 OMR 카드에 옮겨 쓰는 시간까지 포함해서 45분 안에 끝낼 수 있도록 한 문제당 풀이 가능 시간을 계산할 수 있어야 합니다. 예를 들어, 수학 시험 문제가 총 22문항이라고 가정하면 쉬운 문제들은 1분, 약간 어려운 문제들은 2분 안에 해결해야 한다는 결론이 나옵니다. 3분 정도 고민했음에도 불구하고 전혀 접근 방법이 떠오르지 않는다면 그 문제는 별표를 해 두고 다음 문제로 미련 없이 넘어가야 합니다. 또 시간이 얼마 남지 않았을 때는 시험 문제를 푸는 것보다 OMR 카드를 마킹하는 것이 더 쉽기 때문에 40분 동안은 계속 문제를 풀고 5분이 남았을 때 OMR 카드에 옮겨 적는 것이 더 효과적입니다. OMR 카드에는 서술형 답안을 볼펜으로 먼저 적은 후 선다형 문제들의 정답을 컴퓨터용 수성 사인펜으로 한 문제씩 칠하는 것이 더 낫습니다. 답안을 수정할 때는 OMR 카드 전체를 교환하는 것보다는 학교 규정에 따라 서술형은 두 줄 긋고 감독 선생님의 도장을 찍거나 선다형 문항은 수정테이프를 사용하는 것이 좋습니다. 아이가 답안 수정에 대한 학교 규정을 정확하게 숙지하고 있는지 모의 시험 전에 물어봐 주시기 바랍니다.

국어나 영어처럼 지문이 긴 과목들은 지문에 딸린 문제들을 먼저 읽고 그와 관련되는 내용을 읽을 때 좀 더 주의를 집중해서 읽는 것이 문제를 빠른 시간 내에 더 정확하게 해결하는 데 효과적입니다. 또 출제자들은 보통 보기의 정답지의 수를 골고루 배치하는 경우가 많기 때문에 연속해서 답이 계속 ①번으로 나온다면 한 번 더 검토하는 것이 현명합니다.

기출 문제 모의 시험을 푼 후에는 반드시 채점 후에 틀린 문제들을 왜 틀렸는지 정확하게 해결하고 넘어가야 합니다. 이해가 안 되는 부분은 쉬는 시간에 교과 선생님께 여쭤 보는 방법을 추천합니다. 시험 기간에는 되도록 학생들에게 많은 도움을 주고자 선생님들께서도 심혈을 기울여 설명해 주십니다. 그 설명 속에 시험을 잘 치를 수 있는 힌트들이 가득 숨어 있기를 바라 봅니다.

시험 기간 중 부모님의 역할

제 고등학교 때의 이야기입니다. 아침 6시에 일어나 7시에 학교에 도착하면 아침 공부가 시작됩니다. 2시간 자습 후 9시에 수업이 시작되면 오후 6시가 되어서야 보충 수업을 포함한 모든 학교 수업이 끝이 납니다. 저녁 도시락을 먹고 7시부터 야간 자율학습이 시작되어 밤 10시가 되면 하루 일과가 마무리되죠. 친구들은 "조금 있다가 만나자"며 지친 몸을 이끌고 기쁜 마음으로 각자의 집으로 향했습니다. 제가 교문을 나서면 늘 하루도 빠짐없이 아버지의 차가 저를 기다리고 있었습니다. 하루 종일 힘든 일을 하느라 저보다 더 지치셨을 텐데도 그런 기색 없이 늘 저에게 고생했다는 말씀을 하시던 모습이 떠오릅니다. 10시 30분쯤 집에 도착하면 피곤해서 꾸벅꾸벅 졸면서 저를 기다리던 어머니의 모습도 떠오릅니다. 그 시간에 배고플까 봐 반쯤 감긴 눈으로 간식을 챙겨 주시던 어머니의 마음에 공부를 게을리할 수 없었던 제 모습도 생각납니다. 두 분은 저에게 공부하라는 말씀을 단 한 번도 하신 적이 없었지만 전 두 분을 생각하면 단 한 순간도 공부를 게을리 할 수가 없었습니다.

첫째도 둘째도 말조심

부모님의 어떤 부분이 제가 공부를 할 수밖에 없도록 이끌었을까요? 부모님께서는 제가 열심히 공부하는 것을 열렬히 바라고 있다는 것을 행동으로는 보여주셨지만 입 밖으로는 그 어떤 말씀도 꺼내지 않으셨습니다. 중고등학생들은 아무리 자신에게 도움이 된다 할지라도 부모님의 조언이나 충고, 훈계를 가장 듣고 싶어 하지 않는 시기입니다. 따라서 시험 기간 동안 부모님께서 하셔야 할 첫 번째 행동은 '말조심'입니다.

"시험 잘 봤어?"
"내일 시험 보는 수학 공부는 끝냈어?"
"오늘 영어 시험 본 건 몇 점이야?"

부모님은 가볍게 던진 질문인데도 아이들이 느끼는 부담감은 훨씬 더 무겁습니다. 시험에 전혀 부담을 느끼지 않아 보이는 아이일지라도 시험 기간 동안 가장 긴장하면서 떨고 있는 것은 아이 본인입니다. 스스로 자신의 노력에 따른 결과를 책임질 수 있는 시간과 공간적인 거리를 확보해 주시면 좋겠습니다. 간혹, 아이의 낮은 점수를 듣고 아이보다 부모님이 더 속상해하시면서 그 마음을 아이에게 그대로 표현하는 경우가 있는데 이는 아이의 다른 과목 점수까지 낮게 하는 행동입니다. 아이보다 더 오랜 시간 살아온 삶의 지혜로 작은 시험에 연연하지 않고 초연하게 아이들을 품어 주실 수 있는 입이 무거운 부모님들을 응원합니다.

시험 때만이라도 아침 챙기기

다음으로 시험 기간에는 평소보다 조금 일찍 일어나셔서 아이가 좋아하는 메뉴로 아침 식사를 준비해 주시면 좋겠습니다. 물론 아이가 늦게 일어나서 한 숟가락도 못 먹고 학교에 갈 수도 있습니다. 하지만 아이는 모르는 척해도 부모님의 그 마음을 누구보다 잘 압니다. 오랜 기간 교사 생활을 하면서 제가 발견한 중요한 사실 중의 하나는 아침밥을 먹고 오는 학생들의 수업 집중도가 그렇지 않는 학생들보다 훨씬 더 높다는 것입니다. 제 경험의 결론을 뒷받침해 주는 자료를 농촌진흥청에서 발표한 적이 있습니다. 2002년 대학생을 대상으로 아침 식사와 수능 성적 간의 관계를 조사한 결과 '매일 아침 식사를 했다'고 응답한 학생들의 수능 점수가 '아침 식사를 잘 하지 않는다'고 대답한 학생들보다 평균 20점이나 높다는 사실이 밝혀졌습니다. 아침밥을 먹으면 탄수화물이 뇌를 활성화시키고 이는 학습 능력을 향상시킵니다. 평소에도 아침밥을 먹고 등교하면 좋겠지만 힘들다면 적어도 시험 기간만이라도 우리 아이들이 든든한 아침밥을 먹고 최상의 뇌 컨디션으로 시험을 치를 수 있도록 부모님께서 살펴 주시기를 기대합니다.

공부하는 아이 옆에서 같이 공부하기

마지막으로 시험 기간만이라도 부모님께서 아이들과 함께 공부하는 시간을 가지시면 좋겠습니다. 아이 공부할 걸 미리 공부해서 중요한 내용을 뽑아 주라는 얘기가 아닙니다. 경제 관련되는 공부든 교육 내용이든 상관 없습니다. 휴대폰이 아닌 책이나 신문 스크랩한 것을 가지고 노트 정리를 해 나가며 아이 책상 옆에 나란히 앉아 외롭게 시험 공부를 버티어 가고 있는 아이의 시간에 동행해 주시기를 추천합니다. 왜 안 하던 행동을 하냐며 아이가 타박할지도 모릅니다. 하지만 아이는 부모님의 그 절실한 심정으로 마지막 힘을 낼 수도 있습니다. 코로나 바이러스 때문에 요즘 청소년들 사이에서는 도서관 대신 온라인으로 함께 공부하는 게 늘어나고 있다고 합니다. 그만큼 처절한 자신과의 싸움에 누군가 함께하고 있다는 안도감은 공부에 집중할 수 있는 여건을 조성해 줍니다. 매일 함께 공부하는 것은 현실적으로 힘들다 할지라도 시험 기간 저녁 단 한 시간만이라도 든든한 가이드로 옆에 계셔 주시면 좋겠습니다. 시험 공부가 힘든 것은 내용 그 자체보다 외롭고 불안하기 때문입니다. 그 두려운 길을 부모님과 함께할 수 있는 아이들은 세상 그 어떤 어려운 시험 문제 앞에서도 굳건하게 자신의 실력을 마음껏 발휘할 것입니다.

지필 평가 반성

시험으로부터 배워야 할 것

드디어 중학교 2학년 첫 지필 평가가 끝났습니다. 결과가 어찌 되었든 수고한 우리 아이들과 함께 부모님께서도 이틀 정도는 마음 편히 자신의 시간을 맘껏 즐기시면 좋겠습니다. 그 후 성적표가 나오기 전 일주일 동안 부모님께서 우리 아이들에게 반드시 가르쳐 주셔야 하는 것이 하나 있습니다. 대부분의 부모님께서는 시험이 끝남과 동시에 부모로서 아이에게 시험에 대해 알려 줘야 할 것들은 전부 알려 줬다고 생각하십니다. 그러나 부모님께서 아이들을 도와주셔야 할 진짜 역할은 지금부터가 시작입니다.

제가 중학교 3학년 담임을 할 때의 일입니다. 저희 반에 늘 전교에서 최상위권 자리를 놓치지 않았던 일명 '엄친딸'이라고 불리는 학생이 한 명 있었습니다. 음악, 미술, 체육 그 어느 것 하나 빠지지 않던 그 아이는 친구들 사이에서 인기도 많았습니다. 수업 시간에는 당연히 집중해서 참여했지만 쉬는 시간이나 점심 시간에는 친구들과 함께 노느라고 그 학생이 공부하는 모습을 도무지 볼 수 없었던 저는 거의 올백에 가까운 그 학생의 성적이 의아하게 느껴질 때가 있었습니다. 그 의아함은 2학기 중간고사가 끝나던 어느 가을날 오후에 비로소 풀렸습니다. 시험이 끝났다는 해방감으로 학생들은 종례가 끝나자마자 거의 1분 만에 교실에서 자취를 감추었습니다. 교무실로 내려와 이것저것 정리하던 저는 출석부가 교실에 있다는 사실을 깨닫고 다시 교실로 발걸음을 옮겼습니다. 시험이 끝난 날 오후, 교실의 복도는 정적이 감돌았습니다. 우리 반 교실 문을 열었던 순간, 저는 쉽게 잊히지 않을 장면을 보게 됩니다. 엄친딸 학생이 홀로 앉아 이번 중간고사 시험지를 풀어 보고 있었습니다.

"혼자 뭐 하고 있어? 시험 끝났는데 놀러 안 갔어?"
"친구들이 집에 가서 좀 자고 저녁 때 놀자고 해서 중간고사 시험지 보고 있었어요. 중간고사 시험지를 잘 분석해 놔야 기말고사도 잘 볼 수 있거든요."

아무 일도 아니라는 듯 웃으면서 대답하는 아이를 보며 전 진정한 엄친딸의 면모를 볼 수 있었습니다.

우리나라 학생들의 가장 큰 약점은 시험으로부터 배우지 못한 다는 것입니다. 사실 수능 전의 모든 시험은 목표가 아닌 배움을 위한 하나의 과정입니다. 그 속에서 자신을 되돌아보고 새로운 시도와 전략을 구상하는 과정이 반드시 필요합니다.

'이번 시험은 한 달 전부터 준비했더니 기출 문제 풀 수 있는 시간이 부족했다. 다음 시험부터는 6주 전부터 시작해야겠다.'
'교과서 단원 마무리 문제를 꼼꼼하게 정리하지 못했더니 시험 시간에 헷갈렸다. 다음 시험부터는 단원 마무리 문제는 노트에 정리해야겠다.'

사실 이미 끝난 시험의 결과는 그렇게 중요하지 않습니다. 아이가 바꿀 수 없는 영역이기 때문입니다. 그러나 이번 시험에서 얻은 배움은 그 다음 시험의 결과를 바꿀 수 있습니다. 이것을 알고 있는 아이들이 거의 없기 때문에 반드시 부모님께서 가르쳐 주시면 좋겠습니다. 시험이 끝난 후에 스스로 오답을 정리하는 부모님의 기대 속 아이는 현실에는 없습니다. 따라서 부모님께서는 첫 시험이 끝난 후 아이와 많은 대화를 통해서 이번 시험을 함께 분석하는 시간을 가져야 합니다. 잘한 점은 칭찬해 주시고 부족한 점은 어떻게 보완할 것인지 피드백을 해 주셔야 합니다. 사실 이 영역은 학교에서 교사가 학생들에게 개별적으로 해 주어야 할 역할입니다. 그런데 부끄럽지만 학교 현장에서 다수의 학생들에게 지필 평가에 대한 개별적인 피드백을 해 준다는 것이 현실적으로 어려운 것이 사실입니다. 하지만 우리 아이들은 평가에 대한 피드백을 반드시 배워야 합니다. 그것이 바로 성적이 지속적으로 상승할 수 있는 가장 중요한 지점이기 때문입니다. 많은 학생들에게 이 과정이 생략되기 때문에 첫 지필 평가 후 치르는 다음 시험 점수가 크게 변하지 못하는 것입니다.

이제 막 걸음마를 배우기 시작한 아이는 물웅덩이를 보지 못하고 넘어집니다. 걷는 것에만 온 신경이 가기 때문이죠. 내일 똑같은 곳을 걷는 아이는 역시 물웅덩이를 보지 못할 테지만 부모님께서 알려 주시면 아이는 물웅덩이를 피해갈 수 있는 지혜를 배우게 될 것입니다. 이 지혜를 깨달을 수 있도록 지필 평가를 잘 활용하시는 현명한 부모님들의 모습을 그려 봅니다.

성적 산출과 성적표

지필 평가가 끝나면 보통 그 다음 주 교과 시간에 아이들은 서술형을 포함한 각 과목의 점수를 확인한 후 서명합니다. 일주일 동안 교과별 확인을 마친 후 담임 선생님이 다시 한 번 반별로 확인 서명을 받습니다. 최종적으로 성적 처리 담당 선생님이 성적 처리 프로그램으로 성적 산출을 끝내면 학생들은 중간고사 성적표를 받게 됩니다. 중간고사 성적표에는 수행 평가는 기재되지 않고 다음과 같이 지필 평가 점수만 나옵니다.

과목	지필/수행	고사/영역명(반영 비율)	만점	받은 점수	합계	성취도(수강자 수)	원점수/과목 평균
국어	지필	중간고사(100.00%)	100.00	95.00	95.00	(184)	95/76.6
역사	지필	중간고사(100.00%)	100.00	80.00	80.00	(184)	80/69.6
수학	지필	중간고사(100.00%)	100.00	100.00	100.00	(184)	100/76.6
과학	지필	중간고사(100.00%)	100.00	85.00	85.00	(184)	85/73.1
영어	지필	중간고사(100.00%)	100.00	90.00	90.00	(184)	90/72.9
한문	지필	중간고사(100.00%)	100.00	100.00	100.00	(184)	100/66.4

　　성적표에는 과목별 만점과 학생이 받은 점수, 같은 시험을 치른 학생 수, 과목 평균이 기재됩니다. 부모님들 중에 간혹 아이의 등수를 궁금해하시는 분들이 계시는데 공식적으로 석차가 산출되지 않기 때문에 담임 선생님도 모르는 경우가 많습니다. 중간고사 성적표에서는 석차보다는 원점수와 과목 평균을 주의 깊게 살펴 보시면 됩니다. 원점수는 우리 아이가 100점 만점에 받은 원래 점수를 뜻하고 과목 평균은 전체 수강자 184명의 평균 점수를 의미합니다. 따라서 과목 평균이 낮음에도 불구하고 원점수가 높다면 아이가 다른 친구들에 비해 시험을 잘 치렀다는 것을 뜻합니다. 예를 들어, 수학과 한문에서 동일한 원점수 100점을 받았지만, 한문 과목 평균이 수학 과목 평균보다 10점 정도 낮기 때문에 다른 친구들보다 한문 시험을 더 잘 치렀다는 것을 알 수 있습니다.

　　1학기 중간고사와 기말고사를 모두 치른 후 학기말이 되면 수행 평가까지 포함된 다음과 같은 예시의 성적표를 받게 됩니다.

과목	지필/수행	고사/영역명 (반영 비율)	만점	받은 점수	합계	성취도 (수강자 수)	원점수/과목 평균
국어	지필	1차 지필 평가(30%)	100.00	93.00	89.5	A(260)	90/78.3
	지필	2차 지필 평가(30%)	100.00	82.00			
	수행	포트폴리오(20%)	20.00	18.00			
	수행	서평 쓰기(20%)	20.00	19.00			
수학	지필	1차 지필 평가(35%)	100.00	78.00	85.1	B(260)	85/75.2
	지필	2차 지필 평가(35%)	100.00	88.00			
	수행	논술형 평가(15%)	15.00	15.00			
	수행	과정 평가(15%)	15.00	12.00			
		이 하 생 략					

　　국어 과목을 보면 수행 평가 영역의 포트폴리오와 서평 쓰기 반영 비율이 모두 20%이면서 만점이 20점이므로 각 영역에서 받은 점수 18점과 19점은 합계에 그대로 합산됩니다. 1차, 2차 지필 평가 반영 비율은 각각 30%이므로 93점의 30%인 27.9점과 82점의 30%인 24.6점을 더하면 지필 평가 합계는 52.5점이 됩니다. 따라서 국어 과목의 합계 점수는 52.5+18+19=89.5점이 되고 합계를 소수 첫째 자리에서 반올림한 원점수는 90점으로 성취도는 A입니다. 마찬가지 방법으로 수학 과목의 합계는 85.1점이 되고 원점수는 85점으로 성취도는 B가 됩니다.

　　중학교 성적표에 기재되는 성취도는 상대적 비교에 의한 등수가 아닌 학생이 성취한 원점수를 성취기준에 따라 등급으로 표시

한 것입니다. 성취도 등급 기준은 다음과 같습니다.

[체육, 음악, 미술 교과]

원점수	80점 이상	60점 이상~80점 미만	60점 미만
성취도	A	B	C

[체육, 음악, 미술 교과 외 일반 과목]

원점수	90점 이상	80점 이상 ~90점 미만	70점 이상 ~80점 미만	60점 이상 ~70점 미만	60점 미만
성취도	A	B	C	D	E

동일하게 성취도 A라고 해도 어떤 학생은 90점인데 반해 어떤 학생은 100점을 받았을 수도 있습니다. 고등학교 내신이나 수능 등급은 상대적 비교를 전제로 평가되기 때문에 성취도뿐만 아니라 아이의 원점수에도 세심한 관심을 가질 필요가 있습니다. 물론 A 등급을 받았다는 사실 자체만으로도 충분히 좋은 성적이기 때문에 많이 칭찬해 주신 후에 원점수를 올릴 수 있는 방법들을 아이와 함께 고심하시면 됩니다.

아이의 성적표는 나이스 학부모서비스(neis.go.kr)에 접속하시면 인터넷에서도 바로 확인이 가능합니다. 부모님 학창 시절에는 성적표를 확인하고 싶지 않았다 해도 우리 아이의 성적표는 한 번쯤은 확인해 보셨으면 하는 마음으로 2장을 닫습니다.

3장

3학년
고등 생활의 준비

중학교 3학년 담임을 맡는 해에는 학생들을 만나는 첫날부터 졸업식 날까지 마음속에 '고등학교'라는 단어를 품고 삽니다. 날려 보내기 위해 키우는 새들처럼 어떻게 하면 학생들이 자신이 원하는 고등학교에 진학할 수 있을지 늘 고심하죠. 중3 아이들과 부모님 역시 마찬가지입니다. 중3은 이제 중학생보다는 고등학교 준비생이라는 명칭이 더 잘 어울리는 때가 됩니다. 물론 부모님 눈에는 아직도 한없이 어리고 철없어 보일 때가 많을 것입니다. 그러나 중1, 2 학생들과 비교해 보면 확실히 중3 학생들만이 가진 의젓함과 자신의 미래에 대한 깊은 고뇌가 있습니다. 외적으로는 성인과 비슷하지만 내적으로는 아직도 초등학생 같은 자신을 바라보며 혼란스럽고 불안한 고등학교 준비생들에게 부모님이 밤바다의 등대처럼 환하게 길을 밝혀 주는 역할을 해 주시면 좋겠습니다.

이를 위해 3장에서는 3학년 1년 간의 학사 일정과 부모님들이 놓치지 말고 아이들에게 챙겨 주셔야 하는 것들을 알려 드립니다. 또 우리 아이가 진학할 수 있는 다양한 고등학교 유형과 입학 전형을 분석해 봄으로써 고교학점제 시대에 성공적인 대입을 위한 전략적인 고등학교 선택법도 안내해 드립니다. 고등학교에서 학생들을 가르쳤던 경험을 바탕으로 반드시 공부하고 와야 할 수학, 영어, 국어 내용들도 설명해 드리겠습니다. 고등학교 공부는 중학교 공부와는 차원이 다릅니다. 본격적인 공부를 시작해야 하는 아이들을 위해 이 글을 여러 번 정독하셔서 각 과목의 핵심을 간파하는 베테랑 학부모님이 되시기를 응원합니다.

3학년 학사 일정 및
놓치면 안 되는 것들

　3월 2일 첫날, 신입생들이 입학식을 하는 동안에도 3학년 교실에는 책을 펴고 공부하는 학생들이 있습니다. 5개월 후면 고등학교 원서를 쓴다는 사실에 새학년 첫날의 설렘은 사치라는 것을 아는 자리에 와 버린 것입니다. 1~2학년이 1년 학교 생활을 하는 동안 3학년은 1학기가 지나고 2학기부터는 거의 학교 생활을 느낄 여유가 없어집니다. 2학기 개학과 동시에 고등학교 원서 상담이 시작되고 1차 지필 평가를 준비하다 보면 수행 평가 더미 속에서 다시 2차 지필 평가 준비 기간이 다가옵니다. 제가 교사 생활을 하면서 가장 빠른 속도로 지나가 버리는 구간이 바로 중학교 3학년 2학기입니다. 빠르게 지나가는 시간 속에서도 중요한 것들을 놓치지 않기 위해서는 학교에서 어떤 일들이 진행되고 있는지 부모님께서 잘 알고 계셔야 합니다. 다음 3학년 학사 일정 예시를 살펴보면서 어떤 부분들을 놓치지 말고 챙겨야 하는지 자세히 설명 드리겠습니다.

3학년 학사 일정

3학년의 대략적인 학사 일정은 다음과 같습니다.

월	1학기 학사 일정
3월	학부모 총회, 정부반장 선출, 진로검사
4월	1차 지필 평가, 고입 내신 상담, 과학의 달 행사, 장애인의 날 행사
5월	현장체험학습, 고등학교 방문
6월	
7월	2차 지필 평가, 방학식

월	2학기 학사 일정	구분	원서 접수
8월	개학식	전기고	과학고
9월	고등학교 원서 상담		
10월	1차 지필 평가, 고입 설명회		예술고, 체육고, 마이스터고
11월	현장체험학습, 2차 지필 평가		특성화고
12월		후기고	일반고, 외국어고, 국제고, 자사고 (*참고로 2025년에는 특목고 폐지 예정으로 후기고는 일반고만 해당합니다.)

3학년 학사 일정을 보면 8월부터 고등학교(과학고) 원서 접수가 시작된다는 것과 2학기 2차 지필 평가를 2학년보다 당겨서 11월에 치른다는 점 외에는 앞서 1학년 생활 부분에서 말씀드린 학사 일정과 큰 차이를 못 느끼실 것입니다. 하지만 비슷해 보이는 학사 일정이라 해도 1학년 학부모님과 3학년 학부모님이 해 주셔야 하는 역할은 천지 차이입니다. 3학년 학부모님께서 반드시 기억하셔야 할 세 가지 행사는 다음과 같습니다.

학부모 총회

3월 학부모 총회에 반드시 참석하시면 좋겠습니다. 우리 아이가 집 앞에 있는 일반고등학교에 진학하는 것이 거의 확실시된다 할지라도 학부모 총회를 통해 얻으셔야 할 정보가 있습니다. 먼저 고등학교 입학 전형에 대한 전반적인 설명을 들으실 수 있습니다. 또 담임 선생님이 어떤 분이신지 파악할 수 있는 기회가 됩니다. 아이가 학교를 다니는 매년, 안 중요한 담임 선생님이 안 계시겠지만 중3 담임 선생님의 영향력은 그 어느 때보다 큰 것이 사실입니다. 그 역할을 감당하시는 분께 눈도장을 찍고 아이가 원하는 고등학교에 진학할 수 있도록 담임 선생님과 멋진 2인 3각 경기의 호흡을 잘 맞춰 주세요.

다음으로 총회 공식 일정을 마친 후 담임 선생님과 학부모 상담을 하실 때 우리 아이의 현재까지 비교과 활동 상황을 물어보시기 바랍니다. 대부분의 중3 담임 선생님께서는 미리 자료를 준비해 주시지만 혹시 잊으실 경우에는 부모님이 먼저 챙기셔야 합니다. 여기에서 비교과 활동 상황이란 학교생활기록부 설명에서 말씀드렸던 고입 비교과 점수에 반영되는 봉사활동, 수상경력, 자치회 임원활동, 출결상황 자료를 뜻합니다. 다음 경기도 고등학교 입학 전형에서 보시는 것처럼 비교과 활동들이 내신 성적에 반영되는 시기가 대부분이 10월 말까지입니다.

[내신 성적 반영 기준과 시기]

반영 기준	적용 대상	반영 시기
봉사활동	공통	3학년 10월 말까지
학교활동 (수상 실적 및 자치회 임원활동)	공통	3학년 10월 말까지
출결상황	공통	3학년 10월 말까지
교과활동상황	특성화고	**3학년 2학기 1차 지필 평가까지** 단, '3학년 2학기 1차 지필 평가까지'란 학교별 중간 내신을 산출하는 시기를 의미하며, 그 기간 내에 단위학교가 실시한 모든 평가(지필 평가, 수행 평가 등)를 학업 성적관리위원회 결정에 의해 100%로 환산하여 정함
	일반고	3학년 2학기 학기말 성적까지

※ 단, 졸업자의 3학년 내신 성적(봉사활동, 학교활동, 출결상황, 교과활동상황)은 학교생활기록부에 기재된 전체 학년의 것을 반영한다.

따라서 학부모 총회 때 아이의 3월까지 점수를 확인하시고 적어도 여름방학 때까지는 고입 비교과 점수에서 만점을 받을 수 있도록 살펴 주셔야 합니다. 물론 스스로 자신의 내신 성적을 야무지게 잘 관리하는 학생들도 있지만 그렇지 못한 경우도 많기 때문에 부모님께서 관심을 가져 주시면 좋겠습니다.

담임 선생님 면담

4월 고입 내신 상담 기간에는 되도록 담임 선생님을 뵙고 이런저런 이야기를 나눌 수 있는 기회를 가지시면 좋겠습니다. 학교마다 일정에 약간씩 차이가 있기 때문에 꼭 4월이 아닐 수도 있지만 많은 학교에서는 중3 학부모님들을 대상으로 한두 번씩은 개인별로 고입 내신 상담 기간을 갖습니다. 따로 학교에서 공지가 없으면 개별적으로 담임 선생님께 연락해서 상담 요청을 드리는 것도 좋습니다.

보통 4월쯤이면 작년 2학년 성적을 기준으로 학생들의 가내신이 산출됩니다. 가내신이란 학생들의 고입 상담을 위해 3학년 성적 없이 대략적으로 예상되는 내신 점수를 계산한 것입니다. 담임 선생님을 뵙고 아이의 현재 내신 성적을 확인한 후 다가오는 1차 지필 평가 준비를 어떻게 하면 좋을지 물어보시기 바랍니다. 3월 한 달 동안 담임 선생님이 지켜본 아이의 수업 태도나 학업 역량 측면에 대한 조언도 들을 수 있다면 더욱 좋습니다. 3학년이 고등 준비로 중등 생활을 마무리하는 시기인 것은 맞지만 1학년 때 지필 평가를 치르지 않는 관계로 고입 교과 점수의 절반을 차지하는 중요한 시기도 합니다. 따라서 3학년 때 지필 평가 성적이 어떻게 나오느냐에 따라 내신 점수는 많이 달라질 수 있습니다. 그 구체적인 방법을 고입 내신 상담 기간에 담임 선생님께 배울 수 있습니다. 또 일반고 이외의 다양한 유형의 고등학교와 우리 아이에게 적합한 고등학교에 대한 정보도 얻을 수 있습니다.

간혹 선생님이 부담스러워하실까 봐 상담을 조심스러워하는 부모님들도 계십니다. 그러나 대부분의 중3 담임 선생님들은 부모님과 상담하는 것을 당연하게 생각하고 늘 마음의 준비를 하고 계십니다. 아이를 위해서도 학교생활기록부에 기재된 문자로 추측하는 학교생활이 아닌, 함께 생활하는 선생님의 살아 있는 관찰 기록을 들을 수 있는 기회는 아주 중요합니다. 부디 중3 부모님의 특권을 맘껏 활용하셔서 지속적으로 성장하는 아이를 바라볼 수 있는 기쁨을 누리시면 좋겠습니다.

고입 설명회 참석

10월쯤 각 시도교육청이나 고등학교에서 개최되는 고입설명회에 한 번쯤은 참석하시기를 추천합니다. 그 전에 먼저 8월쯤 각 시도교육청 고입정보포털에 접속하시면 지역별로 입학 배정 절차라든가 그 지역 소재 고등학교에 대한 전반적인 정보들을 얻으실 수 있습니다. 서울특별시교육청 일반계 고교홍보사이트 하이인포(hinfo.sen.go.kr)에서는 서울시 고입 전형 일정과 학교군 안내 등 고입 전반에 대한 상세한 내용들을 확인하실 수 있습니다. 경기도교육청 고등학교 입학 전학 포털(satp.goe.go.kr)에서는 '고교 입학

맞춤가이드'를 통해 우리 아이에게 맞는 고등학교를 찾고 입학 절차를 알아볼 수도 있습니다.

시도교육청 고입정보포털을 통해 우리 아이가 관심을 가지는 고등학교를 찾으셨다면 다음은 그 고등학교 홈페이지에 접속해 보시기 바랍니다. 자체적으로 고입설명회를 개최하는 학교도 있고 몇 개의 학교가 연합해서 진행되는 경우도 있습니다. 학교 외에 대형 학원에서 진행하는 설명회도 있고 시도교육청에서 주관하는 온라인 고입설명회도 있습니다. 여러 곳에 참석하는 게 힘들다면 여건이 허락하는 한 곳이라도 참석하셔서 올해 고입에 대한 세부적인 내용들을 확인하는 과정이 필요합니다. 예전처럼 성적이 낮아서 고등학교 진학을 아예 못하는 경우는 없습니다. 다만 이렇게 하는 것은 좀 더 아이가 만족할 만한 환경을 찾기 위한 과정인 것입니다. 아이의 소중한 3년을 위해서 부모님들의 후회 없는 노력을 응원합니다.

고등학교 유형과 입학 전형

　3학년 학사 일정과 놓치면 안 되는 것들을 잘 챙기셨다면 이제
는 우리 아이가 갈 수 있는 고등학교에는 구체적으로 어떤 유형이
있고 어떤 절차를 통해 입학할 수 있는지에 대한 공부가 필요합니
다. 막연하게 집 근처 고등학교에 배정받는 것으로 알고 있는 것
과 우리나라 고등학교의 전반적인 체계를 알고 집 앞 고등학교에
배정받는 것과는 큰 차이가 있습니다. 아무리 자기 관리가 뛰어난
아이라 해도 수행 평가, 지필 평가, 비교과활동 등을 챙기다 보면
고등학교 정보까지 조사하기는 쉽지 않습니다. 그래서 중3 부모님
의 역할은 아이 진로에 따른 고등학교를 물색하고 입학 전형을 분
석해서 최적화된 경로로 아이들을 안내해 주는 것입니다. 아이만
큼이나 열심히 공부하시는 부모님들을 위해 고등학교 유형부터
알려 드리겠습니다.

고등학교 유형

현재 우리나라 고등학교는 크게 일반고등학교, 특수목적고등학교, 특성화고등학교, 자율고등학교 네 가지로 구분할 수 있습니다.

일반고등학교는 특정 분야가 아닌 다양한 분야에 걸쳐 일반적인 교육을 실시하는 학교입니다. 가장 많은 학생들이 선택하는 유형으로 대학 진학을 목표로 하는 인문계 고등학교를 일컫습니다.

특수목적고등학교는 특수 분야의 전문적인 교육을 목적으로 하

[고등학교 유형]

구분	유형	학교 종류
전기학교	영재학교	과학영재학교
		과학예술영재학교
	특수목적고	과학고: 과학 인재 양성
		예술고: 예술인 양성
		체육고: 체육인 양성
		마이스터고: 산업 수요에 맞춘 인재 양성
	특성화고	
후기학교	일반고	
	특수목적고	외국어고: 외국어에 능숙한 인재 양성
		국제고: 국제 전문 인재 양성
	자율고	자율형사립고(자사고)
		자율형공립고

는 고등학교로 과학고, 예술고, 체육고, 마이스터고, 외국어고, 국제고가 있습니다. 특성화고등학교는 취업을 희망하는 학생을 대상으로 현장 실습 등 체험 위주의 교육을 전문적으로 실시하며 크게 직업 특성화고와 대안 특성화고로 나눌 수 있습니다. 자율고등학교는 교육과정 운영의 자율성이 확대된 고등학교로 자율형사립고와 자율형공립고로 구분됩니다. 2009년 생이 고등학교에 입학하는 2025년에는 후기학교의 특수목적고와 자사고가 일반고로 전환 예정입니다.

영재학교는 과학고에서 전환된 학교가 대부분이라 이름이 과학고등학교인 경우가 많지만 초·중등교육법이 아닌 영재교육진흥법이 정하는 방법으로 영재교육 대상자를 선발하는 학교입니다. 영재교육을 목적으로 설립된 학교로 보통 6월에 원서 접수가 시작되며, 서울과학고, 한국과학기술원 부설 한국과학영재학교, 경기과학고등학교, 대구과학고등학교, 대전과학고등학교, 광주과학고등학교의 6개 과학영재학교와 인천과학예술영재학교, 세종과학예술영재학교의 2개 과학예술영재학교가 운영되고 있습니다.

입학 전형

고등학교 입학 전형은 크게 전기고등학교와 후기고등학교로 구분됩니다. 다음은 2022학년도 서울시 고등학교 입학 전형 주요 일정입니다.

[2022학년도 서울특별시 고등학교 입학 전형 주요 일정]

구분	학교계열			입학 원서 접수	합격자 발표일
전기고등학교	과학고			2021.9.1.(수) - 9.3.(금)	2021.12.2.(목)
	서울체고	특별		2021.10.25.(월) - 10.26.(화)	2021.10.29.(금)
		일반		2021.11.1.(월) - 11.2.(화)	2021.11.9.(화)
	예술계고(서울미고 포함)			2021.10.15.(금) - 10.20.(수)	2021.10.29.(금)
	마이스터고(특별/일반)			2021.10.18.(월) - 10.21.(목)	2021.11.3.(수)
	특성화고	특별		2021.11.23.(화) - 11.24.(수)	2021.11.29.(월)
		일반		2021.11.30.(화) - 12.1.(수)	2021.12.2.(목)
	관악예술과			2021.11.22.(월) - 11.24.(수)	2021.11.26.(금)
	추가 모집			2021.12.2.(목) - 12.6.(월) 모집 기간 내에 계열별로 추가 전형 실시	2021.12.7.(화)
후기고등학교	학교장 선발고	한국삼육고, 한광고		2021.12.7.(화) - 12.8.(수)	2021.12.10.(금)
		외국어고·국제고		2021.12.8.(수) - 12.10.(금)	2021.12.24.(금)
				2021.12.13.(월) - 12.15.(수) (면접 대상자 자기소개서 온라인 제출 기간)	
		자사고	경희고 등 20교	2021.12.8.(수) - 12.10.(금)	2022. 1.3.(월)
				2021.12.17.(금) - 12.20.(월) (면접 대상자 서류 제출 기간)	
			하나고	2021.12.8.(수) - 12.10.(금)	
				2021.12.16.(목) - 12.20.(월) (면접 대상자 자기소개서 온라인 제출 기간)	
	예술·체육 중점학급			2021.12.8.(수) - 12.10.(금)	2021.12.22.(수)
	교육감 선발고(일반고)			2021.12.8.(수) - 12.10.(금)	2022.1.7.(금)
	추가 모집	한국삼육고, 한광고, 예술·체육 중점학급		2022.1.7.(금) - 1.10.(월)	2022.1.12.(수)
		자사고·외국어고·국제고		2022.1.13.(목) - 1.14.(금)	2022.1.19.(수)

• **교육감 선발고 결과 발표**
　– 배정학교 발표 : 2022.2.3.(목)
　– 입학 등록 : 2022.2.3.(목)-2.4.(금)

• **교육감 선발고 입학 전 배정**
　– 인터넷 접수 : 2022.2.6.(일)-2.7.(월)
　– 서류 제출(방문) : 2022.2.8.(화)-2.9.(수)
　– 배정 학교 발표 : 2022.2.21.(월)
　– 입학 등록 : 2022.2.21.(월)-2.22.(화)

※ 향후 학교 사정에 따라 변경될 수 있음.

전기학교 중에서 과학고는 9월경, 예술고, 체육고, 마이스터고는 10월경, 특성화고는 11월경에 원서 접수를 시작합니다. 후기학교인 일반고, 외국어고, 국제고, 자율형사립고, 자율형공립고 등은 12월에 원서 접수가 시작됩니다.

고입정보포털(hischool.go.kr)에 접속하시면 각 시도별 입학 전형 일정을 확인하실 수 있습니다. 전기고등학교 합격자 발표 이후에 후기고등학교 입학 원서를 접수합니다. 여기에서 중요한 것은 전기고등학교 신입생으로 선발된 학생들은 후기고등학교에 지원할 수 없다는 것입니다. 다음 내용을 숙지해 주세요.

[이중 지원 사례]

1) 전기고등학교를 2교 이상 지원하는 경우(합격 여부 무관)
   ※ 예시: 예술고·체육고에 지원하여 불합격한 자는 특성화고에 지원 불가
2) 특성화고등학교 특별 전형 합격자가 특성화고등학교 일반 전형에 지원하는 경우
3) 전기고등학교 합격자가 후기고등학교에 지원하는 경우
4) 후기고등학교 합격자가 전기고등학교 추가 모집에 지원하는 경우
   ※ 해당 학년도 고등학교 입학 전형에 합격자 대상으로 추가 선발 불가
5) 후기고등학교 지원 후 불합격이 결정되지 않은 자가 후기고등학교에 지원하는 경우
   ※ 불합격이 확인되지 아니한 자는 다른 고등학교에 지원 불가
6) 교육감 선발 후기고등학교 합격자(배정 대상자)가 자사고, 외고, 국제고 등 추가 모집에 지원하는 경우
7) 타 시도 고등학교 합격자가 후기 학교장 선발고 추가 모집에 지원하는 경우
8) 타 시도 고등학교 합격자가 후기고등학교 추가 전형에 지원하는 경우

따라서 예술고를 그냥 한 번 써 보는 건 위험할 수 있고, 전기고등학교에 두 곳 이상 원서를 제출해도 안 됩니다. 물론 전기고등학교에 불합격한 경우는 후기고등학교 지원이 가능합니다.

지금부터는 서울 지역을 기준으로 학교 유형별 구체적인 입학 전형을 살펴보겠습니다. 입학 전형은 각 지역과 학교에 따라 모두 조금씩 다르기 때문에 반드시 해당 학교 홈페이지에 공지된 입학 전형을 확인해 보시기 바랍니다.

ˈ 과학고

과학과 수학 관련 심화 교육과정 운영을 통해 과학 인재를 양성하는 과학고는 '자기주도학습' 전형을 실시합니다. 학생 스스로 자신의 학습 과정에서 주도적으로 목표를 설정하고 계획하여 학습한 후 스스로 결과를 평가하는 과정을 통해 창의적 문제 해결력을 갖춘 학생을 다음과 같은 과정으로 선발합니다.

내신 반영 과목은 과학, 수학이며 면담을 통해 진로 계획과 자기주도학습 과정, 탐구 활동 등을 평가합니다. 면접 평가는 과학, 수학에 대한 창의성, 잠재력, 소양 등을 종합적으로 검증할 수 있

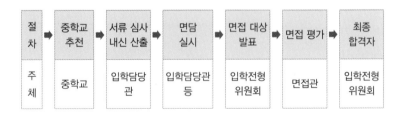

절차	중학교 추천	서류 심사 내신 산출	면담 실시	면접 대상 발표	면접 평가	최종 합격자
주체	중학교	입학담당관	입학담당관 등	입학전형 위원회	면접관	입학전형 위원회

는 질문지를 통해 실시됩니다. 3인 이상의 면접관들이 개별 점수를 산정한 후 내신 성적과 서류 평가(학교생활기록부Ⅱ, 자기소개서, 교사 추천서) 결과 등을 합산하여 최종 합격자를 선발합니다.

예술고

음악, 미술, 무용, 연극, 사진 등 예술 교육을 목표로 하는 예술고등학교는 전국의 학생들을 대상으로 중학교 내신성적(교과 + 출결 + 봉사)과 실기고사로 선발합니다. 실기고사 비율은 보통 40% ~ 60%로 학교 및 학과에 따라 다르고 교과 성적은 3학년 1학기까지 반영됩니다. 예술고에 지원할 때는 현 거주지에 따라 학교 기숙사가 있는지 여부와 연간 학비를 확인해 보시기 바랍니다.

체육고

체육인 양성을 목적으로 세운 체육고는 전국 단위로 모집하며 다음과 같이 특별전형과 일반전형이 있습니다.

---

1) 특별전형: 전국 규모 대회 개인전(컬링 제외) 1, 2, 3위 입상자
　가) 입상 실적: 전국 규모 대회 1, 2, 3위 입상 실적(140점)
　나) 내신 성적: 교과성적(60점), 출결(10점), 봉사(10점)
2) 일반전형: 경기 입상 실적 소지자 또는 해당 종목에 운동 소질이 있는 자
　가) 실기고사: 전문기능검사(140점), 체력검사(80점)
　나) 체격 및 적성검사(20점)
　다) 내신 성적: 교과성적(60점), 출결(10점), 봉사(10점)

체육고는 종목 선택 후 지원해야 하며 경기 입상 실적이 없는 학생도 지원 가능합니다. 일반전형은 각 종목별 고득점자 순으로 선발하고 특별전형은 종목 구분 없이 고득점자를 선발합니다.

마이스터고

바로 취업이 가능한 예비 마이스터(젊은 기술 명장)를 양성하는 마이스터고는 다음과 같이 입학 전형의 다양화와 자율화로 전국의 학생들을 모집합니다.

교과 성적이 최대 50% 이하로 학교장이 선발할 수 있는 재량권이 크기 때문에 성적이 높지 않다 할지라도 성실하게 기술을 익히고 실습 교육을 받고자 하는 학생들에게 유리합니다.

구분	필수 평가 요소			선택 평가 요소	전형 비율
	교과성적	인성	면접	학교 선택	
특별 전형	30% 이하	10% 이상	10% 이상	0~20%	모집 정원 10% 이상
일반 전형	50% 이하	10% 이상	10% 이상	0~20%	모집 정원 90% 이하
비고	• 전 교과 반영 • 교과가중치 −적용 여부, 비율 : 학교 재량 −기술·가정은 필수 포함하여 3개 교과 이하	• 필수 적용 요소 : 출결, 봉사 • 선택 적용 요소 : 행동특성 및 종합의견, 창의적체험활동 등 인성 관련	• 성장 가능성, 적성 등 반영	• 적용 여부 : 학교 재량 • 가산점 영역 내용 (총점의 3% 이내)	

특성화고

현장 실습 및 체험 위주의 교육을 전문적으로 실시하는 특성화고와 앞에 언급한 마이스터고의 차이점은 마이스터고 학생들은 졸업 후 거의 취업을 해야 하며 대학에 진학하고자 할 때는 어려움이 있습니다. 반면 특성화고 졸업생들은 취업을 하거나 특별전형을 통해 수능의 직업탐구 영역을 치른 후 대학에 바로 진학하는 것이 가능합니다. 특성화고·마이스터고 포털(교육부)(hifive.go.kr) 사이트에 접속하시면 관련된 다양한 정보를 얻으실 수 있습니다.

특성화고 입학 전형은 크게 특별전형과 학교에서 작성하는 고입석차연명부의 개인별 석차 백분율을 가지고 선발하는 일반전형으로 나뉩니다. 취업이나 창업 의지가 명확하고 성장 가능성과 창의성을 가진 학생들을 선발하는 특별전형은 잠재 능력을 종합하여 다음과 같이 교과 성적에 관계 없이 선발합니다.

하이잡 서울특별시교육청(high-job.sen.go.kr) 홈페이지에 접속하시면 특성화고 입학과 취업 관련 정보들을 얻으실 수 있습니다.

구분	평가 항목				계
	정량적 요소		정성적 요소		
평가 요소	출결	봉사활동	자기소개서 및 학업계획 (포트폴리오 포함)	심층면접 (실기평가 등 포함)	
반영 비율(%)	20	20	20	40	100
전형 단계	1차	1차	2차	2차	

일반고

　대학 진학을 목적으로 가장 많은 학생들이 선택하는 일반고 입학 전형은 지역에 따라 차이가 많기 때문에 반드시 해당 지역의 교육청 입학 전형을 꼼꼼하게 확인하시기 바랍니다. 서울 지역은 다음과 같이 선지원 후추첨해서 배정하는 방식으로 진행됩니다.

✔ **1단계 지원**
서울 전체 학교에서 2개교 선택
(중복 불가)
➡
✔ **2단계 지원**
일반학교군(거주지 학군) 내 학교에서
2개교 선택(중복 불가)

※ 각 단계 내에서는 서로 다른 2개 학교를 지원해야 하나, 1단계 지망교와 2단계 지망교의 전부 또는 일부 중복 지원 가능(1단계에서 지원한 학교를 2단계에서도 지원할 수 있음)

[지원 예시]

1단계		2단계		
1지망교	2지망교	1지망교	2지망교	**가능** (서로 다른 학교 지원)
A고	B고	C고	D고	

1단계		2단계		
1지망교	2지망교	1지망교	2지망교	**가능** (서로 다른 단계의 중복 지원)
A고	B고	A고	B고	

1단계		2단계		
1지망교	2지망교	1지망교	2지망교	**가능** (서로 다른 단계의 일부 중복 지원)
A고	B고	A고	C고	

1단계		2단계		
1지망교	2지망교	1지망교	2지망교	**불가능** (같은 단계에서의 중복 지원)
A고	A고	B고	B고	

외국어고, 국제고

외국어에 능숙한 인재 양성을 위한 외국어고와 국제 관계에 전
문성을 갖춘 학생으로 교육시키는 국제고는 다음과 같은 자기주
도학습 전형으로 진행됩니다.

〈1단계〉
영어 교과성적(160점) + 출결점수(감점)
[정원의 1.5배수 선발]

〈2단계〉
1단계 성적(160점) + 면접 점수(40점)
[최종 합격자 선발]

2단계 면접에서는 다음과 같은 방법으로 점수가 산출되기 때문
에 자기주도학습과 인성 영역에 특히 더 노력을 기울여야 합니다.

● 면접 점수 산출 방식

면접 점수 = 자기주도학습 영역 점수(꿈과 끼 영역) + 인성 영역 점수

● 면접 내용
-자기주도학습 영역(꿈과 끼 영역)
• 자기주도학습 과정: 학습을 위해 주도적으로 수행한 목표 설정·계획·학습
  그리고 그 결과 평가까지의 전 과정(교육과정에서 동아리활동 및 진로체험, 꿈
  과 끼를 살리기 위한 활동 및 경험 등 포함)
• 지원 동기 및 진로 계획: 학교 특성과 연계해 지원 학교에 관심을 갖게 된
  동기, 꿈과 끼를 살리기 위한 활동 계획과 진로 계획
-인성 영역
• 핵심 인성 요소에 대한 중학교 활동 실적: 자기소개서, 학교생활기록부 행
  동특성 및 종합의견에 기재된 핵심 인성 요소에 대한 중학교 활동 실적
• 인성 영역 활동을 통해 느낀 점: 중학교 활동을 통해 배우고 느낀 점
※ 면접 시 교과학습 발달상황을 포함한 교과 관련 영역에 대한 평가를 금지함.

수학, 과학 성적은 반영되지 않고 영어 성적만 반영되기 때문에 대부분 영어 과목 성취도가 A인 학생들이 지원합니다.

자사고

교육과정 및 학사 일정 등을 자율적으로 운영하여 보다 다양한 교육 프로그램을 제공하는 자립형사립고는 후기학교 전형으로 외국어고, 국제고처럼 일반고에 동시에 지원할 수 있는 학교입니다. 전국 단위로 학생을 모집하는 자사고(하나고, 용인외대부고, 민족사관고, 상산고, 현대청운고, 포항제철고, 북일고, 인천하늘고, 김천고, 광양제철고)들은 1단계에서 교과성적과 출결 감점을 토대로 일정 인원을 선발한 후 2단계에서 1단계 성적과 서류, 면접 점수를 합산해 최종 합격자를 선발합니다. 하나고를 제외한 서울 지역 자사고들은 중학교 성적에 제한 없이 학생 선택에 따라 지원하고 학교별로 면접 대상자를 추첨해서 면접 후에 합격자를 선발합니다. 면접 점수 산출 방식은 앞서 설명한 외국어고, 국제고 면접 방법과 유사합니다.

자사고를 비롯한 외국어고와 국제고는 2025년 초·중등교육법 시행령 개정으로 모두 일반고로 전환될 예정입니다. 자사고를 비롯한 외국어고, 국제고 등이 설립 목적과는 달리 학교를 서열화하고 사교육을 부추긴다는 비판을 받아왔기 때문입니다. 일각에서는 고교 교육의 하향 평준화라는 불만도 있지만 고교학점제가 전면적으로 실시되면 모든 학교에서 학생 맞춤형 교육이 가능해질 것이기 때문에 굳이 자사고나 외국어고, 국제고 등을 유지할 이유가 없다고 교육부는 설명하고 있습니다. 혼란스러운 변화 속에서도 고교학점제에 따른 고등학교 선택은 그 어느 때보다 중요해지고 있습니다. 지혜로운 부모님의 관심 속에서 아이들이 진로와 연계할 수 있는 가까운 고등학교에 배정받을 수 있기를 소망합니다.

중학 과목별 체크 사항 및
고등 준비 사항

　입학 원서를 제출한 날부터 시작해 중3 겨울방학 동안의 학습은 고등학교 3년 성적을 결정할 정도로 매우 중요합니다. 고등학교에서 학문을 배울 수 있는 능력으로 성장하기 위해 중3 겨울방학 동안에는 과목별 중학 과정 총정리와 고등 준비를 해야 합니다. 즉, 고등학교에서 본격적으로 선발과 변별을 위한 문제들을 해결할 수 있는 능력을 키우기 위해 겨울방학 동안 체계적인 준비가 필요합니다. 초등학교 6학년 겨울방학 때 하루에 3시간씩 혼자 공부할 수 있는 능력을 길렀다면 이제는 하루 동안 집중해서 공부할 수 있는 최대 시간에 도전해야 합니다. 그 시간 동안 과목별로 어떤 공부를 어떻게 해야 하는지 지금부터 정리해 드리겠습니다.

수학

다음은 고1 수학 교육과정 목차입니다.

영역	핵심 개념	일반화된 지식	내용 요소	기능
문자와 식	다항식	식에 대한 사칙연산과 인수분해는 복잡한 다항식으로 확장되어 적용된다.	• 다항식의 연산 • 나머지정리 • 인수분해	계산하기 이해하기 문제 해결하기 설명하기
	방정식과 부등식	방정식과 부등식은 양 사이의 관계를 나타내며, 적절한 절차에 따라 이를 만족시키는 해를 구할 수 있다.	• 복소수와 이차방정식 • 이차방정식과 이차함수 • 여러 가지 방정식과 부등식	
기하	도형의 방정식	좌표평면에 나타낸 점, 직선, 원과 같은 도형은 대수적으로 표현된다.	• 평면좌표 • 직선의 방정식 • 원의 방정식 • 도형의 이동	계산하기 이해하기 설명하기 판별하기
수와 연산	집합과 명제	집합은 수학적 대상을 논리적으로 표현하고 이해하는 도구이며, 명제는 증명을 통해 그 타당성이 입증된다.	• 집합 • 명제	설명하기 표현하기 이해하기 증명하기 구별하기
함수	함수와 그래프	함수는 대수적 조작이 가능하며, 함수의 그래프를 통해 시각적으로 표현된다.	• 함수 • 유리함수와 무리함수	그래프 그리기 이해하기 함수 구하기 계산하기 표현하기
확률과 통계	경우의 수	다양한 상황과 맥락에서 경우의 수를 구하는 체계적인 방법이 존재한다.	• 경우의 수 • 순열과 조합	경우의 수 세기 계산하기 문제 해결하기

중3 겨울방학 기간 동안 단 한 가지만 할 수 있다면 저는 단연코 고등학교 1학년 수학 예습을 추천할 것입니다. 물론 중학교 전 과정의 수학 개념이 탄탄하게 정리되어 있다는 전제 하에서입니다. 앞의 목차를 보면서 느끼셨겠지만 중학교 수학에 비해 내용이 몹시 어렵습니다.

예습 없이 바로 수업을 듣고 내용을 이해하기가 쉽지 않기 때문에 12월, 1월, 2월에 고등학교 1학년 수학 전체 내용을 반드시 '연구'하는 시간이 필요합니다. 중학교 수학은 '학습'을 하고 고등학교 수학은 '연구'해야 하는 이유는 중학교 수학은 개념 하나를 이해하는 데 최대 10분이면 가능하지만 고등학교 수학 개념들은 그 추상적인 깊이에 도달하기 위해서 최소 30분 이상의 사고 과정이 필수적이기 때문입니다. 예를 들어, 중학교의 이차방정식이 $x^2-4=0$이라면 고등학교 때 배우는 이차방정식은 $x^2+4=0$입니다. 어떤 수를 제곱해서 4를 더했는데 0이 나오는 경우를 생각하기란 수학자들도 쉽지 않습니다. 이렇게 시간이 많이 걸리기 때문에 대다수의 학생들은 중2 때부터 고등학교 수학 진도를 선행합니다. 그러나 고등 수학 내용을 이해하기 위한 깊이 있는 사고 과정은 중학교 수학 개념들을 학교에서 배우며 부대끼는 시간이 무르익어야 가능하기 때문에 중3 겨울방학이 최적기입니다.

앞서 초등학교 6학년 겨울방학 때 중1 수학 예습하는 방법에서 알려 드렸듯이 고등학교 수학 역시 수학 개념서를 구매하고 진도표를 작성한 후 동일한 방법으로 예습을 진행하면 됩니다. 중학교 수학에 비해서 고등학교 수학 내용이 이해가 더 힘들기 때문에 개념을 설명해 주는 인터넷 강의나 학원의 도움을 받는 것도 좋습니다. 단, 설명을 들은 후에는 반드시 스스로 개념을 정리하고 기본적인 문제들을 풀어 보는 시간이 확보되어야 합니다.

고1 과정 예습과 동시에 중학교 과정 총복습도 병행되어야 합니다. 중1, 중2, 중3 수학 교과서들을 넘겨 보면서 아이가 어떤 문제라도 바로 풀 수 있는지 확인하시기 바랍니다. 그 후 중학교 전체 수학 교육과정이 총정리된 문제집을 한 권 구매하셔서 진도표를 작성하고 매일 꾸준히 풀 수 있도록 살펴 주시기 바랍니다. 관련된 문제집은 부록 페이지를 참고하시면 됩니다.

영어

중학교 영어와 고등학교 영어의 가장 큰 차이점은 내신 영어에서 수능 영어로의 전환입니다. 다시 말하면 중학교 때는 교과서 지문들을 꼼꼼하게 해석하고 그 속에 녹아 있는 문법들을 구조적으로 잘 정리하는 공부가 필요했습니다. 고등학교 때는 전혀 본적이 없는 영어 지문들도 중학교 때 공부한 단어와 문법을 바탕으로 해석할 수 있는 능력이 필요합니다. 고등학교 영어 지필 평가에서는 교과서 외 지문도 많이 출제됩니다. 따라서 중3 겨울방학에 가장 필요한 영어 공부는 중학교에서 배운 문법들을 총정리하고 이를 긴 지문 속에서 바로 적용해 해석할 수 있는 연습입니다.

이를 위해 먼저 중3 12월 한 달 동안은 중학교 때 공부했던 영문법 책을 처음부터 끝까지 매일 복습하면서 자신만의 영문법 노트를 만들어야 합니다. 영문법 노트에는 제목과 핵심 내용들을 정리한 후 자신이 쉽게 잊어 버리는 내용들을 적어 두면 좋습니다. 한 챕터 노트 정리가 끝나면 5장 정도 페이지를 비워 두고 다음 챕터 노트 정리를 시작할 수 있도록 아이에게 알려 주시기 바랍니다.

다음으로 1월부터는 본격적으로 자신이 정리한 문법 내용들을 독해 문제집을 풀면서 자연스럽게 익혀 가는 과정이 필요합니다. 아이 수준에 맞는 독해 문제집을 구매하고 매일 일정 분량씩 정확하게 해석하고 문제 푸는 연습을 할 수 있게 도와주시기 바랍니다. 여기에서 정확하게 해석한다는 의미는 다음을 뜻합니다.

ⓐ 일정 분량의 문제를 시간을 재고 시험 보듯 푼 후 채점합니다.
ⓑ 지문들을 소리 내어 읽으면서 모르는 단어를 체크한 후 자신만의 단어장에 정리합니다.
ⓒ 단어장을 정리할 때는 사전을 찾아 다양한 뜻과 해당 단어에서 파생되는 단어(유의어, 반의어, 부사형, 형용사형, 명사형, 동사형태 등)들도 함께 적습니다. 예문과 기억할 수 있는 간단한 그림을 그리면 더욱 좋습니다.
ⓓ 지문에 모르는 단어가 없는 상태에서 한 문장씩 해석합니다.
ⓔ 해석이 안 되는 문장은 형광펜으로 색칠하고 정답지 해석이나 해설을 보며 생각하지 못한 문법 내용이 있는지 확인합니다.

ⓕ 해당되는 문법 내용이 정리된 문법 노트 부분을 찾아 비워둔 페이지에 형광펜으로 색칠한 문장을 적으면서 문장과 문법 사이의 연결을 연습합니다.

⑧ 그날 할 분량의 지문 해석이 끝나면 틀린 문제들을 다시 풀고 틀린 이유를 분석해서 문제 옆에 간단히 적습니다.

매일 한 시간씩 꾸준히 이 과정을 반복하면 처음에는 적은 수의 문제밖에 못 풀었더라도 점점 많은 수의 문제들을 빠른 시간 내에 풀 수 있는 실력을 기를 수 있습니다. 이와 더불어 고등 영단어 책을 한 권 준비해서 날마다 일정한 분량을 암기하고 꾸준히 듣기 훈련을 하는 시간도 필요합니다. 2월 중순경에는 매해 3월에 치르는 고1 전국연합학력평가 기출문제집을 구매하셔서 매일 꾸준히 한 회씩 풀 수 있도록 도와주시기 바랍니다. 영어 과목 관련 문제집은 부록 페이지를 참고하세요. 중3 겨울방학 동안 열심히 공부한 덕분에 여유로운 고1 3월을 맞이하는 대견한 아이들을 뿌듯한 마음으로 바라보실 수 있을 것입니다.

국어

초등학교 때는 가장 쉬운 국어 과목이 중학교 때는 조금 헷갈리더니 고등학교 오니까 가장 어려운 과목이 되었다는 말을 학생들에게 자주 듣습니다. 대부분의 부모님들도 학교 다니면서 한 번씩 느끼셨을 거라서 아이의 입장을 이해하면서도 찾을 수 없는 대책에 고심만 늘어갑니다. 고등학교 국어는 대체 어떤 모습이길래 우리 아이들이 이토록 어려워하는 것일까요?

중학교 국어와 비교되는 고등학교 국어의 가장 큰 특징은 한 번도 접해 보지 못한 어려운 수준의 지문을 빠른 시간 내에 읽고 독해하는 힘이 필요하다는 것입니다. 예를 들어 성악을 전공한 부모님께서 경제학 관련 논문을 읽는다면 어떤 기분일지 느껴지시죠? 글자는 읽었으되 의미는 도통 이해할 수 없는 경험들을 해 보셨을 것입니다. 전혀 본 적 없는 경제학 논문을 바로 읽고 이해할 수 있는 사람들은 크게 세 부류일 것입니다. 첫째, 경제학에 대한 배경지식이 있는 사람들입니다. 둘째, 논문을 써 본 경험이 있어서 논문에 쓰이는 다양한 학술 용어들을 잘 알고 있는 경우입니다. 셋째, 평소에 여러 논문들을 일상적으로 꾸준히 읽다 보니 논문의 구조나 의도를 빠르게 파악하는 사람들입니다. 그렇다면 우리 아이에게 경제학 논문 같은 국어 지문을 독해하는 능력을 키워 주기 위해서 어떤 노력을 해야 하는지 보이실 것입니다.

첫째, 많은 독서 경험으로 다양한 국어 지문에 대한 배경지식을 쌓아야 합니다. 초등학교 때부터 독서를 아무리 강조해도 지나치지 않던 이유가 여기 있습니다. 그렇지만 이제 곧 고등학생이 되는 아이에게 무작정 읽고 싶은 책을 모두 읽으라고 할 시간적 여유는 없습니다. 따라서 중3 겨울방학 때는 고등학교 교과서에 나오는 작품들을 미리 읽어 볼 수 있게 준비해 주시기 바랍니다.

둘째, 국어 문학 작품 속의 표현 방법을 익히거나 영어 문법처럼 국어 문법도 정리하면서 고등 국어라는 과목에서 사용하는 기본 개념어들을 공부하는 시간이 필요합니다. 이 부분은 아이 혼자서 하기에는 어렵기 때문에 〈윤혜정의 나비효과 입문편〉, 장동준 선생님의 〈숨마주니어 중학 국어 문법 - 심화〉 같은 EBS 인터넷 강의를 듣고 복습하면서 정리할 수 있도록 도와주시기 바랍니다.

셋째, 아이들이 평소에 접하기 힘든 비문학 지문들을 읽고 글의 구조를 파악하면서 꾸준히 독해하는 연습을 할 수 있게 비문학 문제집을 준비해 주시면 좋겠습니다. 각 문단의 중심문장을 찾은 후 문단들 사이의 관계를 분석해서 요약하는 연습도 필요합니다. 비문학 문제들을 잘 해결하는 아이들은 전년도 고1 전국연합학력평가 국어 기출문제를 풀어 보게 한 후 많이 틀리는 영역이 어떤 부분인지 확인해 보는 것도 좋습니다. 그 후 부족한 부분을 채울 수 있는 다양한 방법들을 아이와 함께 고민해 주시는 든든한 부모님들의 모습을 기대합니다.

중학교 3학년 겨울방학 기간 동안 하루에 대략 8시간 공부를 할 수 있다면 3시간은 수학 예습, 1시간은 중학 수학 복습, 2시간은 영어, 2시간은 국어 공부로 채우면 됩니다. 하루에 8시간 공부를 한다는 게 불가능해 보이죠? 아침에 8시부터 공부를 시작해서 12시에 끝난 후 점심을 먹습니다. 1시부터 5시까지 또는 6시부터 10시까지 중에서 한 텀을 공부 시간으로 선택하고 한 텀은 자유롭게 쉬면서 운동이나 취미 생활을 즐기면 좋겠습니다. 물론 중간중간 10분씩 쉬는 시간도 가져야 하고 학원을 다니는 경우에는 전체 공부 시간을 상황에 맞게 조정하면 됩니다. 하지만 그 어떤 경우일지라도 반드시 아이 스스로가 자신에게 '이보다 더 열심히 할 수는 없었다'라는 뿌듯한 칭찬을 해 줄 수 있도록 부모님께서 함께해 주실 것을 바라 봅니다.

고등학교에서 1등급을 받는 학생들이 가진 세 가지를 소개합니다.

중등 교사의 특성상 중학교와 고등학교에서 모두 근무하다 보니 중학생 때 공부를 잘하던 우등생들이 고등학교에 오면서 성적이 하락하는 경우를 심심치 않게 보게 됩니다. 중학교 때는 일정한 성취기준을 달성하면 누구나 A등급을 받을 수 있지만 고등학교 때는 수강 인원의 4%만이 1등급을 받습니다. 대체 어떤 학생들이 끝까지 저력을 발휘해서 4% 안에 들어가는 것일까요? 고등학교에서도 성적이 우수한 학생들은 어떤 공통적인 특징이 있는지 그 세 가지 비밀을 알려 드리겠습니다.

첫째: 자기 관리력

가장 놀랍고도 확연하게 드러나는 공통적인 특징은 '자기 관리력'입니다. 심지어 교사인 저보다도 더 대단하다고 느껴지는 학생들이 있습니다. 기억에 남는 한 학생은 매주 목요일쯤 되면 자신에게 슬럼프가 온다는 것을 파악한 후 과감하게 수능 100일 전 목요일에도 운동을 가는 모습을 보여주었습니다. 매일 아침 7시에 학교에 도착해서 지킴이 선생님께 인사드리고 공부를 시작하던 학생도 있었습니다. 3년 내내 하루도 빠지지 않고 태풍이 오는 날에도 야간 자율학습에 참여해서 공부를 하던 학생의 모습도 떠오릅니다. 어떤 학생은 밥 먹는 시간까지 분 단위로 쪼개어 하루 일과표를 작성하고 매일 실천합니다. 피치 못할 사정 때문에 완수하지 못한 계획은 졸린 눈 밑에 물파스를 발라가며 반드시 끝내고 잠이 듭니다. 이걸 모르는 사람들은 이 학생들의 성적표에 그저 대단하다고 놀라기만 했겠지만, 저는 눈물 나는 노력의 당연한 결과라는 생각이 들었습니다. 올림픽에서 금메달을 아무나 딸 수 없듯이 고등학교에서 1등급을 아무나 받을 수는 없습니다. 철저한 자기 분석으로 약점을 보완할 수 있는 틀 속에 자신을 데려다 놓고 매일 한 발자국씩 묵묵히 걸어 나가는 자기 관리력이 있는 학생들만이 피라미드의 꼭대기에 오를 수 있습니다.

둘째: 뚜렷한 공부의 이유

고등학교에서 1등급을 받는 학생들이 가진 두 번째 공통점은 '공부의 이유'가 있었다는 것입니다. 어떤 학생은 '돈'을 벌기 위해 치열하게 공부를 한다고 했습니다. 어렸을 때부터 돈 때문에 싸우는 부모님을 보며 자랐고 돈이 없어서 학원을 다닐 수 없는 자신의 처지가 싫어서 미친 듯이 공부한다는 아이를 보며 때로는 결핍이 공부의 이유가 될 수도 있다는 것을 배웠습니다. 초등학교 교사가 너무 되고 싶어 했던 한 학생은 공부가 잘 안 될 때마다 고등학교 바로 옆에 있는 초등학교에 가 보곤 했답니다. 그곳에 반드시 선생님으로 오고 말겠다는 다짐을 빈 운동장에 써 놓고 독서실로 향했다는 아이의 말을 들으며 1등급의 이유를 알 수 있었습니다. 또 공부하는 것이 재미있어서 공부한다고 했던 믿기지 않는 이유를 가진 학생도 있었습니다. 배우는 것을 즐거워하는 아이를 보며 '진정한 교육'으로도 '현실의 교육'을 성취할 수 있다는 사실에서 희망을 보았습니다. 자신이 가고 싶어 하는 대학의 이름을 책상에 새기고 대학생이 되는 상상을 하며 현재의 힘듦을 즐거움으로 승화시키는 학생도 있었습니다. 공부의 이유가 무엇이었든 간에 그들의 이유는 열렬하고 간절했습니다. 나비가 되기 위해서 애벌레로 사는 삶을 기꺼이 받아들일 만큼 그 학생들은 간절한 이유가 있었습니다. 우리 아이들이 고등학생이 되었을 때 간절하게 공부하는 이유가 무엇일지 조용히 함께 생각해 보는 시간을 가져 보시면 좋겠습니다.

셋째: 자신만의 확실한 공부법

고등학교에서도 성적이 우수한 학생들의 마지막 특징은 그들만의 확실한 공부법이 있었다는 겁니다. 어떤 학생은 등교 후부터 하교할 때까지 쉬는 시간마다 질문을 하러 전교의 선생님들을 찾아 다녔습니다. 질문 노트를 들고 다니며 소크라테스처럼 선생님들과 대화를 나누는 모습을 볼 때면 성적이 우수할 수밖에 없겠다는 생각이 들었습니다. 시험 기간이 가까워지면 전교생들의 우상이 되는 노트 정리의 여왕도 있었습니다. 그 학생의 노트를 복사해서 공부하면 웬만한 자습서보다도 더 이해가 잘 될 정도로 정리를 잘하는 학생이었습니다. 같이 공부하는 팀을 만들어 시험 범위에서 각자 다섯 문제씩 출제한 후 서로 돌아가며 다른 친구가 낸 문제를 풀고 설명하는 방식으로 공부하는 학생들도 있었습니다. 문제집 한 권을 서너 번씩 풀면서 너덜너덜해질 때까지 공부하던 학생의 모습도 떠오릅니다. 모두 공부의 방식은 달랐지만 학생들은 각자에게 맞는 방법으로 최고의 성적을 만들고 있었습니다.

이렇듯 고등학교에서 1등급을 받는 학생들은 그들 나름의 공부 이유와 방법으로 자신을 이끌어 나갈 줄 아는 영특한 아이들이었습니다. 그런데 사실 이보다 더 중요한 공통점이 하나 있었는데요, 바로 '좋은 관계'를 맺을 줄 아는 아이들이었다는 겁니다. 학습이라는 것은 필연적으로 편안한 정서를 바탕으로 시작됩니다. 편안한 정서는 주변에 불편한 관계의 사람이 있으면 쉽게 얻을 수 없는 중요한 자산입니다. 친구들, 선생님들, 부모님과의 좋은 관계가 이 학생들의 우수한 성적의 바탕이 되어 주었습니다. 부모님의 깊은 사랑이 힘들 때마다 다시 일어서야 하는 삶의 원동력이 되어주었습니다. 대한민국 학부모라는 험난한 책임감의 골짜기를 지나는 동안 아이와 좋은 관계를 유지할 수 있는 사려 깊은 부모님이 되시기를 소망합니다.

3부

중학생 학부모를 위한
알파와 오메가

1장

현직 중학 교사가
명쾌하게 대답합니다

중학교에 다니는 아이의 학부모가 된다는 것은 '혹시 나 때문에 아이가 저러는 게 아닌가' 싶은 질풍노도의 원인 제공자 같은 죄책감과 '쟤를 도대체 어떻게 해야 하나?' 같은 아이 앞날에 대한 걱정 사이를 오가는 시계추와 같습니다. 초등 때의 귀여움은 더 이상 찾을 수 없을 뿐더러 그렇다고 어른스러운 의젓함 역시도 기대할 수 없는 어중간한 아이의 자리를 오로지 사랑으로 인내해야 하는 극한 직업이 바로 '중학생 학부모'입니다. 중학교 교사로서 학부모님들을 뵐 때면 정말 같은 부모로서 안아 드리고 싶은 마음이 울컥 들 정도의 가슴앓이를 자주 듣게 됩니다. 어느 한 순간 편히 쉬어 보지도 못하면서 키웠건만 제대로 된 감사 인사 따위는 바랄 수도 없고 뭐라고 말 붙이기도 힘들고 어려운 시기가 중학생 학부모 시기라는 것을 보게 됩니다.

긴 인생 행로 속에서 이 외롭고도 힘든 시기에 어떻게 지내는 것이 좋은지 알 수 없는 아이의 중학교 생활은 부모님들을 더욱 불안하게 합니다. 인터넷 교육 카페에 올라오는 부모님들의 숱한 질문들을 보면서 그 심정에 공감되어 안타까웠습니다. 중학교에서 학생들과 오랫동안 생활해 온 사람으로서 궁금해하시는 부분에 대한 명쾌한 답변을 통해 부모님들의 불안을 조금이나마 잠재워 주고 싶었습니다. 자주 듣기는 했지만 아직 시행 전이라서 자세히 알 수 없는 고교학점제부터 너무 사소해서 누군가에게 물어보기도 민망했던 아이들의 중학교 생활의 모든 것들을 알려 드리고자 다음 장을 열어 봅니다. 이 글이 우리 아이에 대해 궁금한 것이 있을 때나 고민되는 것이 있을 때마다 불안을 씻어 주는 부모님들의 든든한 안내자 역할을 할 수 있으면 좋겠습니다. 그리하여 궁극적으로 중학교에서 제가 만나는 많은 학생들이 행복한 청소년으로 자랄 수 있기를 간절히 바랍니다.

고교학점제에 대하여

　현 2007년생이 고등학생이 되는 2023년에 단계적으로 부분 적용되다가 2009년생이 고등학생이 되는 2025년부터 고등학교에서 전면적으로 시행되는 고교학점제는 학생들이 진로에 따라 다양한 과목을 선택하고 이수한 후 누적학점이 기준에 도달한 경우 졸업을 인정받는 제도입니다. 지금까지는 고등학교에서 학생이 수강하고 싶은 과목이 아닌, 정해진 교육과정에 따라 수업을 듣고 출석일수가 채워지면 졸업이 가능했습니다. 그러나 고교학점제가 실시되면 출석일수뿐만 아니라 학생들은 자신의 진로에 따라 선택한 과목의 성취율이 40% 이상을 충족해야 과목 이수가 가능하며 이수한 과목의 학점을 누적해 총 192학점을 취득해야 졸업이 가능합니다. 과목별 성취기준에 도달하지 못하는 경우에는 보충 프로그램을 통해 졸업 요건을 충족시킬 수도 있습니다. 1학년 때는 선택 과목 전에 수강하는 공통 과목을 공부하고 2학년 때부터 본격적으로 교실을 옮겨 다니며 대학생처럼 선택 과목을 배웁니다. 1, 2학년 때 몰아서 수업을 듣고 3학년 때 적게 듣는 상황을 막기 위해서 한 학기당 최소 28학점 이상 수강해야 하는 기준을 두고 있습니다. 고교학점제 홈페이지(hscredit.kr)를 참고하시면 훨씬 더 많은 자료들을 보실 수 있습니다.

고교학점제가 실시됨에 따라 평가 방식도 성취평가제로 바뀝니다. 성취평가제란, 서열에 따라 '누가 더 잘했는지'를 상대평가하는 것이 아니라 '학생이 무엇을 어느 정도 성취하였는지'를 절대평가하는 제도입니다. 현재는 진로 선택 과목에만 A, B, C의 3단계 성취도가 표기되고 있습니다. 고교학점제가 전면 도입되면 모든 선택 과목에 다음과 같은 5단계 성취도가 부여됩니다.

성취율	성취도	이수/미이수
90% 이상	A	
80% 이상 ~ 90% 미만	B	
70% 이상 ~ 80% 미만	C	이수
60% 이상 ~ 70% 미만	D	
40% 이상 ~ 60% 미만	E	
40% 미만	I	미이수

여기에서 주의해야 할 점은 1학년 때 배우는 공통과목의 경우는 현행처럼 성취도와 석차등급이 병기된다는 것입니다. 이로 인

해 그 어느 때보다도 고1 내신 성적이 중요해지면서 어떤 고등학교를 선택하는지가 대입에 영향을 줄 가능성이 커집니다. 그래서 부모님들께서는 우리 아이가 고1 내신 성적을 잘 받으면서도 집에서 가깝고 진로 선택 과목이 다양한 고등학교에 배정받았으면 하는 소망을 품게 됩니다. 학생 입장에서는 자신의 진로와 적성에 맞춰 자신이 원하는 과목을 선택해서 들을 수 있다는 고교학점제의 좋은 취지와 함께 적어도 중학교 3학년 때에는 자신의 진로를 결정해야 한다는 어려움도 생기게 되는 것이죠.

이에 대비하기 위해서 앞서 설명드린 2부 1장의 자유학년제를 십분 활용하시어 중1 때 아이가 자신의 진로를 미리 고민할 수 있게 충분한 기회를 주시고, 중2 때는 아이와 고등학교 선택 과목에 대해 알아보고 조사한 후 깊이 있는 대화를 통해 중3 때 진로와 관련된 선택 과목이 개설된 고등학교를 선택할 수 있도록 살펴주셔야 합니다. 고등학교 선택에 관한 보다 자세한 내용은 다음 페이지에 이어서 말씀드리겠습니다.

고등학교 선택에 대하여

　고교학점제가 실시되면 가장 중요한 고등학교 선택 기준은 아이가 진학하고 싶어 하는 대학에서 필요로 하는 이수 과목이 개설되어 있느냐의 여부입니다. 대부분의 학교에서 기본적인 선택 과목들은 개설되겠지만 특수한 과목들은 개설된 학교가 많지 않을 수 있기 때문에 우선 아이가 선택할 과목에 대한 조사와 결정이 필요합니다. 아이가 다니는 학교에 개설되지 않은 선택 과목을 수강할 수 있는 여러 가지 방안들을 교육부에서 마련하고는 있지만 아무래도 가장 좋은 것은 아이가 다니는 학교에서 직접 배우는 것입니다.

　또 학교마다 교육과정이 다양하게 차별화될 가능성이 크기 때문에 관심 있는 고등학교의 교육과정에 대한 분석이 필요합니다. 예를 들어, 어떤 고등학교에서는 수학Ⅰ, 수학Ⅱ 과목을 2학년

1학기에 모두 개설하는 반면, 다른 고등학교에서는 수학Ⅰ 과목은 1학기에, 수학Ⅱ 과목은 2학기에 배우도록 교육과정이 구성되어 있을 수 있습니다. 따라서 각 학교의 교육과정을 분석한 후 우리 아이의 대입 준비에 더 유리한 방향으로 고등학교를 선택하는 것이 좋습니다.

앞의 두 조건을 만족하는 학교들을 찾았다면 그중에서 되도록 학생 수가 많은 고등학교가 좋습니다. 중학교 때는 성취기준에 따른 절대평가가 이루어졌다면 고등학교 내신은 전체 학생에 대한 상대적인 석차등급이 중요해집니다. 과목별로 전교생의 성적을 내림차순으로 정렬한 후 상위 4% 안에 해당되는 점수의 학생들은 1등급을 받게 됩니다. 전교생이 100명이라면 4등까지 1등급이고, 400명인 경우에는 16등까지 1등급을 받을 수 있습니다. 물론, 학생 수가 많으면 잘하는 학생들이 많을 가능성도 높겠지만 우선은 기회의 문이 넓어야 그 문으로 들어갈 수 있는 확률이 커집니다.

많은 학생과 부모님들이 고민하는 분위기 좋은 고등학교와 내신 따기 좋은 고등학교 사이의 선택에서 가장 중요한 것은 아이들의 성향입니다. 친구들에게 영향을 많이 받고 학습 동기가 평범하다면 분위기 좋은 고등학교가 낫습니다. 뛰어난 학습 능력을 갖추지는 못했지만 확실한 목표와 강한 정신력을 지닌 아이들은 내신 따기 좋은 고등학교가 더 유리할 수 있습니다. 물론 그 어느 곳에 가더라도 아이가 최선을 다하는 것이 가장 중요합니다.

그런데 지금까지 말씀드린 고등학교 선택의 모든 기준을 앞서는 필수 조건이 있습니다. 바로 '가까운 통학 거리'입니다. 집 앞이면 가장 좋고 적어도 걸어서 20분 내외의 거리에 위치한 학교를 찾으시면 좋겠습니다. 고등학생들에게 시간은 곧 성적이기 때문입니다. 설사 앞에 언급한 조건들을 모두 만족시키는 고등학교를 찾았다 할지라도 이사를 감행하지 않는 이상 거리가 멀면 말짱 도루묵입니다.

딸의 유치원 입학 전쟁을 치른 후 저는 부모로서 이제 가장 힘든 선택은 없을 것이라고 확신했습니다. 그랬던 제가 이제는 유치원 선택은 시작에 불과했음을 알게 되었습니다. 어쩌면 고등학교 선택이 아이의 홀로서기를 도와줄 대학으로 가는 가장 중요한 부모의 역할일지도 모른다는 생각이 듭니다. 그 역할이 비록 두렵고 험난할지라도 꿋꿋하게 최선을 다하는 부모님의 모습으로부터 우리 아이는 그 어느 고등학교에서라도 최선을 다하는 아이로 성장할 것입니다.

학교폭력에 대하여

학교폭력이란 학교 내외에서 학생을 대상으로 발생한 상해, 폭행, 감금, 협박, 약취·유인, 명예훼손·모욕, 공갈, 강요·강제적인 심부름 및 성폭력, 따돌림, 사이버 따돌림, 정보통신망을 이용한 음란·폭력 정보 등에 의하여 신체·정신 또는 재산상의 피해를 수반하는 모든 행위를 말합니다. 학생들이 장난이라고 여기는 사소한 괴롭힘도 학교폭력이 될 수 있습니다. 아이가 중학교에 입학하면서 부모님이 가장 걱정하는 부분이 바로 우리 아이가 학교폭력에 연루되지 않을까? 하는 것일 겁니다. 뉴스를 보면 연예계뿐만 아니라 스포츠계까지 유명인들이 과거에 행한 학교폭력의 파장과 그 심각성이 부모님들을 더욱 불안하게 만들고 있습니다. 저 역시 담임으로서 학교폭력대책자치위원회에 참석하고 온 날 저녁에는 학교폭력에 대한 고민들로 쉽게 잠들지 못하는 경우가 많았습니다.

학교에 따라 다르겠지만 근무하다 보면 때리거나 물건을 빼앗는 경우, 거짓으로 험담하는 경우, 약점을 잡아 놀리는 경우, 스마트폰 메신저에 욕을 하는 경우, 상대방 모르게 사진을 촬영하는 경우 등으로 안타깝게도 보통 한 달에 한두 번씩은 학교폭력대책자치위원회(일명 학폭위)가 열립니다. 아이가 평소와는 다르게 학교에 가기를 꺼려하거나 성적이 갑자기 떨어지는 경우, 학교생활에 대해 물었을 때 예민하게 반응을 하거나 평소와는 다른 모습을 보이게 된다면 부모님의 주의 깊은 관찰이 필요합니다. 별일 아니겠지 넘기지 마시고 늘 아이의 최전방 보호자는 부모님이라는 것을 기억하시면 좋겠습니다.

교감선생님, 학폭위 업무 담당 선생님, 담임 선생님, 학부모, 전담 경찰관 등으로 구성되던 학교폭력대책자치위원회는 2020년부터 객관적인 사건 처리를 위해 학교폭력대책심의위원회라는 이름으로 교육지원청에서 담당하게 되었습니다. 학교폭력예방법에 따른 심의위원회가 개최되고 고의성과 심각성, 지속성 및 반성의 정도, 화해 정도 등에 따라 피해 학생 및 가해 학생 측에 조치 결정이 내려집니다.

심의위원회에서는 피해 학생의 보호와 가해 학생의 선도·교육을 위하여 다음 페이지에 나오는 조치를 취할 수 있습니다.

우리 아이가 피해 학생인 경우 부모님께서 해 주셔야 할 가장 중요하고 우선적인 것은 아이가 마음의 안정을 찾을 수 있게 든든한 울타리를 만들어 주시는 것입니다. 무조건적인 지지와 깊은 공

1. 피해 학생에 대한 서면 사과
2. 피해 학생 및 신고·고발 학생에 대한 접촉, 협박 및 보복 행위의 금지
3. 학교에서의 봉사
4. 사회봉사
5. 학내외 전문가에 의한 특별교육 이수 또는 심리 치료
6. 출석 정지
7. 학급 교체
8. 전학
9. 퇴학 처분

감으로 그동안 힘들었을 시간들을 녹여 주셔야 합니다. 혹여나 왜 이제야 말하냐고 아이에게 질타하는 부모님들은 안 계실 것이라 믿습니다. 속이 까맣게 타들어갈 만큼 마음이 아프더라도 아이 앞에서는 절대 내색하지 않으시면 좋겠습니다. 부모님이 힘들어하는 모습을 보이면 아이는 부모님에 대한 미안함 때문에 마음 편하게 자신의 어려움을 털어놓기가 더 힘들어집니다. 의연한 자세로 아이를 포근히 안아 줄 수 있는 넉넉한 어른의 모습을 보여주세요. 또 아이가 괜찮아 보이더라도 전문 상담가에게 심리 상담을 받을 수 있도록 자리를 마련해 주는 것이 좋습니다.

다음으로 학교 폭력 사건의 대부분은 피해 학생이 피해 사실을 주장하더라도 가해 학생이 이에 수긍하지 않는 경우가 많기 때문에 피해 사실에 대한 정확한 증거 자료를 수집하는 것이 필요합니다. 아이에게 피해 사실을 들었을 때 당황하거나 분노하지 마시고

아이의 이야기를 노트에 자세히 기록하시기 바랍니다. 아이에게는 앞으로 피해 상황에 처했을 때 녹음이나 영상 등 증거 자료를 남길 수 있는 구체적인 방법도 알려 주셔야 합니다.

피해 사실을 인지한 바로 다음 날 담임 선생님께 상담을 요청하신 후 노트 기록물을 가지고 학교로 방문하시면 됩니다. 되도록 감정적인 하소연보다는 아이의 피해 사실을 조목조목 알리고 가해 학생에게 원하는 구체적인 조치를 단호하게 말씀하시기 바랍니다. 물론, 전적으로 수용되지 않는다 해도 아이와 부모님께서 원하는 바를 명확하게 말씀해 주시는 건 꼭 필요합니다.

가해 학생과 원만한 합의가 이루어지지 않아 학교폭력대책심의위원회가 개최되면 지금까지 모아 놓은 기록물과 증거 자료를 위원회에 모두 제출하고 아이의 육체적, 정신적 힘듦에 대한 구체적인 사례와 심리 상담 이력까지 알리는 것이 좋습니다. 끝까지 우리 아이를 보호하기 위해 애쓰시는 부모님의 모습에서 아이들의 아픈 기억은 조금씩 잊혀져 갈 수 있을 것입니다.

반대로 우리 아이가 가해 학생으로 지목된 경우 가장 중요한 것은 가해 행동의 진위 여부 파악입니다. 아이를 윽박지르지 마시고 편안한 분위기에서 아이의 이야기를 들으며 전후 상황을 먼저 파악하시기 바랍니다. 아이가 부모님께 추궁당한다는 생각이 들면 자칫 거짓말을 할 수 있으므로 사실을 말할 수 있게 부드러운 설득의 과정을 거치셔야 합니다.

"엄마 아빠는 네가 아무리 나쁜 행동을 해도 늘 네 편이야. 너를 도와주려면 반드시 정확한 사실을 알아야 해. 지금부터 네가 하는 말을 노트에 그대로 받아 적을 테니까 있었던 일을 모두 말해 주겠니?"

아이의 진술을 토대로 가해 행동이 사실이라면 아이와 함께 피해 학생과 부모님을 뵙고 정중히 사과할 수 있는 용기를 내시기를 응원합니다.

부모님이 판단하기에 아이가 억울하게 가해 학생으로 지목된 경우에는 반드시 담임 선생님과 면담을 통해 사실 관계 여부를 다시 한 번 확인하신 후 아이의 억울함을 피력하시기 바랍니다. 그 후 아이의 억울함을 풀어 줄 수 있는 구체적인 증거나 증인을 반드시 확보하셔야 합니다. 그 과정에서 아이는 부모님이라는 기댈 수 있는 버팀목 덕분에 험난한 사회에서도 강인하게 살아남는 힘을 배울 수 있을 것입니다.

아이가 학교폭력과 상관 없이 행복한 학창 시절을 보냈으면 하는 마음은 모든 부모님의 소망입니다. 하지만 학교폭력이라는 원치 않는 사건에 휘말리더라도 두려워하지 마시고 냉철한 머리와 담대함으로 우리 아이들을 지켜주시는 멋진 부모님의 모습을 기대합니다.

선생님과의 관계에 대하여

　아이와 부모님 모두 학교생활에 있어서 선생님과의 관계만큼 신경 쓰이는 부분도 없을 것입니다. 교사인 저 역시 아이의 부모로서 담임 선생님을 뵐 때면 늘 긴장되고 조심스러운 것이 사실입니다. 앞서 칼럼에서 말씀드렸듯이 중고등학교에서 성적이 우수한 학생들의 대부분은 선생님과 관계가 참 좋습니다. 공부 잘하는 학생을 선생님들이 좋아한다기보다는 성적이 우수한 학생들은 교사들이 좋아하는 학생의 태도를 잘 알고 그에 맞게 행동하는 경우가 많습니다. 그럼 교사들은 어떤 태도를 가진 학생들을 좋아할까요? 우리 아이가 중학교에서 성적에 관계없이 어떤 선생님들과도 좋은 관계를 맺었으면 하신다면 다음 두 가지를 꼭 아이에게 알려 주세요.

첫째는 겸손함입니다. 교사들의 세계에서 가장 미움 받는 단어는 '건방'입니다. 학생들에게 조금이라도 더 가르쳐 주고자 노력하는 입장에서 더 이상 배울 것이 없다는 듯한 태도는 교사들의 존재 자체를 부정하는 것으로 받아들여지기 때문입니다. 우리 아이가 뛰어난 능력과 더불어 겸손함도 갖출 수 있도록 가르쳐 주시는 부모님 덕분에 아이는 학교에서 선생님들과 좋은 관계를 유지하며 중학교 생활을 할 것입니다.

둘째는 예의입니다. 예의란 무엇일까요? 보통 인사를 잘하면 예의가 바르다고 말합니다. 제가 생각하는 예의는 자신의 생각이나 감정을 상대방의 상황을 고려해서 표현하는 능력입니다. 사실 중학생들에게 가장 필요한 수업은 국어, 영어, 수학이 아닌 '예의'를 가르치는 시간일 것입니다. 그러나 교사가 쉽게 가르칠 수 없는 영역이 교사에 대한 예의이기에 기본적인 예의를 갖추고 말하는 학생을 마주할 때면 많이 예뻐 보이는 것이 인지상정입니다. 겸손한 예의를 갖춘 학생은 그 어떤 교사들에게도 사랑받는 행복한 중학교 생활을 영위할 것입니다.

다음으로 부모님께서 담임 선생님과 좋은 관계를 유지하기 위해서 기억하셔야 할 두 가지를 알려 드리겠습니다.

첫째, 아이와 선생님 사이에 문제 상황이 생긴다면 되도록 아이가 나서서 선생님과 직접 대화할 수 있게 뒤에서 기다려 주는 것이 현명합니다. 중학생임에도 불구하고 간혹 아이의 역할을 대신해 주려는 분들이 계십니다. 어떤 행동을 취하실 때 이것이 아이를 위한 행동인지 다시 한 번 더 고민한 후 행동하시는 부모님들께 담임 선생님은 늘 감사한 마음을 느낍니다.

둘째, 부모님께서 담임 선생님께 느끼는 서운함이나 불편함이 있을 때는 교장선생님이나 교감선생님 같은 제3자가 아니라 담임 선생님께 직접 말씀드리는 것이 좋습니다. 조금은 껄끄럽고 불편할 수 있지요. 그렇지만 대화를 통해 서로 간의 오해를 직접 푸는 것이 제3자를 통해 간접적으로 전해 듣는 것보다 훨씬 더 깊은 신뢰 관계를 쌓아 줍니다. 이를 바탕으로 아이의 올바른 성장이라는 하나의 목표를 향해 서로 존중하고 협력하는 좋은 관계로 발전하게 됩니다.

사실, 부모님만큼이나 선생님들도 부모님이 어렵기는 마찬가지입니다. 또 부모님만큼은 아닐지라도 선생님 역시 선생님의 입장에서 아이들을 아끼는 마음은 같습니다. 되도록 아이 앞에서는 선생님의 긍정적인 모습을 말씀해 주시고 부모님은 아이와 선생님의 최고의 지지자라는 것을 아이 마음속에 심어 주시면 좋겠습니다. 그 씨가 싹트면 우리 아이에게 겸손함과 예의라는 좋은 관계의 열매가 풍성하게 열릴 것입니다.

친구 관계에 대하여

아이가 초등학생 때는 좋은 친구를 만들어 주기 위해 부모님이 여기저기 모임에 데리고 다니느라고 몸이 피곤하셨을 것입니다. 아이가 중학생이 되면 몸은 편해지지만 부모님의 마음은 힘들어집니다.

'혹시 친구들 사이에서 왕따를 당하지는 않을까?'
'나쁜 친구들과 어울리면 어떡하지?'
'친구랑 맨날 저렇게 스마트폰 채팅만 해서 공부는 언제 할까?'

차라리 몸은 힘들지언정 부모님이 아이가 만나는 친구들의 테두리를 지어 줄 수 있던 어린 시절이 그립기도 할 것입니다. 그렇지만 중학생이 된 아이도 이제는 친구를 사귀고 관계를 유지하는 사회적 기술을 많이 경험했기 때문에 아이를 믿고 마음을 편히 가지셔도 괜찮습니다. 다만, 가능하다면 친구들의 영향을 가장 많이 받는 때가 중학생 시기이므로 되도록 많은 학생들이 열심히 공부하는 환경 속에서 아이가 성장할 수 있다면 더욱 좋습니다. 물론 어떤 상황에서든 아이가 스스로 마음을 다잡고 최선을 다하면 좋겠지만 현실적으로 주변 분위기에 휩쓸리기 쉬운 것이 중학생들의 마음이기 때문입니다.

초등학교 때와는 다르게 중학생들은 개인이 가진 취향과 성격이 어느 정도 드러나게 됩니다. 따라서 중학생이 된 아이들에게 부모님은 친구들을 선별해서 사귈 수 있는 안목을 기를 수 있게 가르쳐 주셔야 합니다. 한 학급의 구성원들 속에서도 학생들에 따라 어느 정도 거리를 두어야 하는 친구들이 분명히 있습니다. 또 대부분의 학생들과 원만한 관계를 유지하며 협력하는 가운데 깊은 신뢰와 우정을 나눌 수 있는 친구들도 있을 수 있습니다. 아이들은 자연스럽게 그런 친구들을 찾아서 서로 간의 믿음을 쌓아가지만, 그렇지 못할 경우에는 아이에게 자신과 잘 맞을 것 같은 친구들을 발견하고 친해지고자 노력하는 과정이 필요하다는 것을 알려 주셔야 합니다. 때에 따라서는 소속된 학급에서 마음이 맞는 친구를 만나기 어려운 해도 있을 수 있습니다. 그럴 때는 친구들과 어느 정도 어울리면서 홀로 즐기는 방법들도 아이가 찾아볼 수 있게 함께 이야기 나눠 보시는 것도 좋습니다.

아이가 친구와 갈등 상황에 직면했을 때는 부모님이 섣불리 나서기보다는 아이와 대화를 통해 우선 자세한 내용을 파악하시기 바랍니다. 그 후 객관적인 사실들을 아이에게 정리해 주시는 것이 필요합니다. 갈등의 원인과 대처 방법들을 아이가 스스로 찾아갈 수 있게 부모님의 경험 속에서 쌓인 조언과 좋은 방안들을 참고할 수 있도록 이야기해 주시면 좋습니다. 나와는 다른 다양한 친구들의 모습을 존중하고 인정해 주는 것도 살아가는 데 있어서 중요한 태도라는 것을 알려 주세요. 또 학급 친구와의 문제일 경우에는 담임 선생님께 상담을 받는 것도 좋은 방법이라고 아이에게 말해 주는 것도 좋습니다. 학교라는 공간은 학습뿐만 아니라 사회성도 동시에 배울 수 있는 곳이기 때문입니다. 다양한 친구 관계 속에서 겪는 경험을 통해 우리 아이들이 점차 어른으로 성장해 가는 의미 있는 과정들을 부모님께서 함께 응원해 주시기를 바랍니다.

이성교제에 대하여

    중학교 1학년부터 3학년까지 각 반 수업을 들어가 보면 한 반에 보통 서로 교제 중인 한두 커플은 꼭 존재합니다. 공개된 커플 외에도 드러내지 않고 사귀는 학생들까지 포함하면 확실히 예전에 비해서 이성교제에 대한 아이들의 인식이 많이 가벼워진 듯합니다. 마음에 드는 이성 친구가 있으면 쉽게 고백하고 만나는 기간이 그리 길지도 않습니다. 학업처럼 이성교제도 능력의 문제라고 생각하는 중학생들이 많고요. 그리하여 많은 학생들은 이성교제를 하는 친구들을 부러워하고 솔로인 자신의 모습에 자괴감을 느끼는 경우도 있습니다. 이런 상황이다 보니 부모님들께서는 아이가 이성교제를 해도 걱정이고 안 해도 걱정입니다.

    아이가 이성 친구를 사귀는 것에 별 관심이 없으면 괜찮습니다. 그런데 사귀고 싶은 마음과는 달리 쉽게 이성 친구를 만들지 못하는 아이들에게는 자존감을 높여 주는 말과 함께 현 상황의 장점들을 알려 주실 필요가 있습니다.

"남자친구가 생기지 않는 것은 우리 딸이 부족해서가 아니라 너에게 맞는 멋진 사람을 아직 못 만났을 뿐이야. 솔직히 너처럼 매력적인 아이에게 어울리는 남자친구가 이 좁은 학교에 있을 가능성은 적어. 중학교에서 열심히 공부한 후 네가 가고 싶은 대학교에 가면 네가 꿈꾸는 멋진 연애를 할 수 있을 거야. 엄마가 해 봐서 아는데 중학교 때 연애하면 얼마나 귀찮은 줄 아니? 여드름 짜야지, 다이어트 해야지, 시험 기간에도 집중해서 공부하기 어렵지. 중학교 때 솔로인 게 여러 가지로 장점이 많아."

"아빠 생각에도 중학교 때 여자친구를 사귀는 것보다는 좀 더 성숙한 대학생 때 만나는 것이 더 좋은 것 같아. 지금은 아직 어리다 보니 서로에게 배려를 할 수 있는 준비가 되어 있지 않아서 마음에 상처를 주는 경우가 꽤 있을 수 있거든."

이와 달리 늘 어리게만 보이던 아이가 이성교제를 시작하는 경우에 부모님의 마음은 여러 가지로 복잡해집니다. '사귀지 말라고 하는 게 나을까? 신세대 부모처럼 쿨하게 축하한다고 말해 줘야 할까?'로 말이죠. 학교에서 많은 학생들을 만나 봤지만 부모님이 이성교제를 반대해서 헤어지는 경우는 보지 못했습니다. 그럴 경우에는 오히려 부모님께 비밀로 하면서 몰래 만나는 경우가 더 많기 때문에 무작정 이성교제를 금지하는 것이 좋은 방법은 아닙니다. 아이의 성장을 기뻐하고 선택을 존중하되 반드시 다음과 같은 명확한 테두리를 알려 주시기 바랍니다.

첫째, 신체적으로 왕성한 성장과 호르몬의 영향을 많이 받는 시기인 만큼 아이와 대화를 통해 책임질 수 있는 스킨십의 범위를 확실하게 한정해 주시는 것이 필요합니다. 또 성교육을 통해 이성교제의 의미와 그에 따르는 책임에 대해서도 아이가 생각해 볼 수 있도록 기회를 주셔야 합니다.

둘째, 이성 친구와 사귀더라도 학업을 소홀히 해서는 안 됨을 꼭 주지시켜 주셔야 합니다. 좋은 만남이라는 것은 서로의 성장을 전제로 합니다. 학생의 기본 책무인 학업도 제대로 하지 못하면서 상대방을 챙겨 준다는 것은 어불성설입니다. 사실, 대부분의 아이들이 이성교제를 시작하면서 성적 하락도 시작됩니다. 그런 이유로 많은 부모님들이 이성교제를 반대하는 거고요. 이성 친구를 사귀기 시작하면서 성적이 더 오른다면 굳이 부모님들도 반대할 이유가 없다는 것을 아이에게 설명해 주시면 좋겠습니다. 성실한 책임 완수 후에 달콤한 자유를 만끽할 줄 아는 멋진 아이들로 성장할 것입니다.

셋째, 만남이라는 것은 언제나 헤어짐을 전제로 하기 때문에 서로의 동의 하에 이성 친구와 언제든지 헤어질 수 있다는 것을 알려 주시면 좋겠습니다. 많은 아이들이 알고 있는 내용이지만 이별을 힘들어하며 자기 탓으로 돌리는 아이들도 자주 보게 됩니다.

서로에게 더 나은 좋은 헤어짐도 있음을 아이들은 아린 가슴을 부여잡고 배우게 될 것입니다. 이 모든 과정을 지켜보며 묵묵히 더 아린 가슴을 부여잡을 부모님의 마음을 알기에 아이가 되도록 이성교제는 스무 살 이후에 시작했으면 하는 바람도 있습니다. 그러나 부모님의 학창 시절 연애 이야기를 들으며 부모님께 자신의 연애 상담을 하는 중학생 아이의 모습도 사랑스럽습니다. 우리 아이가 그 어느 길로 가든 현명한 부모님의 모습으로 늘 아이와 함께해 주시는, 사랑이 깊은 부모님들을 응원합니다.

아이의 사춘기에 대하여

　요즘에는 아이들의 사춘기가 빨라져서 보통 초등학교 4학년부터 부모님과의 갈등이 시작됩니다. 어린 시절 아이 사진을 보며 그때의 그리움을 달래 보지만 아이의 미래에 대한 걱정과 허전함은 쉽게 사그라들지 않습니다. 부모님들의 아이들은 사춘기를 무사히 넘기고 있는지요?

　제가 새로운 학교로 전근을 가서 중학교 3학년 수업을 할 때 만났던 태훈이라는 모범생이 있었습니다. 수업 시간에 선생님의 설명을 집중해서 듣고 묻는 말에 열심히 대답하며 용기 있게 친구들 앞에서 수학 문제 풀이를 발표하던 학생이었습니다. 모둠 활동 시간에는 조원들과 협력하며 긍정적인 분위기를 유도하고 수학 부장을 자원해 활동하면서 자신이 해야 할 일을 저에게 늘 먼저 물어봐 주던 훌륭한 아이였습니다. 점심 시간에 친구들과 축구를 하다가도 수업 시작 3분 전에는 어김없이 교무실에 와서 노트북을 가지고 가며 수업 준비를 해 주는 책임감 있는 모습에 태훈이의 부모님은 어쩜 저렇게 멋지게 아이를 잘 키우셨을까? 늘 궁금했습니다. 어느 날, 노트북을 가지러 온 태훈이와 함께 교실로 가면서 제가 넌지시 물어본 적이 있습니다.

"태훈아, 넌 부모님이 너한테 이렇게 해 주신 게 참 감사하다 이렇게 생각하는 것이 있니?"

태훈이 부모님만의 특별한 노하우를 기대하며 저는 귀를 쫑긋 세웠습니다.

"가장 고마운 것은요, 제가 작년에 그렇게 방황을 하며 난리를 쳤는데도 그냥 그러려니 해 주신 거요. 선생님은 금년에 오셨으니까 저의 중2 모습이 상상이 안 되실 거예요. 저 작년에는 제가 생각해도 심각하게 공부 안 했거든요. 부모님이 기다려 주신 것이 고마워서 올해 정신 차리고 공부 한번 해 보려고요."

저는 태훈이가 방황이라는 걸 했다는 게 믿기지가 않았습니다.

"술도 마시고 담배도 피워 보고 별 미친 짓을 다했는데 엄마가 울면서 외박만은 하지 말라고 해서 그거 하나 지킨 것 같아요."

이제는 추억처럼 가볍게 웃으며 이야기하는 태훈이를 보며 가슴이 타들어 갔을 부모님의 심정을 감히 상상하기가 어려웠습니다. 변화된 지금 태훈이의 모습에서 사춘기의 열병 또한 찾기 어려웠습니다. 태훈이를 보면서 저는 사춘기 부모로서 가져야 하는 '기다림'과 '원칙'이라는 두 단어가 떠올랐습니다. 아이가 아무리 미쳐 날뛰더라도 제자리로 돌아올 때까지 부모님은 그 자리에서 기다려 주시면 좋겠습니다. 숱하게 방황하는 아이들을 보면서 제가 하나 깨달은 것은 부모님이 기다리는 아이들은 결국 제자리로 돌아온다는 것이었습니다. 그러나 너무 늦지 않게 돌아갈 수 있도록 아이에게 꼭 지켜야 하는 원칙은 정해 주시는 부모님이 되시기를 소망합니다. 아이의 스무 살을 바라보며 부모님의 마음속에 늘 품고 있는 양육 목표에 비추어 반드시 이것만은 아이가 꼭 지켜야 한다는 원칙 한 가지를 사춘기 시작쯤에 아이에게 여러 번 말씀해 주시기 바랍니다. 듣고 있지 않는 것 같아 보여도 아이가 그것만은 지키기 위해 노력할 것입니다.

사춘기는 원래 이성에 관심을 갖게 되는 시기라는 뜻으로 성호르몬의 분비가 증가하면서 2차 성징이 나타납니다. 즉, 신체적인 변화 때문에 아이도 자신의 감정을 조절할 수 없음에 괴로운 시기입니다. 아이가 부모님을 싫어한다거나 부모님이 잘못된 방식으로 양육한 것이 아니라 자연스러운 성장의 과정입니다. 뿌리 깊은 원칙을 가지고 여유로운 마음으로 기다릴 줄 아는 부모님 덕분에 아이들은 사춘기를 어느 새 지나갈 수 있을 것입니다.

교복과 화장에 대하여

중학교에는 교직원 화장실과 학생용 화장실이 따로 구분되어 있지만 그래도 저는 쉬는 시간이나 하교 후에 일부러 학생용 화장실을 사용할 때가 많습니다. 고데기로 머리를 손질하고 기초 화장부터 색조 화장까지 저보다 더 현란한 메이크업 기술을 화장실에서 뽐내는 학생들을 찾아 교육하기 위해서입니다. 학교에서도 이런데 가정에서는 아마 더 심한 학생들이 많을 것입니다. 짧은 교복 치마에 숨 쉬기도 힘들어 보이는 조끼를 걸치고 챕스틱을 바르는 아이를 보면서 끓어오르는 분노를 사리를 만들며 참고 계시는 부모님들의 모습이 보입니다.

요즘에는 그렇지 않지만 제가 교사가 된 지 얼마 안 되던 2000년대 초반만 해도 남학생들 사이에서는 몸에 꼭 끼는 타이트한 교복 바지가 유행했습니다. 활발한 신체 활동을 자랑하는 중학교 남학생들이 몸에 꽉 끼는 바지를 입고 생활하다 보니 하루에도 몇 명씩 바지가 찢어져 체육복으로 갈아입고 하교하는 경우가 비일비재했습니다. 참을성이라는 것은 쉽게 찾아볼 수 없는 아이들이 그 불편함을 감수하고서라도 지키고 싶었던 것은 무엇이었을까요? 바로 '유행 속에 함께 끼고 싶은 소속감'이었습니다. 자신의 존재성을 쉽게 찾기 힘든 시기에 어딘가에 소속되고자 하는 강한 욕구의 표현인 것입니다. 중학생들의 교복과 화장 문화는 그 욕구에서부터 기인한다는 것을 부모님께서 알고 계실 필요가 있습니다.

학교에 계신 선생님들도 10대의 문화를 모르는 것은 아니지만, 학교라는 공동체의 특성상 교사는 교칙을 준수하도록 학생들에게 끊임없이 교육할 수밖에 없는 자리입니다. 같은 학년 담임 선생님들끼리 모여서 여는 회의가 학년협의회인데요, 학생들의 용의복장 지도에 대한 현명한 방안을 찾기 위한 협의로 회의 시간이 늘 길어지곤 합니다. 이런 상황에서 부모님들은 어떻게 행동하는 것이 지혜로운 것일까요?

제가 만난 학부모 한 분은 아이에게 교복을 두 벌 준비해 주셨습니다. 한 벌은 아이가 학교에 등교할 때 입을 수 있는 단정한 형태의 교복이고, 나머지 한 벌은 아이가 바꾸고 싶은 형태로 수선해 학원 갈 때 입을 수 있는 교복입니다. 학원 갈 때 입는 교복은 아이가 어릴 때부터 저축한 돈으로 구매했다고 합니다. 교칙을 지키면서도 아이의 마음을 존중해 주고자 노력하시는 부모님의 마음이 눈물겨웠습니다.

아이들이 교복을 줄이고 화장을 하는 것은 부모님께 반항을 하고 싶다거나 잘못된 방향으로 성장하고 있는 것이 아니라 또래 문화를 공유함으로써 안정감을 얻고 싶기 때문입니다. 시간이 지나면 자연스럽게 자신에게 어울리는 모습을 찾아가기 때문에 너무 걱정하지 않으셔도 됩니다. 아이에 대한 믿음으로 중학생 아이들의 욕구를 이해해 주면서도 교칙은 지킬 수 있게 함께 방법을 강구해 보는 시간을 가지시면 좋겠습니다. 어느 순간 시간이 흘러 헐렁한 체육복에 머리 질끈 묶고 졸릴 때마다 세수하며 공부하고 있는 고등학생 아이의 모습을 곧 보게 될 것입니다.

스마트폰에 대하여

중학교 학부모님들을 만나 상담하다 보면 아이와 많이 다투게 되는 가장 큰 원인이 바로 '스마트폰'이었습니다. 적당히 하고 숙제나 공부를 했으면 하는 부모님의 바람과는 달리 도무지 '적당히'를 하지 않는다는 것입니다. 그나마 위안이 되는 것이 우리 집 아이만 이런 상황은 아니라는 점입니다. 그러나 스마트폰을 관리하지 못하면 중학교 성적은 결코 관리되지 않습니다.

KBS 다큐멘터리 프로그램 〈생로병사의 비밀〉에서 스마트폰 과다 사용이 아이들 뇌를 멈추게 한다는 검사 결과를 보여준 적이 있습니다. 스마트폰 사용 때문에 잃게 되는 건 시간만이 아니며 어휘력이 떨어지고 집중력이 약화되어 학업 능력에 막대한 지장을 초래한다는 것입니다. 그뿐 아니라 부모님과의 대화도 줄어들고 자기조절능력도 현저하게 약화됩니다. 또 친구들과 메신저를 사용하면서 생기는 각종 갈등과 상대방의 동의를 얻지 않은 사진 촬영 등으로 학교생활에도 심각한 문제들이 발생하고 있습니다.

이런 이유로 많은 중학교에서는 조회 시간에 담임 선생님이 학생들의 스마트폰을 수거한 후 종례 시간에 돌려주는 경우도 있지만, 절제력을 배워 가는 청소년 시기에 스마트폰이 너무 큰 유혹인 것은 사실입니다. 저는 유혹은 견디는 것이 아니라 피해야 하는 것이라고 보는데요, 사람의 에너지에는 총량이 있어서 스마트폰 유혹을 견디는 데 에너지를 쓰다 보면 학업에 열중할 수 있는 에너지는 줄어들게 됩니다. 하지만 학급에서 한두 명을 제외하고 모든 학생들이 스마트폰을 가지고 있는 현실에서 꿋꿋하게 우리 아이에게만 무작정 스마트폰을 사용하지 못하게 할 수도 없는 부모님의 현실 역시 잘 알고 있습니다. 프랑스에서는 초등학교와 중학교에서 스마트폰 사용을 법적으로 금지했고 대만은 어린이와 청소년이 스마트폰에 중독되면 보호자에게 벌금을 부과한다고 합니다. 차라리 이처럼 국가에서 나서 주면 좋겠다는 생각도 하게 됩니다.

KBS 시사기획 창 〈중학생 뇌가 달라졌다〉라는 프로그램에서는 스마트폰을 과다하게 사용하던 중학생들이 3개월 간 스마트폰 없이 생활하는 프로젝트를 실천하면서 뇌의 정보 처리 효율성을 확연하게 높여가는 과정을 보여주었습니다. 즉, 중학생이 된 지금부터라도 스마트폰 사용을 멈추면 원래의 활발했던 뇌 기능을 충분히 회복할 수 있다는 것입니다. 따라서 부모님이 도전해야 할 첫 번째 과제는 아이와 충분한 대화를 통해 지혜로운 방법으로 스마트폰 사용을 멈출 수 있는 방안을 모색하는 것입니다. 스마트폰이 뇌에 미치는 심각한 영향이나 스마트폰을 과다하게 사용하는 자신의 모습을 성찰할 수 있는 기회를 줌으로써 아이가 문제점을 자각할 수 있도록 도와주시기 바랍니다. 스마트폰 사용을 바로 멈추기 힘든 경우에는 반드시 스마트폰 사용에 대한 명확한 규칙을 아이와 함께 만들고 이를 준수할 수 있게 아이를 스마트폰으로부터 지켜주셔야 합니다. 아이가 스마트폰이 아닌 다른 취미 활동을 통해 일상의 재미를 찾아갈 수 있도록 부모님과 함께 운동을 하거나 요리를 하는 것도 추천합니다.

스마트폰을 만든 스티브 잡스는 정작 자신의 자녀들에게는 스마트폰 사용을 금지했다고 합니다. 자신이 만들었기 때문에 스마트폰의 중독성이 아이들에게 얼마나 위험한지 잘 알고 있었던 것입니다. 어른인 부모님도 스마트폰 없이 생활하기 힘든 세상에서 연약한 우리 아이들을 스마트폰으로부터 부모님이 꼭 지켜주셔야 합니다. 적어도 아이들이 스마트폰 사용을 절제할 수 있는 자기조절능력을 갖출 때까지만이라도 아이들에게 스마트폰이 없는 환경을 만들어 주시기 바랍니다. 그 값진 노력으로 우리 아이들은 건강하게 쑥쑥 잘 자랄 것입니다.

학원에 대하여

우리나라 중학생들 중에서 학원을 다니지 않는 학생들이 얼마나 될까요? 학원을 다니는 그 많은 학생들 중에서 학원 가는 시간을 기다리며 즐겁게 수업에 참여하는 학생들이 과연 있기는 할까요? 그럼에도 학원을 다닐 수밖에 없는 이유는 무엇일까요? 혹시 부모님들은 우리 아이가 학원에 다니는 이유를 깊이 있게 고민해 보신 적이 있으신지요? 아마 대부분의 부모님들께서는 아이들의 성적을 올리기 위해서라고 말씀하실 것입니다. 아이가 학원 가는 것을 힘들어하기는 해도 싫어하는 건 아니고 학원을 다니면서 지속적으로 성적이 오른다면 학원은 아주 좋은 선택입니다. 그런데 제가 학교에서 상담하면서 만난 학생들에게는 학원이 오히려 나쁜 영향을 주고 있는 경우도 많았습니다.

학원이 가장 해로운 경우는 아이가 싫어하는 학원에 부모님이 강제로 보낼 때입니다. 학원 프로그램이 아무리 훌륭하고 능력 있는 강사들이 많다 해도 아이가 원하지 않으면 그림의 떡입니다. 그럴 경우에는 좋은 학원을 찾기 전에 먼저 어떻게 하면 우리 아이 마음속에 학원에 가고 싶다는 간절함을 만들어 줄 수 있을지에 대한 고민이 먼저여야 합니다. 중고등 공부의 핵심은 자기주도성입니다. 아이가 원하지 않는 학원을 다니면서 어쩔 수 없이 강요받은 학원 숙제를 하다 보면 당장의 성적은 높게 나올지 몰라도 스스로 해야 하는 가장 중요한 고등학교 3학년 시기에 공부를 놓게 됩니다. 학원은 어떠한 경우라도 아이가 필요해서 아이가 다니고 싶은 곳을 선택할 수 있도록 기다려 주시기 바랍니다.

다음으로 학원을 너무 많이 다니다 보니 정작 공부할 수 있는 시간을 확보하지 못하는 경우는 학원을 다니는 것이 오히려 해롭습니다. 부모님과 아이들이 반드시 기억해야 하는 것이 하나 있는데요, 학교 수업 시간이나 학원에서 수강한 내용만으로 공부를 했다고 생각하는 건 커다란 착각입니다. 배웠던 내용들을 혼자 복습하면서 스스로의 언어로 정리하는 시간이 진짜 공부 시간입니다. 진짜 공부를 할 수 있는 시간과 에너지를 모두 소진시킬 정도로 아이의 일상을 학원으로 채우는 것은 벼룩 잡으려다가 초가삼간 다 태우는 격입니다. 부모님의 욕심을 배제하고 아이가 할 수 있는 공부 에너지의 총량을 잘 관찰하신 후 학교 수업에 따른 복습이 가능하게 감당할 수 있는 양의 학원만 다닐 수 있도록 도와주시기 바랍니다.

학원은 학교처럼 매일 꾸준히 다니는 것보다는 아이가 부족한 부분을 보충할 때나 학교에서 따로 다루지 않는 내용을 배우는 것이 필요할 때 선별적으로 수강하는 것이 좋습니다. 하교 후에 습관적으로 당연히 학원을 다니는 것은 불안함을 없애고자 하는 자기 위안일 가능성이 높습니다. 부디 학원에 다니는 목적을 분명히 하시고 그 목적에 부합되는 좋은 학원을 찾은 후 아이가 주도적으로 학원에 갈 수 있도록 살펴주시는 지혜로운 부모님의 모습을 기대합니다.

너무 사소해서
물어봐도 될까 싶은 것에 대하여

중학생 학부모가 되면서 참 궁금하지만 너무 사소해서 물어보기도 민망한 것들이 있습니다. 길 가다 우연히 만난 옆집 엄마를 잠깐 붙잡고 물어보는 것처럼 소소한 궁금증들이 속 시원하게 해결될 수 있기를 바라며 적어 봅니다.

중학교에 간식을 가져가도 되나요?

학교에 따라 간식을 가져오면 벌점을 주는 곳도 있지만 대부분 자유롭게 간식을 가져와서 먹는 분위기입니다. 주로 과자나 빵을 가져오는 경우가 많고 간혹 귤이나 바나나 같은 과일을 가져오는 아이들도 있습니다. 하지만 코로나 사태 이후에는 마스크 착용 때문에 거의 모든 학교에서 급식 이외의 음식 섭취를 금하고 있는 상황입니다.

초등학교 때 미리 볼펜 쓰는 연습을 해야 하나요?

중학생이 되면 서술형 답안 작성이나 노트 정리를 할 때 대부분 볼펜을 사용합니다. 초등학생 때 연필만 사용하다가 볼펜을 처음 사용하게 되면 어색하게 느껴질 수 있습니다. 5학년 때쯤 교과서나 노트에 중요한 내용을 표시하는 용도로 3색 볼펜을 사용하다가 6학년 말쯤 차츰 검은색 볼펜을 사용할 수 있도록 지도해 주시면 도움이 됩니다.

학부모 시험 감독을 하루 휴가 쓰고 가야 하나요?

시험 기간에 부모님들이 선생님들과 함께 시험 감독을 해 주시는 학부모 명예 교사 제도를 운영하는 학교가 있습니다. 학부모님 중에서 원하시는 분들을 대상으로 하기 때문에 시간이 되지 않으면 굳이 참여하지 않으셔도 됩니다.

중학교 방과후 수업은 듣는 것이 좋은가요?

중학교 방과후 수업은 자신이 듣고 싶은 과목이 있을 때 자유롭게 선택해서 수강하면 됩니다. 일정 수업 시간 이상을 수강하면 이수 내용이 학교생활기록부에 기재되지만 방과후 수업을 들었다는 것 자체로 얻을 수 있는 이점이 따로 있는 것은 아닙니다. 다만, 학교에서 운영되기 때문에 다른 곳으로 이동해야 하는 번거로움이 없고 다른 반 친구들과도 두루 어울릴 수 있는 기회가 될 수 있습니다. 학교 선생님이 담당하실 수도 있고 외부 강사 선생님이 가르치실 때도 있습니다. 학교에 따라 영어회화, 코딩, 축구, 배드민턴, 수학 심화 등 다양한 수업이 개설됩니다.

생리통이 심할 때 결석해도 되나요?

여학생들이 생리통이 심할 때는 월 1일에 한해 출석으로 인정됩니다. 보통 한 달에 한두 명은 생리 공결(공식적인 사유로 한 결석을 출석으로 인정)을 사용하는 편입니다. 학생이 선생님께 상황을 설명하는 전화를 드린 후 부모님께서 확인 문자를 드리는 것이 좋습니다. 간혹 부모님과 상의 없이 학생 혼자서 생리 공결을 사용하는 경우도 있기 때문에 부모님께서 보내 주시는 문자 한 통에 선생님들은 큰 감사함을 느낄 것입니다.

워킹맘인데 저녁 시간에 선생님께 전화드려도 되나요?

선생님들도 대부분 가정이 있는 경우가 많기 때문에 퇴근 시간 이후에는 되도록 전화를 삼가는 것이 좋습니다. 선생님께 상담이 필요한 경우에는 미리 문자로 간단한 상담 이유와 상담 가능 시간을 물어보면 대부분 답변 문자를 보내주십니다. 저녁 시간에 급하게 연락할 일이 생겼을 경우에는 상황을 설명하는 문자를 남겨 놓으면 선생님이 곧 연락을 주실 것입니다. 선생님들도 쉬는 저녁 시간에 갑자기 학부모님께 전화가 오면 당황하실 수 있기 때문에 부모님들의 배려 깊은 행동이 필요합니다.

중학교에도 특수학급이 있나요?

중학교에도 초등학교처럼 특수학급이 함께 있는 학교들이 있습니다. 각 학교 홈페이지 학교 현황에서 학생 현황을 보시면 특수학급 존재 여부를 알 수 있습니다. 1, 2, 3학년 통합으로 운영되는 경우가 많으며 특수학급 담당 선생님이 따로 계십니다. 특수학급 학생들은 일반 학생들처럼 소속 학급에서 수업을 함께 듣고 생활하다가 특수학급 수업이 있는 경우에는 원반 수업을 빠지고 특수학급 수업에 참여하는 형태로 운영됩니다.

급식을 남기지 않고 모두 먹어야 하나요?

중학교에서는 유치원이나 초등학교와는 다르게 급식을 남기는 것에 대해서 선생님들이 별로 관여하지 않습니다. 물론 남기지 않고 모두 먹으면 좋겠지만 자신의 컨디션에 따라서 자유롭게 선택할 수 있습니다. 단, '수요일은 다 먹는 날'(일명 수다날)로 홍보하면서 학생들이 좋아하는 급식 메뉴를 준비함으로써 급식을 남기지 않도록 유도하는 캠페인 활동들은 꾸준히 진행되고 있습니다.

체육복은 어디에서 갈아입나요?

요즘 많은 학교에서는 탈의실에서 갈아 입습니다. 간혹 탈의실에서 학교폭력이 발생할 수 있다는 것을 우려하는 학교에서는 체육 수업이 든 날은 학생들이 체육복을 입고 등교하기도 합니다.

체벌하는 선생님도 계시나요?

초·중등교육법 시행령에는 '도구, 신체 등을 이용하여 학생의 신체에 고통을 가하는 방법을 사용해서는 아니 된다'라고 규정하고 있습니다. 따라서 선생님들은 학생들에게 체벌을 할 수 없습니다.

여드름 치료 받는 학생들이 많은가요?

여드름에 별로 신경 쓰지 않는 성향의 아이라면 상관없지만 외모에 관심이 많고 여드름 때문에 속상해하는 아이라면 치료를 받는 것도 좋습니다. 여드름이 심하면 자존감에도 영향을 주는 경우가 있어서 한 반에 많을 때는 열 명 정도 치료를 받는 때도 있었습니다. 아이와 함께 여드름 관리법에 대한 조사를 해 보는 것도 추천합니다.

단합대회나 마니또 게임 같은 것들을 지금도 하나요?

단합대회는 학교의 분위기에 좌우되는 경우가 많습니다. 보통 한 반에서 단합대회를 실시하면 다른 학급에도 전달되어 도미노처럼 실시하게 되는 경우가 많고 두 반이 연합해서 반 대항 단합대회가 열리는 경우도 있습니다. 물론, 전혀 열리지 않는 학교도 있고요. 마니또 게임은 담임 선생님의 재량껏 학급에 따라 실시됩니다. 단합대회나 마니또 게임을 통해 아이들은 행복한 학창 시절의 추억 한 조각을 만들 수 있습니다.

후회 없는 중학 학부모 생활을 위하여

column

자식을 키우며 후회하지 않는 부모가 과연 몇이나 될까요? 아이의 매 순간이 늘 처음인 부모는 불안감과 미안함이라는 두 감정을 물장수처럼 양 어깨에 무겁게 짊어지고 힘겹게 걸어갑니다. 물을 모두 팔고 집으로 돌아가는 물장수의 어깨처럼 성인이 된 아이가 홀로 서는 모습을 바라볼 부모의 마음이 조금이나마 가벼워지기 위해서 중등 학부모님들은 무엇을 해야 할까요?

부모도 공부를 해야 한다

우선, 아이의 중학교 교육 전반에 대해 부단히 공부하셔야 합니다. 학교에 보내고 학원에도 보내니 학교 선생님이든, 학원 선생님이든, 아니면 아이가 스스로 하든 누군가는 아이에게 교육의 방향을 안내해 줄 것이라고 막연하게 기대하시면 안 됩니다. 부모님보다 아이에 대해 더 큰 관심과 사랑을 가진 사람은 세상에 없으니까요. 아이가 어렸을 때는 먹이고, 입히고, 씻기며 함께 놀아 주는 걸로 사랑을 표현했다면 중학생 때는 아이가 방황 속에서 기댈 수 있는 든든한 버팀목이 되어 주시는 것이 사랑을 표현하는 방법입니다. 아이가 부모님께 의지할 수 있으려면 부모님이 많이 알고 계셔야 합니다. 이차방정식을 풀고 수동태를 설명할 수 있어야 한다는 게 결코 아닙니다. 아이가 이차방정식을 어려워한다는 것을 알고 있고, 이를 도와주기 위해 적절한 대안을 찾는 노력을 아이와 함께해 줄 수 있어야 한다는 것을 말씀드리는 것입니다.

부모님이 공부하던 시대와 많은 부분이 달라졌기 때문에 매일 공부하지 않으면 아이의 현재 학습을 도와줄 수가 없습니다. 오히려 옛날 생각만 해서 잘못된 방식으로 아이를 힘들게 할 수도 있고요. 요즘처럼 공부할 수 있는 방법들이 다양했던 때도 없습니다. 부모 교육에 관련되는 숱한 책들, 실질적인 도움을 주는 영상들, 깊은 깨달음을 주는 강의까지 배우고자 하면 어디서든 기회를 얻을 수 있습니다.

아이가 생각하고 있는 고등학교도 알아보시고, 공부법도 공부하면서 아이에게 추천할 만한 인터넷 강의도 한번쯤 들어보시면 좋겠습니다. 주말에는 아이를 설득해서 도서관에 들러 아이가 좋아하는 책도 살펴보시고 맛있는 디저트를 먹으면서 대화를 통해 중학생들의 심리도 느껴 보셨으면 하는 마음입니다. 아이를 위해 열심히 공부하는 부모님의 모습을 보면서 아이는 스스로 깨닫게 될 것입니다. 공부는 해치워야 할 짐이 아니라 성장하는 삶을 즐길 수 있는 한 과정이라는 것을요.

사실, 이 책을 읽고 계신 분들의 부모님 중에서 아마 공부하면서 자식들을 키우신 분들은 거의 안 계실 겁니다. 부모님의 도움 없이 대부분은 혼자 공부하면서 터득하고 힘들게 고민하면서 스스로 자신의 길을 찾아왔을 것입니다. 하지만 이제는 시대가 바뀌어 공부하는 부모와 함께하는 아이들이 자신의 길을 더 잘 찾아가는 것이 현실이 되었습니다. 전업주부든 워킹맘이든 모두가 다 힘든 시대입니다. 딱히 퇴근 시간이 없는 끝없는 집안 일, 혹은 퇴근 후 다시 출근하는 느낌의 고단함을 저도 경험했기에 공부한다는 게 쉽지 않다는 걸 잘 압니다. 그럼에도 부모님께 중학교 교육에 관련되는 각종 공부를 해야 한다고 말씀드리는 이유는 부모님보다 더 절실하게 아이를 위해 공부할 수 있는 사람은 없기 때문이며, 또 이것이 뒤늦은 후회를 막기 위한 가장 쉬운 방법이기 때문입니다.

계획과 전략을 세워 좋은 선택을 실천한다

다음으로 중학교 교육에 대한 공부를 바탕으로 중학교 학부모로서의 계획과 전략을 세운 후 좋은 선택을 실천하시기 바랍니다. 아이의 초등학교 생활을 보면 중학생 때의 모습이 어느 정도 예상되실 것입니다. 그에 따라 부모로서 해야 할 역할과 목표를 설정하시기 바랍니다. 학습적인 측면에서 전폭적인 투자를 할 수도 있고 다양한 대회에 도전하고 참여하는 것을 목표로 지원해 주실 수도 수도 있습니다. 컴퓨터 활용 능력을 키워 줄 수도 있고 요리 학원에 다닐 수 있게 도와줄 수도 있습니다. 그 후 아이의 능력과 성향에 맞춰 그 목표를 가장 효율적으로 성취할 수 있는 최적화된 방법을 전략적으로 구상하시기 바랍니다. 여기에서 주의해야 할 점은 부모님의 욕심은 철저하게 배제해야 한다는 것입니다. 오직 우리 아이가 최선을 다해 중학교 생활을 하는 과정에서 행복할 수 있는 방법이 무엇일지 철저하게 고민하셔야 합니다. 긴 고민 후에 자신들의 선택을 믿고 실천할 수 있는 용기를 가진 부모님들은 후회 없는 중등 학부모 생활을 하시는 경우를 보게 됩니다.

제가 중학교 2학년 담임을 할 때 세희라는 학생을 만났습니다. 우수한 성적에 바른 인성을 갖춘 모범적인 아이였지요. 어느 날 부모님과 상담을 하면서 세희를 해외 대학에 보내고 싶어 하셨다는 부모님의 마음을 우연히 듣게 되었습니다. 세희가 어렸을 때부터 해외 대학 진학을 위해 준비를 해 주고자 많은 조사를 하고 방법을 강구했으나 아이가 국내 대학으로 진학하고 싶어 해서 마음을 접었다는 것이었습니다. 부모로서 쉽지 않은 결단이었을 텐데 아이의 의견을 존중해 주는 부모님의 용기에 감탄이 절로 나왔습니다. 해외 대학의 장점을 가진 국내 대학을 물색해서 세희에게 소개해 주었더니 아침에 한 시간씩 일찍 일어나서 공부를 하고 학교에 간다는 말씀에 현명한 부모님의 모습을 볼 수 있었습니다.

인내와 기다림의 마음 그릇을 키운다

하지만 대부분의 아이들은 세희와 같지 않습니다. 부모님이 백 번 양보하고 아이에게 가장 효율적인 전략을 제시해도 별로 달가워하지 않는 중학생들이 많을 것입니다. 그리하여 후회 없는 중등 학부모 생활을 위한 부모님들의 마지막 여정은 최선을 다해서 안내하되 '인내'와 '기다림'을 흔쾌히 친구 삼을 수 있는 마음의 그릇을 키우는 것입니다. 조그마한 물그릇은 먹물 한 방울만 떨어뜨려도 까맣게 변하지만 넓은 호수는 먹물 한 병을 부어도 여전히 푸릅니다. 아이가 중학생이라는 험난한 먹물 같은 길을 지나갈 때 큰 그릇의 부모님은 잔잔하게 스스로를 정화할 수 있는 방법들을 알고 계십니다. 운동을 하거나 친구들을 만나고 독서를 하면서 아이의 감정에 매몰되지 않고 부모님의 삶을 성찰할 수 있을 때 훌륭한 중등 학부모의 모습을 스스로에게서 발견할 수 있을 것입니다. 지나고 난 후에 하는 것을 '후회'라 하고 지나기 전에 깨닫는 것을 '지혜'라고 합니다. 부디 아이가 중학생이라는 자리를 지나가기 전에 부모님이 먼저 깨닫고 후회하지 않도록 이 글이 도움이 되길 간절히 바랍니다.

부록

선생님이 추천하는 교재

어떤 책을 보면 좋을까 고민하는 부모님을 위해 참조가 될 수 있는 교재들을 추렸습니다. 이 책만 봐야 한다는 게 절대 아닙니다. 책 제목 아래에 간단히 추천의 이유를 적었습니다. 보시고 아이의 역량과 필요에 따라 선택하는 데 도움이 되기를 바랍니다.

초6 겨울방학 수학

초등 복습 교재

■『초등 키 수학 총정리 12일 완성』(키출판사)

　단기간에 기본적인 초등 수학 개념을 정리하는 교재.

■『수능까지 이어지는 초등 고학년 수학』(NE능률)

　중등으로 이어지는 초등 수학 심화 복습을 위한 교재.

중등 예습 교재

■『숨마쿰라우데 중학수학 개념 기본서』(이룸이앤비)

　중등 수학 개념을 자세하게 설명해 주는 두꺼운 교재.

■『커넥트수학』(매쓰노트)

　중등 수학 개념을 그림으로 쉽게 설명해 주는 비주얼씽킹 교재.

중3 겨울방학 수학

중등 복습 교재

■『중학수학 총정리 한권으로 끝내기』(쏠티북스)

　영역별 중등 수학을 필수 개념과 필수 문제로 정리해 놓은 교재.

■『수력충전 중등 수학 개념 총정리』(수경출판사)

　영역별 중등 수학을 단기간에 수준별로 총정리할 수 있는 교재.

고등 예습 교재

- **『개념원리 고등 수학 상, 하』** (개념원리)

  학생 눈높이에 맞춰 개념 설명을 해 주는 고등 수학 기본 개념서.

- **『기본 수학의 정석 상, 하』** (성지출판사)

  고등 수학 개념을 잡는 기본서로 가장 유명한 교재.

중3 겨울방학 영어

독해 교재

- **『주니어 리딩튜터』** (NE능률)

  흥미 있는 내용의 지문과 체계적인 구성을 갖춘 수준별 교재.

- **『리더스 뱅크』** (비상교육)

  배경지식을 넓혀 주는 지문과 여러 유형의 문제를 수록한 교재.

고등 어휘 교재

- **『워드마스터 Word Master 고등 베이직』** (이투스북)

  30일 동안 고등 기본 어휘를 완성하는 교재.

- **『능률 VOCA 보카 고교 필수편』** (NE능률)

  짜임새 있는 구성과 과학적인 암기 비법을 제공하는 교재.

중3 겨울방학 국어

비문학 교재

- **『빠작 중학 국어 비문학 독해』** (동아출판)

  지문 분석 방법과 어휘, 어법을 함께 공부할 수 있는 교재.

- **『예비 매3비』** (키출판사)

  매일 비문학 지문을 3개씩 풀면서 독해력을 키울 수 있는 교재.

학생들이 추천하는 중등 인강 강사

선생님이 아니라 실제로 인강을 들은 학생들이 후배들에게 추천하는 인강 강사입니다. 과목별 도움이 필요할 때 참고하시기 바랍니다.

수학

- **이투스 정승제 선생님**

  중학 수학을 정리하고 고등 수학 개념을 잡는 징검다리 인강으로, 수포자도 이해하는 쉽고 재미있는 설명으로 인기.

- **강남구청 인터넷수능방송 백은아 선생님**

  중학 수학의 핵심 개념을 간결하고 정확하게 설명.

국어

- **EBS 윤혜정 선생님**

  국어에서 쓰이는 개념들을 명확하게 구조화해 주는 인기 강의.

- **메가스터디 권선경 선생님**

  내신 내용 정리를 하는 데 좋고 강의 실력이 좋아 집중이 잘 되는 강의.

영어

- **EBS 정승익 선생님**

  학생 수준에 맞춰 쉽고 재미있게 설명하며 핵심을 짚어 주는 강의.

- **엠베스트 박영아 선생님**

  내신 준비를 위한 열정적인 문법 강의.

사회(역사)

- **빡공시대 이보람 선생님**

  재치있는 입담과 한국사 실력으로 학생들의 성적을 확실히 올려 주는 강의.

- **이투스 최태성 선생님**

  일명 큰별샘으로 한국사의 흐름을 재미있게 연결해 주는 강의.

과학

- **엠베스트 장풍 선생님**

  과학 개념을 쉽게 이해하고 오래 기억될 수 있도록 도와주는 재미있는 강의.

- **수박씨닷컴 안현정 선생님**

  『오투 중등 과학』 교재로 강의를 진행하며 생생한 실험을 통해 과학 개념을 익히는 강의.

학부모님께 유용한 유튜브 채널

인터넷만 연결돼 있으면 쉽게 접할 수 있는 유튜브 채널 가운데 초등 고학년과 중학생 부모님께 유용한 것들을 소개합니다.

- **교육 대기자TV**

  조선일보 교육 분야 편집장 방종임 기자가 운영하는 채널로 각계의 교육 전문가들을 모시고 엄마들의 궁금증을 대신 물어봐 주는 역할을 하며, 검증된 교육 조언들을 들을 수 있는 채널.

- **인생멘토 임작가**

  『완전학습 바이블』의 저자 임단우 씨가 운영하는 채널로 자녀 양육에서 발달, 학습에 이르기까지 광범위하고 깊이 있는 내용들을 부모님이 이해하기 쉽게 설명해 주는 채널.

▪ 교집합 스튜디오

서울대 출신 교육 전문가 부부인 권태형 소장과 주단쌤이 운영하는 채널로 초, 중, 고를 아우르는 영어 교육과 수학 교육의 실질적인 방법들을 부모님께 알려 주는 채널.

▪ 공부의신 강성태

공부의신 대표인 강성태 씨가 학생 대상으로 운영하며, 동기 부여 영상 및 다양한 공부법들을 배울 수 있다. 구독자 100만 명에 이르는 교육 분야 누적 조회수 1위인 채널.

▪ 혼공TV

전직 영어 교사이자 서른두 권의 영어 교재를 출간한 허준석 선생님이 운영하는 채널로, 초등 영문법 및 교육계에서 영향력 있는 분들의 초빙 강의로 부모님들에게 큰 힘이 되어 주는 채널.

▪ STUDYCODE

막연함을 끝내고 확실한 공부의 코드를 알려 준다는 조남호 코치가 운영하는 채널로, 과목별 공부법과 학습 동기 및 진로에 관련되는 알찬 영상들을 접할 수 있는 채널.

▪ 대학어디가TV

한국대학교육협의회에서 운영하는 입시 정보 안내 채널로 대학 및 학과 소개, 대입 정보 등을 얻을 수 있어서 고등학교 선택 시에 참고할 수 있는 유용한 채널.

참고 문헌

- 『국어과, 영어과, 수학과, 사회과, 과학과 교육과정』, 교육부
- 『중학교 국어 수행평가 문항 자료집』, 교육부 외
- 『중학교 사회 수행평가 문항 자료집』, 교육부 외
- 『중학교 과학 수행평가 문항 자료집』, 교육부 외
- 『2022학년도 서울특별시 고등학교 입학전형 기본계획』, 서울특별시교육청
- 『2022학년도 경기도 고등학교 입학전형 기본계획 및 내신성적 반영지침』, 경기도교육청
- 『2020년 자유학년 및 연계학기 운영 참고자료』, 17개 시도교육청
- 『2021학년도 학교생활기록부 기재요령-중학교』, 교육부
- 『2021 학교폭력 사안처리 가이드북』, 교육부 외
- 『올리드 중등 국어』, 미래엔
- 『올리드 중등 영어』, 미래엔
- 『중학교 국어, 영어, 수학, 사회, 과학 교과서 및 교사용 지도서』, 미래엔
- 『중학교 국어, 영어, 수학, 사회, 과학 교과서 및 교사용 지도서』, 천재교육
- 『중학교 국어, 영어, 수학, 사회, 과학 교과서 및 교사용 지도서』, 비상교육
- 『중학교 국어, 영어, 수학, 사회 교과서 및 교사용 지도서』, 금성출판사
- 데일 H. 셩크 외/신종호 외 공역, 『학습동기』, 학지사
- 브래들리 부시 외, 『학습과학 77』, 교육을바꾸는사람들
- 로베르타 골린코프 외, 『최고의 교육』, 예문사
- 헨리 뢰디거 외, 『어떻게 공부할 것인가』, 와이즈베리
- 리사 손, 『메타인지 학습법』, 21세기북스
- 정동완 외, 『중학생활 끝판왕』, 꿈구두
- 박재원 외, 『공부를 공부하다』, 에듀니티
- 고영성 외, 『완벽한 공부법』, 로크미디어

지은이 김수희

'사람을 감동시키는 깊이'가 있는 현직 중등 수학 선생님입니다. 고려대학교 수학과를 졸업하고 대학원에서 진로상담과 교육학을 공부했으며, 탁월한 교수 · 학습 지도로 표창장을 받기도 했습니다. 과학중점학교 초빙교사로 근무했으며 평가연구회에서 수학과 검토위원으로 활동했습니다. 관련 저서로 『초등생의 수학 학부모의 계획』이 있습니다.

소중한 아이들이 인생에서 중요한 중학생 시기를 잘 보낼 수 있도록 부모님의 든든한 조력자가 되고픈 마음으로 책을 집필했습니다.

네이버 블로그: https://blog.naver.com/lyergirl
인스타그램: https://instagram.com/lyergirl
유튜브: 김수희 엄마표 수학

자유학년제 중2 첫 시험 중학 학부모 생활

초판 1쇄 발행 2021년 11월 4일
초판 2쇄 발행 2021년 11월 30일

지은이 김수희
발행인 박효상
편집장 김현
기획·편집 김설아, 하나래
디자인 이연진
표지·본문 디자인 엄혜리
마케팅 이태호 이전희
관리 김태옥

종이 월드페이퍼 **인쇄·제본** 예림인쇄·바인딩 | **출판등록** 제10-1835호
펴낸 곳 사람in | **주소** 04034 서울시 마포구 양화로11길 14-10(서교동) 3F
전화 02) 338-3555(代) **팩스** 02) 338-3545 | **E-mail** saramin@netsgo.com
Website www.saramin.com

책값은 뒤표지에 있습니다.
파본은 바꾸어 드립니다.

ⓒ 김수희 2021

ISBN 978-89-6049-922-5 13370